U0854543

中国与全球南方

北京大学南南合作与发展学院课题组 / 著
黄益平　王敏 / 主编

共享发展

中信出版集团 | 北京

图书在版编目（CIP）数据

共享发展：中国与全球南方 / 北京大学南南合作与发展学院课题组著；黄益平，王敏主编 . -- 北京：中信出版社，2025. 9. -- ISBN 978-7-5217-7995-0

Ⅰ. F114.43；F752.7

中国国家版本馆 CIP 数据核字第 20252FJ193 号

共享发展——中国与全球南方

著者：　北京大学南南合作与发展学院课题组

主编：　黄益平　王敏

出版发行：中信出版集团股份有限公司

（北京市朝阳区东三环北路 27 号嘉铭中心　邮编　100020）

承印者：　北京通州皇家印刷厂

开本：787mm×1092mm 1/16　　印张：24.5　　字数：350 千字

版次：2025 年 9 月第 1 版　　印次：2025 年 9 月第 1 次印刷

书号：ISBN 978-7-5217-7995-0

定价：88.00 元

版权所有 · 侵权必究

如有印刷、装订问题，本公司负责调换。

服务热线：400-600-8099

投稿邮箱：author@citicpub.com

目 录

第 7 章 “一带一路”基础设施投资：经济地理与工业化视角下的全球布局

第 8 章 推动海外基础设施供给的协同发展——以赞比亚为例

第 9 章 劳动力教育驱动“一带一路”发展合作

第 10 章 全球发展倡议下的中国南南合作治理体制建设

第 11 章 “一带一路”：“四轮驱动”与债务融资——深化合作需创新融资机制与多边治理

第 12 章 南南国家债务风险下的中国应对——探索以气候为条件的债务处置框架

前言　中国与全球南方发展

黄益平

2025 年 7 月 17 日，我与北京大学南南合作与发展学院（以下简称南南学院）的几位同事抵达坦桑尼亚的达累斯萨拉姆市，与当地政商学各界展开交流与研讨。正好在同一天，坦桑尼亚总统萨米娅·苏卢胡·哈桑发布了《2050 年愿景》（以下简称《愿景》），期望到 2050 年，坦桑尼亚的 GDP（国内生产总值）超过 1 万亿美元，人均 GDP 达到 7 000 美元，消除极端贫困，并成为非洲十大经济体之一。2024 年坦桑尼亚的人均 GDP 为 1 268 美元，这意味着在未来四分之一个世纪里，人均名义 GDP 的年均增长率要达到 6.8%，如果加上约 3% 的人口增长率，GDP 的平均增速需接近 10%。

毫无疑问，这是一个雄心勃勃的规划。因为坦桑尼亚在 2025 年 10 月要举行大选，不排除执政党在这个时间点发布《愿景》，部分是为了提振选情。《愿景》提出了一些战略支柱与产业政策，包括综合物流、能源革命、科技赋能、研发驱动、数字化转型，以及通过聚焦农业、旅游业、工业、建筑业、采矿业、蓝色经济、体育创意产业、金融服务、客户服务业等九大产业，实现就业创造与出口拉动的目标。但《愿景》并未提供具体的策略与路径，虽然政府表示将建立长期展望与五年计划双轨推进的方式。

如何成功推动经济发展、摆脱贫困、改善人民生活质量，是很多南方国家[①]长期面对的难题。自二战结束以来的80年间，学界与政界都做了很多努力。“发展经济学”形成的大背景就是二战以后发展中国家实现经济发展的诉求，国际组织也提出了所谓的“华盛顿共识”。2023年，联合国有193个成员国，其中36个是发达国家，157个是发展中国家。几十年来这个分组的变化不太大，说明无论是发展经济学学术理论还是“华盛顿共识”政策框架，在指导、促进经济发展方面的成效相对有限。与此形成对比的是，日本、亚洲四小龙和中国等成功的亚洲经济体的政策却常常因为“过大”“过多”的政府作用而受到批评。

作为一个成功实现经济起飞的南方国家和全球第二大经济体，中国能为全球南方发展贡献什么？一方面，南方国家是否可以借鉴中国的改革与发展政策？中国实行渐进式、双轨制改革策略，虽然看起来不太彻底，但40多年的高速经济增长是客观事实，也许中国的做法对其他全球南方国家具有启示意义。另一方面，中国能如何促进全球南方的合作与发展？在国际经济秩序出现动荡、新的技术革命扑面而来的当下，中国能否发挥创新推动者与稳定维护者的作用，对于全球南方发展具有十分重要的意义。

南方国家的发展困境

绝大多数南方国家与坦桑尼亚一样，渴望实现快速经济发展，但“理想很美好，现实很骨感”。世界银行的两位经济学家英德米特·吉尔和霍米·哈拉斯在2007年的一份报告中提出的“中等收入陷阱”概念，揭示了绝大部分南方国家无法成长为高收入经济的严酷事实

① 这里的南方国家指非洲、拉丁美洲和加勒比地区、太平洋岛屿以及亚洲的发展中国家，与北方国家即发达国家相对。这个概念主要不是基于地理位置严格界定的，而是以较低的人均收入和较高的贫困率为基本特征。

（Gill et al.，2007）。根据世界银行的定义，在1960年，全世界有101个经济体处于中等收入区间。在近半个世纪之后，这101个经济体中有13个上升到高收入区间，剩下的88个经济体要么仍处中等收入区间，要么滑落到低收入区间。

导致出现中等收入陷阱现象的根源在于，随着经济发展，收入与成本水平同步提高，大多数南方国家无法持续提高经济竞争力，从而很难保持经济持续增长（Zhuang et al.，2012）。造成竞争力无法持续提高的因素可能很多，经常被提到的包括不平等矛盾突出、教育不普及、基础设施不发达、研发能力弱、营商环境差等等。如果简单地归结为一条，就是缺乏创新能力。随着成本水平不断提高，必须沿着产业梯子不断地往上攀升，从低技术、低附加值的产业过渡到高技术、高附加值的产业，可惜的是，大部分南方国家跨不过这一步。比中等收入陷阱更糟糕的是所谓的“贫困的恶性循环”和“低水平均衡陷阱”，这类问题在非洲大陆十分普遍。

为了促进南方国家发展，以IMF（国际货币基金组织）、世界银行和美国财政部为主的位于华盛顿的一些国际组织提出了“华盛顿共识”，指导发展中国家的改革与发展实践，主要包括10个方面的内容（Williamson，1989）：

1. 财政纪律；
2. 公共资源集中到基本医疗、基本教育和基础设施；
3. 旨在降低边际税率与扩大税基的税收改革；
4. 利率自由化；
5. 竞争性汇率；
6. 贸易自由化；
7. 外国直接投资（FDI）流入的自由化；
8. 产权私有化；

9. 旨在消除进入与退出障碍的放松管制；

10. 产权保护。

这一套符合“新自由主义”经济学理念的政策框架，概括成一句话，就是走彻底的市场化道路，实行“小政府、大市场”的经济模式。国际组织，尤其是IMF，在世界各地推行这套政策理念，特别是在为发展中国家提供资金支持的时候提出“条件性”要求，即按照“华盛顿共识”的原则深化市场化改革。但真正因实行“华盛顿共识”而实现经济腾飞的国家并不多，有专家认为智利可能是一个成功的例子。与此同时，一些东亚经济体虽然因“背离”“华盛顿共识”的原则而受到批评，但其经济增长的成效却十分显著，日本、韩国、中国台湾、中国香港和新加坡都已经跻身高收入经济，中国很快也将可以达到高收入经济的收入水平。

“华盛顿共识”和“东亚模式”之间的一个重要分歧点在于政府与市场之间的分工，在“华盛顿共识”的框架里，政府发挥的基本上是“守夜者”的功能，提供医疗、教育、基础设施及产权保护等公共服务，资源配置与定价的功能则全部交给市场。而“东亚模式”中最常受到批评的是政府干预过多，特别是这些国家实施的产业政策，即政府采取的一系列旨在推动新兴产业的形成与发展的政策措施。制定与实施产业政策，主要是基于一个重要的假说，即存在市场失灵或外部性问题，比如企业投入创新活动可能会产生外部性，但回报却无法完全内部化，因此光靠市场机制很难有效激励企业从事创新活动。

客观地说，“华盛顿共识”所倡导的市场化改革的方向并不错，问题是如何落实。有两种现实情形值得深入探讨：一是北方国家的市场经济是经过很长时期的发展才形成的，在大多数南方国家，市场机制并非天生成熟、有效，具体可能体现为供需匹配困难、定价机制不灵敏、资源配置不顺畅等，这些问题无法通过“一放了之”来解决。杰弗里·萨克斯等学者曾经提出通过“休克疗法”，实现从计划经济向市场经济的快速过渡，这一策略在玻利维亚和波兰等国取得了一定的成功（Lipton et al.，1990），但在苏联经济的转型中没有发挥有效的作用，俄罗斯似乎至今尚未建立起高效的市场经济，经济发展的表现也远不如实行其他改革策略的国家亮眼（Sachs，2012）。可见，实施“休克疗法”需要必要的条件。

二是即便在成熟的市场经济体，市场失灵现象也普遍存在。市场失灵的典型例子包括收入不平等、环境保护和创新驱动。最近美国政府实行贸易保护主义政策，表面看似乎与特朗普总统个人偏好有关，深层看其实是不平等矛盾恶化所致。二战以后，美国倡导、推动经济全球化，令世界各国，包括亚洲经济体受益，但美国可能是最大的受益国。与此同时，也造成了一些结构性矛盾，如小镇蓝领青年的失业问题，这其实也是市场失灵的一个体现。现在特朗普政府采取产业政策、贸易保护主义措施，试图吸引制造业与就业回流，说明美国自己已经抛弃了过去一直倡导的包括贸易自由化在内的“华盛顿共识”。另外，过去美国财政部和IMF的专家总是建议遭受危机冲击的国家实施财政紧缩、市场出清，以防范道德风险问题，提升经济质量。但后来在次债危机期间，美国当局却采取超常规的财政与货币政策救助金融机构与企业。

总之，在过去80年间，绝大部分南方国家没能够实现经济翻身。不成功的原因可能是多方面的，一些南方国家政治局势动荡、公共秩序混乱，自然无法有效组织经济活动。但即便没有这些问题的南方国家，也很少能够摆脱“中等收入陷阱”，说明它们都还没有找到成功实现经济可持续增长的路径。

中国经验与政策启示

有少数经济体成功实现了高速经济增长。二战结束的时候，日本与亚洲四小龙都是低收入经济体，现在均已成为高收入经济体。日本在1950—1973年的GDP年均增速达到10%，韩国在1960—1980年为8.9%，这些表现都非常接近甚至超过了坦桑尼亚最近提出的增长目标。中国的表现同样耀眼，在1978—2024年的GDP年均增速为8.9%。1978年，中国的人均GDP是156美元，到2024年提高到13 445美元，已经非常接近高收入经济体的水平。也许东亚经济体，特别是中国的经验可以为希望实现经济快速发展的南方国家提供一个替代政策方案？

如果把中国的现行政策框架与“华盛顿共识”做一个对比，可以发现中国的一些政策方向与“华盛顿共识”是一致的，如外国直接投资流入放开、贸易自由化、放松管制、利率和汇率的市场化及政府对医疗、教育和基础设施的投资等，但差异也非常明显，比如：

- 庞大的国有经济部门；
- 政府直接、间接参与经济活动，包括实行产业政策；
- 规模巨大的包括显性与或有的公共债务；
- 尚未完全放开的资本、土地、劳动等要素市场；等等。

上述差异既可能反映市场机制尚不成熟的现实（所以要素市场还没有完全实现市场化），也可能反映了市场失灵是普遍现象（所以政府需要发挥积极的作用，比如产业政策）。而国有经济部门究竟保持多大规模合适，是一个有争议的话题。

政策策略的不同，可能也是学说不同的结果，虽然孰先孰后不一定好判定。2024年的诺贝尔经济学奖颁给了达龙·阿西莫格鲁、西蒙·约翰逊和詹姆斯·罗宾逊。达龙·阿西莫格鲁和詹姆斯·罗宾逊曾经合著畅销书《国家为什么会失败》(*Why Nations Fail: The Origins of Power*，*Prosperity and Poverty*)，他们提出，“制度影响实际生活中的行为与激励，从而决定一个国家的成功与失败”。更进一步，“尽管经济制度对于决定一个国家是贫困还是繁荣至关重要，政治与政治制度决定了一个国家拥有什么样的经济制度”。在此基础上，他们提出了包容式与榨取式制度的概念。应该说，这一诺奖理论逻辑严谨、结论清晰。《国家为什么会失败》因而得到了许多著名学者的肯定，诺奖得主乔治·阿克洛夫教授就在其推荐词中推测，正如我们今天还在阅读两百多年前出版的《国富论》，“两个世纪以后，我们的重重孙们还将继续阅读《国家为什么会失败》这本书”。

但这样一个理论对于南方国家的改革与发展政策到底有多少指导价值？从指方向的角度看，肯定是有意义的，建立好的制度是实现持续增长的根本保证。但问题是，有多少南方国家可以在相对比较短的时期内建立一套包容式的制度？上述几位学者曾经将包容式制度与榨取式制度的分野溯源到殖民时期宗主国的行为，甚至特定病毒如黑死病的死亡率，但这样的演变路径显然无法复制。也许南方国家可以朝着建设包容式制度的方向努力，但短期不一定能对长期增长起到正面的作用。另外，究竟怎样的制度算包容式也并非一目了然。比如，二战刚刚结束时，菲律宾拥有的自由市场与民主政治更加接近包容式制度，而韩国的军事独裁体制则更接近榨取式制度。现在韩国早已成为高收入经济体，而菲律宾却仍然陷于中等收入陷阱之中。

北京大学国家发展研究院（以下简称国发院）/ 南南学院的学者们也各自根据中国的实践提出了关于改革与发展的学术思想与理论，比较有代表性的作品包括周其仁老师的《中国做对了什么》，林毅夫老师的《中国的奇迹》和《新结构经济学》，以及张维迎老师关于双轨制价格改革的论述等。需要说明的是，这些学者的观点并不完全一致，有时候甚至是针锋相对的。国发院的文化传统就是“和而不同”，他们对中国政策的实然与应然分析有差异，其实很正常。如果尝试做一个综述，也许可以将这些学者的一些不尽相同的观点归纳为从不同的视角阐述中国经济政策的三个方面：

一是明确市场化改革的大方向。虽然在改革初期政府并没有明确指出市场经济的改革方向，但政府在改革时期所做事情的指向非常清晰。周其仁老师在《中国做对了什么》里明确提出了改革政策所做的几件事情，包括界定产权、发挥企业家作用、重新发现看不见的手、挑战腐败，这些都是建设市场经济制度的必要步骤（周其仁，2010）。林毅夫老师合著的《中国的奇迹》聚焦发展战略与改革政策，但其核心故事是一致的，政府在改革时期采取比较优势导向的发展战略，基于比较优势配置资源，其实就是让市场机制发挥作用（林毅夫，等，2024）。

二是采取渐进式、双轨制改革策略。在20世纪90年代初期，国际学术界曾经发生过一场关于“休克疗法”与“渐进改革”的争论。张维迎老师在20世纪80年代提出“双轨制”的价格改革思路，通过先放开市场轨的价格，再逐步调整计划轨的价格，最后实现两轨合一，完成从计划价格向市场价格的过渡（张维迎，1984）。这个策略的长处是平稳过渡，“休克疗法”则很容易造成一段时期的市场混乱。“双轨制”策略不只是应用于计划与市场价格的改革，同样适用于国有企业和民营企业的改革。我本人后来的一些研究发现“双轨制”改革方式还促成了不对称的市场化策略，即产品市场迅速放开、要素市场持续扭曲。这是因为为了维持国有企业运行，政府需要通过压低诸如资本、土地等要素的价格提供变相的补贴（黄益平，2012）。事实上，到今天为止，要素市场尚未完全放开，但这不只是简单地反映改革尚不彻底，“扭曲”本身就是渐进式改革策略的一个过渡性安排。

三是协调市场与政府之间的关系。市场不是完美无缺的，适当的政府作用可能是有益的。中国在改革前期曾经有一个非常庞大的乡镇企业部门，当时尚未形成良好的市场环境，乡镇企业依托基层政府的保护与支持，得到了较好的发展。后来随着市场环境的改善，大部分乡镇企业通过改制变成民营企业（海闻，等，1997）。林毅夫老师倡导的新结构经济学，以要素禀赋结构为起点，分析经济系统内生性、扭曲内生性和运行内生性。强调要素禀赋结构（如劳动力、资本、资源等）决定产业结构和技术选择，不同发展阶段的禀赋结构差异导致发展路径不同（林毅夫，2018）。新结构经济学的政策主张是，发展中国家应基于自身禀赋发展具有比较优势的产业，避免盲目追求高技术产业。有效市场要与有为政府结合，市场配置资源，政府提供基础设施、制度保障，解决外部性问题，推动产业升级。

概括起来，中国的改革与发展政策实践具有一个十分鲜明的特征，即务实。务实的特征主要体现在以下几个方面：

第一，政策目标清晰可达。在改革的前期，决策者并没有清晰地勾画出改革蓝图。现在被普遍认为是改革起点的党的十一届三中全会完全没有使用市场经济的概念，只是提出要把工作重心转移到社会主义现代化建设上来。当时企业、地方和劳动者缺乏积极性，所以改革的一个重要目标是通过放权、实行责任制，调动积极性，提高经济效率。随着改革的推进，又逐步提出计划与市场之间的关系问题，1992年党的十四大才正式提出建立社会主义市场经济体制。决策者在改革初期没有提出宏伟的改革目标，有可能是受到当时的政治经济环境的约束，确定在短期内可能达成的政策目标，既可以减少一些争议和阻力，又有利于在改革的过程中逐步积聚支持性的社会力量。但这并不意味着改革政策没有明确的大方向，主要是把大目标分解成阶段性的、可达成的目标。

第二，政策措施稳健可行。与“可达”的目标相关，政策也要“可行”，能够落得下去。关于这点，“休克疗法”与“双轨制改革”的对比提供了一个很好的例子。在从计划经济向市场经济的过渡中，

“休克疗法”似乎提供了一个数学上的最优解，但“双轨制改革”可能是现实中的最优解，因为“休克疗法”并不能在一夜之间催生成熟的市场机制，反而容易造成经济的混乱甚至崩溃。双轨制改革却可以在保持稳定的同时逐步形成市场机制，这种转型方式会造成一定的效率损失，从理论上看好像也不是最佳方案，但经济有可能实现平稳、持续的增长。这也说明，务实的政策制定往往不是简单地选择所谓的“最优解”，而是根据现实情况权衡各个方面的因素，选择利大于弊的策略。“稳健可行”的前提是从实际出发，满足可行性的条件，适合做什么就做什么。

第三，政府与市场有机结合。务实的态度意味着在推动经济发展的过程中，既不必迷信市场的功能，也无须恐惧政府的作用，市场与政府各有长短，关键是如何扬长避短，发挥合力，实现快速的经济发展。在改革前期，市场与企业尚不发达，地方政府在推动经济发展方面发挥了十分关键的作用，甚至形成了所谓的“GDP 锦标赛”现象，但随着市场经济的发展、成熟，改革政策开始追求让市场在资源配置中发挥决定性作用。同样，企业在创新活动中很难完全依靠自身力量克服外部性问题，政府的产业政策可以帮助克服这个短板。由此可见，政府与市场的配合，是一个动态的过程，在不同时期、不同领域，配合的方式、程度都会有所不同。大的原则是，市场能做好的尽量让市场做，市场有不足的，则想办法由政府弥补。

第四，结果导向的决策过程。渐进、双轨的改革策略意味着在过程中，很多选择并不是唯一的，带有很强的“摸着石头过河”的色彩。如何确保改革的方向与措施是正确的呢？答案是结果导向。比如，如果政策变化有利于效率提高和收入增长，那就继续往前走，如果不利，就先退回来，再寻找新的方向。当然，具体的结果也会发生变化。在改革前期，GDP 增长几乎是唯一被关注的目标。随着经济发展水平的提高，虽然 GDP 增长仍然是十分重要的目标，但就业、分配、收入、消费、创新、环境等变得日益重要。

第五，改革政策的可持续性。渐进改革的一个重要特征是“改革一直在路上”，如果说它的优势是容易满足可行性条件并且以结果为导向，那缺点则是容易在改革的过程中形成新的既得利益集团，甚至成为进一步改革的阻力。务实的政策就需要包含能够让改革持续下去的机制，比如，如果改革政策能够让大部分人受益，这样就形成改革政策的同盟军，成为支持进一步改革的重要力量。与此同时，决策者的远见与果断也至关重要，因为任何改革政策都会涉及利益关系的调整，这样才能保证政策决策过程既不被少数利益集团挟持，又不会演变成民粹游戏。

作为在过去近半个世纪中全球最为成功的经济体，中国的政策实践对于南方国家具有重要的借鉴意义。许多南方国家希望在未来几十年达成的经济目标，正是中国刚刚经历过的过程。这并不是说，南方国家可以照搬照抄中国的一些政策，因为，每个国家的国情是不同的。中国经济能够取得成功，一个非常重要的原因是制定适合实际情况的政策，并随着实际情况的变化而调整政策。中国政策实践中的务实精神可能是最值得南方国家学习、借鉴的。

探索“全球南方共识”

“华盛顿共识”可能已经成为过去时。一方面，“华盛顿共识”指导南方国家的改革与发展，成果不多。另一方面，包括美国在内的北方国家也已经放弃了这一共识的一些基本原则。当然，这并不意味着其原理是完全错误的，只是表明它的现实指导意义有限。

在“华盛顿共识”之后，也出现过不同的替代概念，比如乔舒亚·库珀·拉莫在 2004 年提出的“北京共识”（Ramo，2004）及蒂姆·贝斯利、艾琳·布切利、安德烈斯·贝拉斯科等牵头在 2025 年提出的“伦敦共识”（Besley et al.，2025）。毫无疑问，最有影响力的当数以诺奖得主约瑟夫·斯蒂格利茨为首的专家在2008年提出的“后华盛顿共识”（Stiglitz，2008）。斯蒂格利茨认为，成功的发展战略不应只出自华盛顿，而更应该来自发展中国家；“一刀切”的策略注定不会成功；各个国家应该更多地以自己的判断，勇于尝试；相对平衡政府与市场的作用；GDP增长不应是唯一的衡量标准，同时也应关注分配与社会和环境的可持续性。这些主张切中了“华盛顿共识”的要害，可惜的是，这些理念迄今尚未在南方国家形成实质性的正面影响。

中国等东亚经济体提供了南方国家快速实现经济起飞的成功案例，这些经验对于广大的南方国家具有更大的借鉴意义。仔细观察中国的政策实践，有两个方面的特点值得深入分析：一是从实际出发，制定适合国情的经济政策，不盲目追求理论最优；二是有效市场与有为政府相结合，虽然两者之间的分工可能因时、因地、因事进行调整。这两条意味着，决策的主动权掌握在本国人的手上，而不是由外部强加，更不是接受“一刀切”的方案。因此，政策决策既需要科学，更是一门社会艺术。

政府在经济发展中发挥什么作用？这是一个世纪话题。从亚当·斯密和李嘉图开始，经济学一向都重视政府与市场之间的配合。早在1848年，约翰·穆勒就提出，市场决定生产什么和怎么生产，政府则利用税收与转移支付解决市场失灵与分配问题（Mill，1848）。历史学家雅各布·索尔认为，经济学中新自由主义思潮的兴起，其实是近期才出现的现象，可能跟米尔顿·弗里德曼倡导的学术思想有关（Soll，2022）。同期，尤金·法马提出了金融领域的有效市场假说。当时的大背景是二战以后，世界经济在美国的引领下逐步走向开放与融合，推动了全球范围的效率提升与经济繁荣。但越来越突出的不平等问题最终导致美国的经济政策出现了反转，尤其是在2017年特朗普第一次就任美国总统以后。效率与公平之间如何平衡，是经济学的世纪难题。美国的经历表明，即便是有效的市场，也无法很好地平衡效率与公平之间的关系。

在南方国家，政府与市场结合可能更有必要，因为在大多数南方国家尚未形成成熟、有效的市场。至于政府具体应该做什么，最好是采取“务实”的态度。政府与市场之间的分工应该保持灵活、开放，重要的是看结果，看是否有利于实现稳健、快速、可持续的发展。比如在一些南方国家，劳动力资源十分丰富，却没有形成任何劳动密集型产业。那就需要追问其背后的原因：缺乏必要的基础设施？税收负担过重？营商环境不佳？劳动雇用成本过高？或其他？如果确定了瓶颈因素，政府就可以有针对性地缓解这些约束条件。

基于这样的考虑，也许有必要就什么是适合南方国家经济发展的政策框架展开广泛的探讨，充分吸取在过去几十年取得经济成功的南方国家的经验教训，进而形成“全球南方共识”。讨论这个共识的目的，并不是要替代之前的共识，更不是要提出一揽子的政策措施，而是探索适合应用于南方国家经济政策决策的一些基本原则。具体的内容，需要关注全球南方发展的专家学者共同讨论、推究，但下面几个方向可以作为讨论的起点与基础：

一是追求由市场决定要素和产品的配置与定价。在很多南方国家，更好地完善市场机制，发挥市场在资源配置中的作用，是提高经济效率、促进经济发展的必要步骤。

二是政府采取务实的改革政策，完善市场体系。但建立、完善机制与制度，“一放了之”不见得能达成目的，而需要制定、实施符合国情、满足可行性条件的措施，持续推进。

三是政府与市场结合，克服市场失灵。除了提供基本公共服务，政府还需要弥补市场不足。但克服市场失灵，不能演变成替代市场功能。比如政府制定产业政策，目的是解决外部性问题，支持企业创新、产业升级，因此，产业政策不应破坏妨碍竞争，更不应该由政府

“选择胜出者”，还要预先设定明确的退出机制。

四是增长至关重要，但就业、平等、环保、稳定与安全同样很关键。对于南方国家来说，经济增长是首要目标。经验也表明，实现增长是减少贫困的最有效手段。与此同时，经济韧性也很重要，这样经济增长才能长期持续，也才能更好地达成满足人民群众对美好生活不断增长的需要的目的。

五是稳健开放贸易与投资，加强南南合作。成功的东亚经济体的经验表明，参与国际劳动分工是南方国家实现快速发展的一条重要途径，但开放也可能会带来一定的风险，所以需要采取稳健的策略。现在一些北方国家的对外经贸政策出现了逆转，南方国家如何坚持开放的方向，但又不至遭遇严重的外部冲击，是一个新的课题。南方国家如何促进全球经济体系的开放以及相互之间如何加强合作，这些话题都值得深入探讨。

上述五条只是我个人的一些非常不成熟的看法。推动“全球南方共识”的形成，需要与南方国家的各界展开广泛的研讨。每个国家的国情不同，对经济政策的立场也不一样。但借鉴一些成功的南方国家的经验，提出一些适合南方国家国情的基本共识，从而指导南方国家的改革与发展政策，于全球南方在世界事务中的作用日益增大的今天，将是一件具有重要意义的事情。对于像坦桑尼亚这样力图振兴经济的南方国家，“全球南方共识”可以提供有益的政策原则与框架。

如果能够达成“全球南方共识”，也不宜由像IMF这样的国际组织去推行。因为这样的共识内生于南方国家，像“金砖国家”（BRICS）这样的全球南方组织可以广泛地就共识的内容展开讨论，甚至搭建交流与讨论的平台，但具体政策的制定与实施的主导权一定要留给南方国家。“全球南方共识”是根据一部分南方国家的成功经验和大多数南方国家的实际情况形成的，其最重要的特点是务实，这意味着经济政策既要遵循一些共同的原则，实际工作中也需要具体情况具体分析，同时还要与时俱进。

关于本书

本书是北京大学南南学院的同事们共同完成的课题成果，可以看作中国学者推动形成“全球南方共识”努力的一部分，虽然课题在筹划阶段并没有明确提出这样的思路，但动机是一脉相承的。经过近半个世纪的改革开放，中国终于实现了经济腾飞，作为一个经济大国的中国将承担什么样的国际责任便成为一个重要的课题。2013 年习近平主席提出共建“丝绸之路”和“海上丝绸之路”的倡议，2015 年习主席宣布成立南南合作与发展学院，都体现了中国政府的立场与担当。

南南学院的学者们以“共享发展”命名本书，也是希望为建设人类命运共同体尽一点绵薄之力。与全球南方共享发展，这既是中国国际责任的体现，也是中国持续发展的需要。第一，作为全球南方的一个成员，中国经济成功的经验可能对广大的南方国家具有更重要的借鉴意义。第二，以“一带一路”倡议为代表的中国对外政策已经对促进南南合作与发展做出了巨大的贡献，现在正在走向新的阶段。第三，当前国际经济秩序正在发生剧烈的变化，中国和其他南方国家需要共同努力，增强合作，维护开放的国际经济环境。

本书包括十二个分报告，涉及的内容十分广泛、丰富，从中国与全球南方的贸易、投资和基础设施合作到中国企业走出去，从数字金融的国际发展到绿色低碳产业的合作共赢，从利用工业园区推动南方国家工业化到各国基础设施的发展、布局与协同，从中国南南合作治理体制建设到南方国家债务融资与债务风险。学者们的角度各不相同，观点也不尽一致，但是希望推动中国与全球南方共享发展的愿望是一致的。

参考文献

海闻，周其仁，1997. 中国乡镇企业研究 [M]. 北京：中华工商联合出版社 .

黄益平，2012. 告别“中国奇迹”[M]. 北京：社会科学文献出版社 .

林毅夫，2018. 新结构经济学 [M]. 北京：北京大学出版社 .

林毅夫，蔡昉，李周，2024. 中国的奇迹：发展战略与经济改革（30 周年纪念版）[M]. 上海：格致出版社，上海人民出版社 .

张维迎，1984. 以价格改革为中心带动整个经济体制的改革 [Z]// 专家建议（三）. 北京：国务院经济技术研究中心能源组：3-20.

周其仁，2010. 中国做对了什么 [M]. 北京：北京大学出版社 .

BESLEY T, BUCELLI I, VELASCO A, 2025. The London Consensus: Economic Principles for the 21st Century [M]. London: LSE Press.

GILL I, KHARAS H, 2007. An East Asian Renaissance: Ideas for Economic Growth[R]. Washington, DC: World Bank.

LIPTON D,SACHS J,FISCHER S, et al., 1990. Creating a Market Economy in Eastern Europe: The Case of Poland[J]. Brookings Papers on Economic Activity, (1):75-147.

MILL J S, 1848. Principles of political economy[M]. London: Prometheus.

RAMO J C, 2004. The Beijing Consensus[M]. London: Foreign Policy Center.

SACHS J D, 2012. What I did in Russia[R/OL]. (2012-03-12) [2025-08-13]. https://static1.squarespace.com/static/5d59c0bdfff8290001f869d1/t/5ed7d8e248deea6dbee5d577/1591204091062/Sachs+%282012%29_What+I+did+in+Russia.pdf.

SOLL J, 2022. Free market: The History of an Idea[M]. New York: Basic Books.

STIGLITZ J E, 2008. Is there a Post-Washington Consensus Consensus?[M]//

SERRA N, STIGLITZ J E. The Washington Consensus Re-considered: Towards a New Global Governance. NewYork:Oxford University Press:41-56.

WILLIAMSON J, 1989. What Washington Means by Policy Reform[M]// WILLIAMSON J, Latin American Readjustment: How Much Has Happened?. Washington, DC: Institute for International Economics:7 20.

ZHUANG J Z, VANDENBERG P, HUANG Y P, 2012. Growing Beyond the Low-Cost Advantage: How the People's Republic of China Can Avoid the Middle-Income Trap[R]. Mandaluyong: Asian Development Bank.

第 1 章

中国与全球南方的经济合作：从贸易、投资到“一带一路”基础设施合作[1]

[1] 本章作者为王敏。

改革开放以来，中国经济经历40多年的高速增长，人均GDP从1978年的156美元增长至2024年的1.34万美元，年均增速高达9%左右。伴随着中国经济的高速增长以及持续扩大的对外开放，中国从1978年GDP全球占比仅为1.7%的低收入封闭经济体成长为2023年GDP全球占比16.8%的开放经济体。[①] 今天的中国不但是世界第二大经济体，也深度融入世界经济体系，成为世界第一大出口国、第二大进口国，对外投资连续多年位居全球前三。

中国经济的崛起深刻重构了全球经济格局。根据世界银行WDI（世界发展指标）数据库的数据，1960—1990年，全球低、中、高收入经济体的GDP全球占比长期保持稳定，平均分别为0.8%、17%、82%。在此期间，全球经济活动高度集聚在高收入经济体，呈现出"中心–边缘"的固化特征。然而，自20世纪90年代以来，伴随着经济全球化的加速，中国的GDP全球占比快速上升，从1991年的1.6%增长至2023年的16.8%；同期，除中国以外的中等收入经济体的占比则从11.2%提升至18%。两者合计上升22个百分点。与之对应，全球高收入经济体的GDP全球占比则从1991年的86%下降到2023年的64%，共下降22个百分点。显然，中国经济的崛起不但成为过去60多年重塑全球经济格局的最重要力量之一，也通过国际贸易、投资和基础设施建设等合作发展方式对全球经济发展产生深远影响。

但是，随着中国经济和产业结构的持续增长和升级，中国经济正面临双重挑战。一方面，国内劳动力等生产要素成本持续上升，导致

---

① 数据来源：世界银行WDI数据库。

劳动密集型产业逐步丧失比较优势，使部分劳动密集型企业面临外迁压力；另一方面，随着中国与发达经济体的产业结构趋同，中国与美国等发达经济体之间的贸易争端和地缘政治摩擦愈发加剧；加之全球供应链的调整，中国在国际贸易和投资环境中的不确定性上升。这就促使中国在全球经济布局中寻求更加多元化的合作模式，以降低外部冲击带来的风险。而加强与全球南方国家（中低收入经济体）的经贸合作，无论是在贸易、投资，还是在基础设施建设方面，均显得愈发重要。

从外部环境来看，2023 年全球南方国家人口占全球总人口的 82% 左右。[①] 随着这些国家经济的持续增长、在全球经济中的占比不断上升，其在全球贸易和投资中的作用日益凸显。因此，全球南方的发展已不仅仅是这些国家自身的问题，更是全球经济能否实现可持续增长、是否能够有效治理气候变化与发展不平等等全球性议题的关键。而中国与全球南方国家的合作，不仅基于互利共赢的经济逻辑，也体现了中国作为全球性大国在发展责任和全球治理方面的积极担当。

在这一背景下，中国推动“一带一路”倡议、拓展与全球南方国家的贸易与投资合作，既符合全球经济重心“南移”的客观趋势，也反映了在全球经济不确定性加剧背景下重塑国际合作体系的战略考量。一方面，全球南方市场为中国提供了广阔的出口新空间和产业全球布局的战略支点，是应对发达经济体地缘政治制约、出口市场集中度过高等风险的重要依托。另一方面，通过基础设施投资、产业合作与能力建设，中国也助力全球南方国家加快工业化与现代化进程，有助于推动全球共同发展目标的实现。因此，从全球发展战略的角度看，中国与全球南方国家的合作不仅是经济机会，更是一种共担责任、引领新型全球化进程的选择。

本章首先回顾中国与全球南方国家在贸易与投资领域的合作发

① 数据来源：世界银行 WDI 数据库。

展，以及中国政府如何通过“一带一路”倡议推动基础设施投资与互联互通，从而促进全球南方国家的经济增长；其次，进一步梳理了中国与全球南方国家合作过程中面临的关键挑战，包括部分低收入国家的主权债务风险、工业化发展滞后以及政治与地缘不稳定性等问题；最后，探讨如何调整中国在全球南方国家的合作发展策略，包括优化基础设施投资模式、调整对外债务融资政策，以及通过知识和经验援助促进全球南方国家的工业化等，并提出相应的政策建议。

中国与全球南方国家的经济合作

传统上，发达国家主要位于北半球的北部地区，而发展中国家则多分布于北半球的南部和南半球。因此，国际社会习惯上将发达国家称为“北方国家”，而将发展中国家称为“南方国家”。“全球南方”不仅是一个地理概念，更强调了发展中国家在全球经济体系中的相对地位，以及其在政治、经济、社会发展等方面的共同特征。在本研究的数据统计和讨论中，我们将全球南方国家的经济数据统计口径划分为中低收入经济体。这一分类基于世界银行 2023 年的收入标准，即人均国民总收入（GNI）低于 1 145 美元的经济体为低收入经济体，人均国民总收入高于 1 145 美元、低于 14 005 美元的经济体为中等收入经济体，人均国民总收入高于 14 005 美元的经济体为高收入经济体。这一划分方式有助于更清晰地分析中国与全球南方国家在贸易、投资和基础设施投资等经济领域的合作发展。

中国与全球南方国家的贸易合作

改革开放以来，中国的国际贸易规模快速增长，货物进口和出口总额分别从 1978 年的 108.9 亿美元和 97.5 亿美元跃升至 2023 年的 2.56

万亿美元和 3.38 万亿美元，进口和出口的全球占比则从 1978 年的均不到 1% 分别增长到 2023 年的 10.6% 和 14.2%。[①] 中国 2023 年的国际货物贸易总额接近 6 万亿美元，仅次于美国，是全球第二大贸易国。中国进出口总额的快速增长使得中国成为全球大多数国家的主要贸易伙伴。其中，中国与全球中低收入经济体的贸易增长尤为惊人。

根据联合国商品贸易统计数据库（UN Comtrade）[②] 提供的 1992 年以来分国别、分产品类别的贸易数据，1992 年中国的国际贸易仍高度依赖高收入经济体。当年，与高收入经济体的贸易占中国进口总额的 77.3%、出口总额的 90.3%，高收入经济体是中国最重要的贸易伙伴。当时的中国尚处于工业化发展早期，人均收入和劳动力工资水平较低，在劳动密集型产品的生产上具备比较优势，发展出“两头在外”的来料加工贸易模式，即进口中间品和资本品，生产和出口最终消费品。此外，UN Comtrade 将国际贸易商品划分为原材料、中间品、资本品和消费品四大类。根据该数据库提供的数据，1992 年，中国的中间品和资本品进口占比分别为 42.4% 和 34.9%，两者相加接近 80%，远高于原材料和消费品的进口；中国的消费品出口占比 55.6%，也远高于其他三类商品的出口。显然，在 20 世纪 90 年代初，中国根据比较优势以加工贸易形式参与国际分工体系，且进出口贸易均高度依赖高收入经济体。

但是，自 1992 年以来，与中低收入经济体的贸易在中国进出口贸易中的比重持续大幅上升，而与高收入经济体的贸易在中国进出口贸易中的占比则持续下降。从中低收入经济体进口的商品金额在中国进口总额中的占比从 1992 年的 22.7% 增长至 2023 年的 54.3%，并在 2019 年首次超过高收入经济体，成为中国进口来源的最重要组成部

---

① 中国贸易数据来自《中国统计年鉴 2024》。全球贸易数据来自世界贸易组织（WTO）2024 年 4 月发布的《全球贸易展望和统计》（Global Trade Outlook and Statistics）报告。

② 下文所有国际贸易数据均来自该数据库。

分。[①]出口至中低收入经济体的商品金额在中国出口总额中的占比则从 1992 年的 14.5% 增长到 2023 年的 44.5%，且呈现出进一步上升的趋势。经过 30 多年的发展，中国与中低收入经济体的贸易额基本上已和高收入经济体的贸易额相当。而随着中国国内劳动力等要素成本的持续上升，以及中美贸易冲突等地缘政治因素的影响，中低收入经济体在中国贸易中的地位预计将进一步攀升，甚至在未来超过高收入经济体，成为中国最重要的贸易伙伴。

与此同时，中国进出口贸易的产品结构也经历了显著的转型，突出表现为资本品出口和原材料进口的激增。具体而言，1992—2023 年，资本品在中国出口总额中的占比从 1992 年的 9.9% 快速跃升至 2004 年的 41%，并在当年首次超过消费品，成为中国出口的第一大类别，这一趋势自此延续至今。相比之下，原材料、中间品和消费品在中国出口总额中的占比在此期间则基本呈现持续下降的趋势。2023 年，资本品出口占比进一步提升至 43.7%，高出消费品占比近 10 个百分点。与此同时，中国原材料进口需求大幅攀升。原材料在中国进口总额中的占比从 1992 年的 9.9% 增长至 2023 年的 33.1%，并在 2023 年首次超过资本品，成为中国第一大进口类别。相比之下，资

① UN Comtrade 数据库提供了分国别、分产品的进出口数据。其中，该数据库也预设了“所有高收入经济体”（all high-income economies）和“中低收入经济体”（low and middle income economies）这两个经济体组别。但是中国从这两个组别进口产品金额之和略小于中国的总进口金额，出口数据也是如此。这个差异可能源于“中低收入经济体”组别没有涵盖所有中低收入经济体。因此，在下文分析中国进出口占比的分组别、分产品变化时，将中国的总进口金额或分产品类别的进口金额减去中国从“所有高收入经济体”组别进口的产品金额，以估算中国从全球中低收入经济体进口金额数据。出口数据也做同样处理。若直接采用 UN Comtrade 数据库预设的“中低收入经济体”组别的进出口数据，下文各个指标的具体数值可能会有变化，但整体趋势不会改变。因此，本文的数据处理不影响对中国与全球中低收入经济体贸易关系演变的趋势性分析。

本品和中间品的进口占比在此期间是持续下降的，而消费品进口占比则有小幅增长。这一变化反映出，随着中国从消费品出口向资本品出口的转型升级，国内制造业和基础设施建设对能源、金属矿产等关键原材料的需求显著上升。

从早期高度依赖高收入经济体，到中低收入经济体在中国进出口贸易中的比重持续攀升并逐步超过高收入经济体，以及资本品主导出口、原材料主导进口的贸易格局形成，这一系列变化不仅是中国贸易结构调整的体现，更是中国工业化进程的深刻映射，折射出中国在全球生产体系中的角色演变。随着中国工业化的快速推进和经济的持续增长，中国的生产比较优势逐渐从劳动密集型产品向资本密集型产品转变。这一转型不仅使中国逐步实现了对早期依赖高收入经济体进口的中间品和资本品的国产替代，还大幅推动了资本品出口的快速增长。

进入 21 世纪，随着全球南方国家的经济崛起和工业化进程的加速，这些国家对资本品的需求显著增长，逐渐成为中国资本品出口的重要目的地。2000—2023 年，出口至中低收入经济体的资本品金额在中国资本品出口总额中的占比从 16.5% 激增至 41.5%，并仍呈现上升的趋势。与此同时，资本密集型工业品制造的快速发展，进一步推高了中国对原材料的需求。例如，随着中国成为全球新能源汽车和电池产业链的中心，中国对锂、钴、镍等关键矿产的进口需求激增。在此背景下，全球南方国家逐步取代高收入经济体，成为中国原材料的最主要供应国。如果说 20 世纪 90 年代初，中国的原材料进口仍主要依赖高收入经济体，那么这一格局在 21 世纪发生了根本性变化。从中低收入经济体进口的原材料在中国原材料进口总额中的占比从 1992 年的 44.4% 提升至 2023 年的 69%，展现了中国在全球资源配置中的深度调整。

显然，自 1992 年以来，中国进出口贸易格局最显著的变化是资本品主导出口、原材料主导进口的格局逐步确立。当前，全球南方国家不仅已成为中国原材料进口的最重要供应方，而且在中国资本品出口中的占比快速上升，未来甚至有可能超越高收入经济体，成为中国资本品出口的主要市场。这一趋势意味着全球南方国家在中国对外贸易中的地位愈发重要。然而，随着一个后发经济体成功实现工业化，其制造业产业结构逐渐与发达经济体趋同，并对原有发达经济体的产业竞争力形成挑战，这种后发追赶带来的结构性冲突往往会引发贸易摩擦乃至经济对抗。自 2018 年以来，中美贸易冲突持续升级，涉及关税壁垒、供应链限制、技术封锁等多个领域。2024 年，中国与欧盟在新能源汽车领域的贸易摩擦进一步凸显了这一趋势。综上所述，随着全球南方国家工业化的持续推进，以及中国与美国等高收入经济体贸易摩擦的持续，中国与全球南方国家的贸易关系将进一步深化。

中国与全球南方国家的投资合作

长期以来，中国主要是外商投资的接受国，但这些外商投资主要来自高收入经济体。以 2023 年为例，高收入经济体对华投资占比高达 98.7%。这表明，与贸易关系不同，中国与全球南方国家的投资伙伴关系更多表现为中国企业向这些国家的单向投资，而非双向资本流动。

在工业化发展早期阶段，中国对外投资活动非常有限。1992—2002 年，中国对外直接投资（OFDI）流量年均仅约 25 亿美元。[①] 然而，进入 21 世纪，特别是加入世界贸易组织后，随着中国经济的持续高速增长以及在全球产业链的深度嵌入，中国的对外投资规模开始迅速扩大。中国对外直接投资流量从 2002 年的 27 亿美元增长至 2023 年的 1 773 亿美元，并多年位居全球前三。[②] 2023 年和 2024 年，我

① 数据来源：联合国贸易和发展会议数据库。

② 数据来源：《中国统计年鉴 2024》。

国对外直接投资流量连续两年超过外商对中国的直接投资流量。截至2023年底，中国对外直接投资存量高达2.96万亿美元，仅次于美国和荷兰。在可预见的未来，中国有望超过荷兰，成为全球第二大对外直接投资经济体。

对外直接投资分为对外投资并购（cross-border mergers and acquisitions，M&A）和绿地投资（greenfield investment）两大类别。前者指的是通过收购或合并东道国现有企业的全部或部分股权来实现投资，而后者则是在海外建立全新的子公司、生产设施或办事处，直接扩展企业的国际业务布局。根据商务部、国家统计局和国家外汇管理局联合发布的《2023年度中国对外直接投资统计公报》数据，中国早期的对外投资主要以前者为主。2004—2011年，对外投资并购金额平均约占中国对外直接投资流量的42%。这一特征与中国经济结构转型密切相关。

学术界普遍认为，中国在2004年左右到达了“刘易斯拐点”，即工业部门劳动力无限供给的发展阶段结束，中国的生产比较优势逐步从劳动密集型产业转向资本密集型产业（Cai et al.，2008；Cai et al.，2011；Zhang et al.，2011；Liu，2015）。事实上，2004年，中国的资本品出口占比首次超过消费品，资本品成为中国出口的第一大产品类别，也印证了这一转型。资本密集型产业的特点在于技术复杂度高、知识和技能要求强、市场准入壁垒高，这意味着通过并购海外企业，以快速获取先进制造技术、品牌影响力和成熟的国际市场渠道，实现产业升级和国际化扩张，是中国企业实现技术突破和市场扩展的最优策略之一。典型案例是2010年吉利集团收购沃尔沃汽车公司。这一并购不仅帮助吉利获得世界级汽车制造技术，填补了其在高端汽车市场的技术短板，也让吉利通过沃尔沃的全球网络拓展了国际市场渠道，成为中国企业“走出去”战略的重要里程碑。总体而言，2004年后，中国企业对外投资并购的活跃度不仅受国内产业结构升级的推动，也体现了全球化背景下企业获取技术、建设品牌和开拓市场的现实需求。

但自 2012 年起，中国对外直接投资中的并购占比开始大幅下降。2023 年，中国对外投资并购金额仅占对外直接投资流量的 9.5%，显著低于 2004—2011 年的水平。这一趋势表明，中国企业的全球化模式正经历深刻调整，从单纯依靠并购获取技术和市场，逐步转向以绿地投资为主的本地化经营，更加注重全球产业链的布局与长期发展。一个特别值得注意的现象是，自 2015 年起，中国制造业对外直接投资的比重开始大幅上升。制造业投资占中国对外直接投资的比重从 2014 年的 7.8% 跃升至 2015 年的 13.7%，并在 2015—2023 年保持在平均 15.5% 的水平，长期位居中国对外投资行业排名前三。[①] 这一变化表明，中国制造业企业的全球化布局进入加速阶段。这一趋势显然与中国政府于 2013 年提出的“一带一路”倡议密切相关。

但从更深层次来看，制造业对外投资的增长与国内生产要素成本上升密切相关，尤其是劳动力和合规成本的上升，使得中国部分劳动密集型产业逐渐丧失比较优势，面临产业外迁压力。一方面，在

① 分行业的对外投资数据来自历年的《中国对外直接投资统计公报》。需要指出的是，中国制造业对外直接投资占比可能存在系统性低估。目前，中国政府对外直接投资数据是基于第一目的地进行统计，而非最终投资目的地。在这一统计口径下，香港、开曼群岛和英属维尔京群岛等低税收地区由于其优惠的税收政策和便利的离岸金融体系，长期以来成为中国企业最重要的对外投资中转地。以 2023 年为例，流向这三个地区的投资额合计占中国对外直接投资流量的 68.6%。显然，这些地区并非中国企业实际的最终投资目的地，而往往只是资本过境的跳板，最终资金流向美国、欧洲、东南亚、非洲等地。此外，根据历年的《中国对外直接投资统计公报》，中国企业在这三个地区的投资主要集中在租赁和商务服务业等服务行业。但实际上，通过这些投资，部分资金最终会流向全球南方国家或其他经济体的制造业、能源、基础设施等领域。因此，由于统计口径的局限性，中国制造业的对外投资在官方数据中往往被低估，而服务业投资则被高估。尽管制造业对外投资的绝对规模可能被低估，但由于中国对外投资统计方法在时间维度上保持一致，其趋势性变化仍然是有意义的。

跨过“刘易斯拐点”后，中国制造业工资水平持续上涨。根据国家统计局数据，中国制造业私营单位就业人员的年平均工资从2004年的1 342美元增长至2023年的10 184美元，20年增长近8倍，年均增速约11%。[①] 与此同时，我国16~59岁适龄劳动力人口数量在2016年达到峰值后持续下降，到2023年累计减少近2 100万劳动力人口，进一步加剧劳动力供给的紧张局势。[②] 另一方面，2012年以来，为解决历史欠账并进而扭转高投入、高消耗、高污染的粗放型经济发展方式，中国政府不断加强环保、安全生产和消防等生产领域的监管和执法，企业合规成本急剧攀升。这些因素促使中国的劳动密集型产业开始向外迁移，形成了新一轮全球制造业转移。而2018年以来，中美贸易冲突和全球地缘政治紧张局势进一步加快了中国制造业向外迁移的进程。正如中国在20世纪80年代抓住了日本和亚洲四小龙（韩国、新加坡、中国台湾和中国香港）因内部要素成本上升而外迁劳动密集型产业的机遇，从而承接全球制造业转移，推动自身工业化进程，如今，中国制造业向外转移也正在为全球南方国家的工业化提供新的发展机会。制造业转移不仅帮助全球南方国家加快工业化进程，也进一步推动了中国与这些经济体的贸易、投资和供应链合作，形成更加紧密的全球产业链联系。

基础设施合作：“一带一路”倡议

通过国际贸易提供关键资本品和对外投资转移劳动密集型产业，中国在全球南方国家的工业化进程中发挥了重要作用。但是，工业化的推进和发展高度依赖基础设施，包括交通、电力、水利、产业园

---

① 《中国统计年鉴》只公布了2009年之后中国制造业私营单位就业人员的平均工资。2009年之前的数据则是作者根据中国工业企业数据库的企业微观数据计算得到。

② 数据来源：《中国统计年鉴》（2021—2024年）。

区等。全球南方国家，尤其是低收入国家的基础设施建设长期滞后，成为制约其工业化进程的关键瓶颈。根据世界银行 WDI 数据，截至 2022 年，低收入国家用电人口比例仅为 45%。以非洲为例，各国不仅普遍缺乏稳定且充足的水电供应，而且由于历史上英国、法国等殖民国家人为划定国界线，非洲大陆交通网络割裂，国与国之间的跨境运输极为不便。同时，国内公路、铁路等交通基础设施严重落后，使得物流成本高企，进一步限制了这些国家劳动力比较优势的发挥，影响制造业承接能力。

随着中国与全球南方国家贸易和投资关系的深化，以及全球南方国家工业化进程的加快，中国政府于 2013 年正式提出“一带一路”倡议。通过加强沿线国家的跨境基础设施建设，推动区域互联互通，促进经济一体化，可最终提升沿线国家的工业化水平。除交通基础设施，“一带一路”倡议还覆盖能源、港口、工业园区、数字网络等软硬件基础设施。在合作模式上，“一带一路”倡议主要依托中国政策性银行（如中国进出口银行、国家开发银行），向东道国政府或国有企业提供主权贷款或优惠贷款，用于支持大规模基础设施建设。除债务融资外，该倡议还采用基金和多边融资、公私合营（PPP）模式、企业直接投资等多种方式，灵活为基础设施建设提供资金支持。为进一步增加对“一带一路”项目建设的资金支持，中国政府也分别在 2013 年和 2014 年发起成立多边开放银行——亚洲基础设施投资银行和丝路基金等基础设施融资机构。由于能够有效填补基础设施建设资金缺口，“一带一路”倡议自提出以来，获得了全球南方国家的广泛欢迎。截至 2024 年底，全球已有 155 个国家签署共建“一带一路”合作文件，远超最初所设想的陆上和海上丝绸之路的地理范围，覆盖了全球绝大多数中低收入发展中国家，甚至包括部分高收入国家。

“一带一路”倡议提出十余年来，催生了众多世界瞩目的软硬件基础设施项目，涵盖铁路、港口、工业园区、能源和数字经济等领域，例如，东南亚首条与中国铁路网直接相连的跨国铁路中老铁路、印度尼西亚及东南亚第一条高速铁路雅万高铁、非洲第一条现代电气化铁路亚吉铁路、吉布提多哈雷多功能港、希腊比雷埃夫斯港、非洲最大自贸区吉布提国际自贸区、柬埔寨最大的工业园区柬埔寨西哈努克港经济特区、巴基斯坦卡洛特水电站、埃及本班太阳能电站、非洲数字丝绸之路等等。这些项目的投资建设不仅提升了沿线国家的基础设施水平，也加速了它们的经济增长和产业升级。

世界银行在 2019 年发布的研究报告《"一带一路"经济学：交通走廊的机遇与风险》（Belt and Road Economics: Opportunities and Risks of Transport Corridors）表明，"一带一路"交通基础设施的投资建设产生了非常可观的经济效应：平均缩短沿线经济体（全球所有国家之间）8.5%（3%）的交通运输时间；增加沿线经济体（全球）2.8%~9.7%（1.7%~6.2%）的贸易额；增加沿线经济体 7.6% 的外商直接投资；增加沿线经济体（全球）1.2%~3.4%（0.7%~2.9%）的实际收入。另外，"一带一路"交通项目有助于 760 万人口摆脱极端贫困和 3 200 万人口摆脱中度贫穷。上述数据充分说明，"一带一路"倡议不仅促进了沿线国家基础设施的互联互通，还有效提升了其国际贸易、吸引外资、创造就业的能力，并成为推动全球减贫和可持续增长的重要力量。

除对全球南方国家产生深远的经济影响，"一带一路"倡议也大幅推动了中国基建企业的国际化发展。凭借在基础设施建设领域的全球竞争优势，中国交通建设集团有限公司、中国建筑股份有限公司、中国电力建设集团有限公司等大型中国基建企业积极参与共建"一带一路"国家的基础设施项目竞标与承建，不断拓展海外市场。在 21 世纪初，我国对外承包工程年完成营业额不到 100 亿美元。而到了 2023 年，这一数据跃升至 1 609 亿美元，仅比同期对外直接投资金额少 164 亿美元，凸显出中国企业在海外基础设施市场的强劲竞争力。[①] 2024 年度美国《工程新闻记录》（ENR）发布的“全球最大 250 家国际承包商”榜单，中国入围企业的数量和国际营业额都位居榜首。其中，中国入围企业数量共 81 家企业，接近数量排名第二的土耳其（42 家）的两倍；中国入围企业 2024 年国际营业额合计 1 229.7 亿美元，占全部上榜企业国际营业总额的 24.6%，远高于营业额排名第二的法国（849 亿美元）。

中国与全球南方国家经济合作面临的挑战

以上讨论表明，在“一带一路”倡议的推动下，中国与全球南方国家在经济领域已逐步建立起以国际贸易、直接投资、基础设施建设和债务融资为支柱的多层次合作机制，不仅持续深化了双边经济合作，也为全球经济的共同发展注入动力。具体来看，国际贸易不仅向全球南方国家提供其工业化所需的中间品和资本品，也保障了中国制造业发展所需的原材料供给；中国的对外直接投资，一方面助力全球南方国家发展劳动密集型产业、加快工业化进程，另一方面也给中国企业在面对国内要素成本上升和地缘政治不确定性时提供了战略性的全球化布局路径；另外，中国政府通过“一带一路”框架下的融资安排，为全球南方国家基础设施建设提供了关键性资金支持，不仅为其工业化进程奠定重要基础，也为中国基础设施企业参与全球化布局创造发展机遇，同时改善了中国企业在当地投资运营的外部环境。总体而言，上述四个领域互为支撑，构成了中国与全球南方国家经济合作的基本结构和核心路径。

然而，中国政府和企业首次大规模走出国门，深度参与全球经济合作和治理，必然面临诸多挑战并要经历不断探索和学习的过程。近

---

① 数据来源：《中国统计年鉴 2024》。

年来，尤为突出的挑战包括全球南方国家的主权债务问题、工业化发展滞后问题，以及中国企业海外投资与生产的本地化难题。如何有效应对这些问题，将成为中国与全球南方国家深化合作、实现可持续发展的关键。

主权债务风险与多边治理难题

“一带一路”项目以基础设施投资建设为核心，但基础设施项目投资规模大、回报周期长，对融资能力要求较高。而共建“一带一路”国家大多为中低收入经济体，受限于人均收入水平较低、公共财政能力有限，往往依赖外部融资来推动基础设施建设。但自 2008 年国际金融危机后，欧美国家普遍实施量化宽松等宽松货币政策，推动全球流动性显著上升，使得 2010 年以来全球主要经济体普遍进入新一轮公共债务快速扩张周期。

根据世界银行《2024 年国际债务报告》，全球中低收入经济体的外债余额从 2010 年的 3.87 万亿美元激增至 2023 年的 8.84 万亿美元。在这 8.84 万亿美元的债务中，三类主权债权人——多边债权人（如世界银行、IMF 等）、官方双边债权人、私人部门债权人（包括债券持有人和其他商业债权人）的债权占比分别为 30%、14% 和 56%。其中，中国作为全球中低收入经济体的最大官方双边债权国，其债权占比约为 5%，但在整体债务结构中仍远低于私人部门和多边机构债权人所占比重。这也表明所谓中国制造“债务陷阱”的论调缺乏事实依据。

在全球中低收入经济体外债快速扩张的背景下，主权债务风险显著上升。根据《2024 年国际债务报告》提供的数据，全球陷入主权债务危机和面临高债务风险的中低收入经济体占比，已从 2015 年的 6% 和 21% 分别上升至 2023 年的 16% 和 38%。事实上，全球发展中国家的债务问题在 2018 年已开始显现，并在 2020 年新冠疫情冲击下加剧，导致赞比亚、斯里兰卡、厄瓜多尔等多个中低收入经济体发生主权债务违约。在此背景下，“一带一路”倡议下的基础设施投资难以避免地遭遇部分东道国的债务风险问题。如何在推进互联互通的同时优化融资模式、提升项目可持续性，成为“一带一路”倡议深化发展的关键问题。

有效应对全球主权债务风险带来的挑战，需要解决两个关键问题。一是如何应对现有存量债务的违约风险，即在全球债务危机背景下，如何通过债务重组、延期偿还或减免措施，降低全球南方国家的债务负担。二是如何优化未来“一带一路”基础设施项目的债务融资，即如何通过创新融资模式、引入多元资金来源、加强项目可行性评估，确保基础设施投资的可持续性，避免债务负担过重。本书的第 11 章、第 12 章分别对这些问题进行了详细讨论。

如前所述，中低收入经济体的外债结构复杂，债权人涉及主权国家、国际多边组织、市场债券投资者和商业银行等多元主体。因此，应对这些经济体的主权债务违约风险，首要的挑战是如何通过有效的多边治理机制协调债权人集体行动、优化债务重组方案。历史上，发展中国家的主权债务重组主要依托巴黎俱乐部机制。巴黎俱乐部成立于 1956 年，是由主要发达国家组成的非正式债权人组织，长期在全球债务治理中发挥主导作用。但随着中国等新兴债权国的崛起，全球债权结构趋于多元化，巴黎俱乐部的代表性和协调能力面临挑战。鉴于中国并非其成员国，中国过去主要通过双边谈判方式参与主权债务的处理。

针对主权债务风险在新冠疫情期间集中释放、部分国家陷入违约困境的局势，国际社会自 2020 年起以 G20（二十国集团）为主要平台，推动了一系列多边债务治理机制，例如“暂缓最贫困国家债务偿付倡议”和《缓债倡议后续债务处理共同框架》（以下简称《共同框架》)。中国作为全球最大官方双边债权国，首次积极参与多边主权债务重组进程，并在上述机制中发挥了重要作用。例如，我国是“暂缓最贫困国家债务偿付倡议”各参与方中实施缓债金额最大的国家：在127.1亿美元缓债总额中，中国在2020年和2021年分别贡献11.9亿美元和30.1亿美元，占缓债总额的33%。

然而，当前G20《共同框架》的多边债务治理也面临诸多挑战。首先，全球债务结构发生深刻变化，新兴市场国家通过国际债券市场融资的比重不断上升，使得债务人和债权人结构更为多元，导致协调债务重组难度显著增加。其次，IMF与世界银行主导的债务可持续性分析（DSA）框架存在争议——IMF主导的模型被批评过度依赖静态的债务与GDP比率、利息支付比率等指标，未能充分反映债务国长期发展潜力，而中国提出的“一带一路”框架虽强调生产性资产价值，但尚未被纳入主流治理流程。再次，待遇可比性（COT）原则的执行陷入僵局，例如在赞比亚案例中，官方债权人因不满商业债权人的重组条件而拒绝协议，暴露了不同债权方之间的信任缺失。最后，多边机构的“优先债权人地位”导致责任分配失衡。例如世界银行以“维护信用评级”为由回避减债，迫使其他债权人承担更高比例的损失，削弱了治理方案的公平性。这些挑战凸显了现有规则与全球化债务格局的脱节，亟须通过制度创新和包容性协商加以破解。

工业化瓶颈与产业承接困境

除中国等少数国家，大部分全球南方国家尚未完成工业化进程，整体工业化程度较低。2023年，全球低收入经济体和（不含中国的）中等收入经济体制造业GDP占比分别为9.5%和15.7%。[①] 如前所述，

① 数据来源：世界银行WDI数据库。

中国与全球南方国家在国际贸易、直接投资、基础设施建设和债务融资四个领域的合作为全球南方国家的工业化提供了机遇。然而，许多国家长期面临工业基础薄弱、经济结构单一、基础设施落后等问题，导致工业化进程缓慢。大多数全球南方国家，尤其是非洲、东南亚和拉美国家，长期依赖初级产品出口，制造业发展受限，产业链配套不完善，难以形成规模效应。此外，全球南方国家普遍面临劳动力技能不足、市场规模有限、资金短缺、政策环境不稳定等瓶颈，其工业化进程进一步受到制约。在全球产业链重组、贸易保护主义抬头以及能源与气候变化等问题的影响下，通过深化中国与全球南方国家的合作推动这些国家的工业化进程面临较大挑战。

事实上，一个经济体的工业化成功发展有其一般性规律。早在 20 世纪 30 年代，日本经济学家赤松要基于日本当时的工业化发展经验，提出了农业国工业化产业发展的雁行模式。赤松要总结了农业国工业化产业发展的两个特征：一个产业的发展表现为先进口产品，后自主生产（进口替代），最终实现产品出口（出口替代）这样一个连续的过程；同一产业内新产品和新产业的发展则表现出从（劳动密集型产业的）消费品升级到（资本密集型产业的）资本品、从简单技术升级到复杂技术这样一个过程。在一国内部，上述两个特征不断循环推进，就像一组雁群呈“V”形的飞行模式。工业化雁行模式背后的理论逻辑是，随着经济增长，后发国家的比较优势不断发生变化，国内产业和产品结构随之持续调整。在工业化早期，后发国家的产业以农业为主，人均收入普遍较低（矿产资源丰富的国家除外，例如中东国家）。这也就意味着这些国家的劳动力、土地等要素成本较低，在生产劳动密集型工业消费品上有比较优势。因此，农业国的工业化基本上是从进口资本品和中间品、生产劳动密集型工业消费品起步。但随着经济增长，劳动力成本越来越高，国内的资本积累越来越多，后发国家的比较优势产业逐步从劳动密集型产业转为资本密集型产业，从而最终实现对中间品和资本品的进口替代和出口，完成工业化进程。

但是，由于存在工业生产制造的外部规模经济、产业上下游协同、基础设施因外部性导致供给不足等市场失灵问题（Juhász et al., 2024），上述工业化进程并不会自然发生。事实上，根据世界银行增长委员会的研究，自1950年以来，全球仅有13个经济体成功实现了长期高速增长，其中包括中国。这些经济体的成功经验体现出5个关键特征：政府的强有力治理；充分受益于全球化；宏观经济稳定；高储蓄和投资率；市场导向的资源配置。显然，这些成功经验对全球南方国家的工业化同样具有重要参考价值。中国在40多年的改革开放过程中，借鉴西方经验，探索出具有中国特色的发展模式。因此，除了通过货物贸易、直接投资、基础设施建设和债务融资四个领域深化合作推动全球南方国家工业化进程，中国或可以通过南南合作将中国工业化发展经验向这些国家分享，以促进全球南方国家的工业化发展。本书的第6章基于由北京大学林毅夫教授（世界银行前首席经济学家）所提出的新结构经济学框架以及中国工业化发展经验，详细讨论了如何基于各国比较优势，通过园区建设推动全球南方国家的工业化。

随着中国国内劳动力成本上升、产业结构升级以及国际贸易和地缘政治冲突加剧，中国部分劳动密集型产业开始向外转移，而劳动力成本尚低的全球南方国家成为产业承接的理想目的地。例如：纺织、制鞋等劳动密集型产业向非洲、东南亚转移，带动当地轻工业发展，提高其出口能力；电子制造、汽车零部件等资本密集型产业向东南亚布局，形成区域产业集群；资源密集型产业向拉美和中亚发展，如矿产加工、能源开发等。正如20世纪80年代中国成功承接日本和亚洲四小龙外迁的劳动密集型产业，从而加速自身工业化进程，如今，在中国劳动密集型产业向全球转移的背景下，尚未完成工业化的全球南方国家也面临类似的机遇。通过打造稳定的政治和市场环境、制定合理的产业政策并优化营商条件，这些国家有望抓住这一轮产业转移的契机，加快本国工业化进程。

中国企业海外投资与运营的挑战

《2023 年度中国对外直接投资统计公报》的数据显示，截至 2023 年底，中国共有 3.1 万家境内投资者在境外设立 4.8 万家对外直接投资企业，投资足迹遍布 189 个国家和地区，境外企业总资产接近 9 万亿美元。这些中国企业的投资不仅促进了东道国的经济增长和社会发展，还推动了当地的产业升级和就业增长。凭借全产业链竞争优势、高商业信誉和卓越的交付能力，中国企业在全球南方国家的生产经营取得显著成就。特别是在许多低收入国家，中国企业为当地提供了稳定的就业机会，其薪资水平往往高于市场平均水平，使进入中资企业成为本地劳动力向往的高薪职业选择。

然而，随着企业“走出去”步伐的加快，它们在全球市场的运营也面临诸多挑战。基于国内外实际调研，本书第 3 章总结了中国企业在海外经营主要面临的若干挑战。

第一，政治和安全风险。全球地缘政治环境复杂多变，部分全球南方国家政治局势不稳定，政府更替频繁，政策不确定性较高，影响了中国企业的投资安全。例如，部分国家在政权更迭后，可能重新评估或终止与中国企业的合作项目。此外，部分地区安全风险较高，如恐怖袭击、社会动荡等威胁企业员工的人身安全，导致部分企业不得不调整海外布局或收缩业务。另外，双边外交关系也对企业运营构成重要影响，个别国家出于地缘政治考量，对中国企业设置市场准入壁垒或限制其参与公共采购项目，形成事实上的歧视性待遇。

第二，法律合规与政策不确定性。各国法律体系、税收政策、外汇管制和劳工法规存在较大差异，中国企业需应对复杂的合规挑战。例如，部分全球南方国家的法律法规变动频繁，税收、外汇管理、劳工权益保护等领域政策的不稳定性提高了企业的合规成本。此外，一些东道国政府可能对外资企业实施“双重标准”或歧视性政策，如无端查税、追溯性征税等，使得企业在东道国的运营环境更加不稳定。

第三，融资难与资金回流受限。全球南方国家的金融市场总体发展滞后。中国企业在这些国家投资时融资渠道有限，特别是中小企业难以获得东道国金融机构的贷款支持，而国内金融机构对海外投资项目的支持也相对不足。此外，部分国家实施严格的外汇管制，限制外资企业利润汇回，甚至要求企业收益必须留在当地，这使得企业的资金回流困难，影响投资收益率。

第四，本地化管理与人才短缺。随着中国企业加快海外布局，对具有国际化管理经验和本地市场知识的人才需求增加。然而，中国企业在全球范围内面临人才短缺问题，尤其是在跨文化管理、法律合规、市场运营等方面，缺乏专业人才支持。同时，部分企业对本地员工的培训和职业发展规划不足，导致员工忠诚度不高，影响企业的长期发展。此外，一些制造业企业仍然沿用国内“军事化管理”模式，对当地员工缺乏尊重，导致文化冲突频发，甚至引发罢工，影响企业在当地的声誉和运营稳定性。

第五，市场竞争与品牌建设不足。在海外市场，部分中国企业仍依赖低价竞争策略，缺乏品牌建设和长期发展规划，导致市场影响力有限。此外，对 ESG（环境、社会、治理）标准的关注度不足，使得企业在可持续发展、社会责任方面的投入较少，影响国际市场的认可度和企业形象。尤其是在一些全球南方国家，中国企业因环境污染和商业腐败问题饱受批评，导致整体品牌形象受损，增加了未来投资和运营的难度。

总结来说，中国企业在海外经营所面临的挑战主要源于国内外政治、法律和经济环境的差异。由于跨国投资涉及不同国家的主权和政策框架，企业难以单纯依赖国内政策来规避这些挑战，而必须通过自身的适应与学习来有效应对。特别是，中国企业需要在国际化经营过程中不断优化自身能力，提高风险管理水平，增强法律合规能力，加强本地化运营，并通过行业协同、政策支持和品牌建设提升全球竞争力。作为中国企业首次大规模出海的实践，这一过程不可避免地需要时间，以积累经验和适应国际市场的规则。但可以预见，随着时间的推移，中国企业的海外投资和经营能力将日趋成熟。

深化合作的政策建议

过去 40 多年，中国凭借高速增长、产业升级和持续的开放政策，从一个低收入国家跃升为世界第二大经济体。中国的成功不仅改变了自身的经济格局，也深刻重塑了全球经济。作为世界制造业中心和全球最大的贸易国，中国通过国际贸易、直接投资、基础设施建设和债务融资合作，与全球南方国家建立了紧密的经济联系，推动了这些国家的基础设施现代化和经济增长。特别是“一带一路”倡议的提出，进一步深化了中国与全球南方国家的经济合作。

尽管中国与全球南方国家的经济合作不断拓展，但仍面临主权债务风险上升、工业化进程滞后以及中资企业海外投资适应性不足等多重挑战。这些问题并非不可克服，而是中国企业首次大规模“走出去”、中国政府深度参与全球经济治理所必经的成长阶段。虽然当前中国与全球南方国家经济合作的主导力量是市场和企业，但政策依然可以发挥重要作用。通过改革全球债务治理、优化“一带一路”融资模式、深化南南合作，并提升中国企业的国际化能力，中国有望与全球南方国家共同构建更加公平、包容、高效的全球经济合作体系。基于前文讨论，本文提出以下政策建议。

第一，推动全球主权债务治理体系改革，以提升新兴经济体在国际机制中的代表性与协同性能。当前，由巴黎俱乐部和IMF主导的债务治理体系仍由西方发达国家主导，未能充分反映新兴经济体在全球经济和债务治理中的代表性。为此，建议从以下四方面推进改革与完善。

其一，在G20等多边框架下，推动包括中国在内的新兴市场国家获得投票权，提升中国等新兴国家在IMF和世界银行等多边金融机构的代表性，并通过增资扩股增强其资源调配能力，以支持债务危机化解与长期可持续发展。

其二，推动差异化、多元化的债务重组机制创新。现有的“一刀切”减债模式难以兼顾发展中国家的长远利益。建议在共同框架下，探索对不同类型债务分类处置，特别是对生产性基础设施相关债务采取如债转股、延期、阶段性托管等更具灵活性的重组方案，以维持融资激励，支持债务国的长期发展能力。

其三，提升中国对外债务治理的透明度与国际协调水平。中国习惯以双边谈判方式处理债务问题，在一定程度上引发“不透明”质疑，甚至出现“债务陷阱”误解。建议逐步完善对外债权统计和披露机制，增强数据透明度，并加强与多边机制的信息对接，提升中国在国际债务治理中的话语权与公信力。

其四，加强国内债务治理的顶层设计与统筹协调。主权债务治理涉及外交部门、财政部门、央行、政策性银行、援外与企业等多个主体，需在中央层面设立跨部门统筹机制，提升各部门协同能力，确保“一带一路”相关融资安排的可持续性与政策一致性。

第二，优化“一带一路”融资结构，分类施策，构建可持续、可控的投融资机制。针对“一带一路”沿线国家经济发展阶段、财政能力和项目属性的差异，应构建更加灵活、精准的融资策略。

其一，分类施策安排融资结构。对于具有良好现金流和商业可行性的项目，可优先吸引商业银行、开发性金融机构和私营资本等市场化资金；对于社会效益显著但回报周期较长的基础设施项目，可运用政策性贷款、政府担保、保险机制等工具对冲风险；而在部分低收入国家，针对其急需但难以商业化运作的重要项目，则可适当引入无偿援助或援贷结合方式，兼顾发展需要与债务可持续性。

其二，推进多元化融资工具组合。在当前全球债务风险上升背景下，减少“一带一路”项目对债务融资的高度依赖，转向更为多元和可持续的投融资模式。例如：探索“债务–自然互换”（debt-for-nature swap）机制，将债务调整与东道国的气候与环境治理承诺挂钩，兼顾减债与绿色发展目标；推广公私合营模式，提升项目运营效率，分散政府财政压力；鼓励股权投资和债转股，降低主权债务融资压力。

第三，完善中国企业“走出去”支持体系，强化海外运营合规性与适应力。跨主权环境下的法律制度差异、政治不确定性、语言文化障碍、融资渠道受限以及本地化管理难题，已成为制约中国企业海外可持续经营的重要瓶颈。虽然海外投资是市场行为，企业作为市场主体需不断学习和适应东道国的政策法规与商业环境，但中国政府也可以在政策层面提供必要的支撑。

建议中国政府统筹建立覆盖广泛、专业高效的海外运营支持平台。现有的贸促会的行政色彩较重。建议借鉴日本贸易振兴机构（JETRO）的经验，设立中国企业海外服务机构，专为中国企业提供包括法律咨询、政策解析、市场调研、知识产权保护、风险预警、人才培训、争端调解等在内的综合性公共服务，降低企业出海门槛，提高企业国际合规水平。同时，可考虑推动驻外经商机构功能转型，从传统的政治沟通转向产业与服务支持拓展，增强与中国企业的日常联系与协同能力。此外，还可设立专项基金和风险保障机制，支持中小企业“走出去”，扩大出口信用保险覆盖面，鼓励行业协会参与“抱团出海”，形成合力，共同提升中国企业在全球南方国家的形象与影响力。

第四，强化发展经验交流，建设“智力一带一路”。在深化南南合作的过程中，仅靠贸易、投资与基础设施合作尚不足以支撑全球南方国家实现真正的经济转型与自主发展。经验表明，政策选择的适宜性、制度设计的可行性与人才能力的匹配度，往往决定了一个经济体改革措施的成败。“华盛顿共识”倡导的“市场化、自由化、私有化”三位一体改革路径，在部分发展中国家落地过程中水土不服，政策理想与执行能力之间的落差反而加剧了发展困境。

相比之下，中国的发展经验强调渐进式改革、问题导向与务实可行，尤其是在处理制度转型、地方试点、产业升级等问题上形成了一套有中国特色的操作逻辑。这一经验虽不能简单复制，但其背后的“从实际出发解决问题”的治理逻辑对于全球南方国家有启示意义。因此，中国应系统推进与南方国家的经验合作，构建以“知识共享-能力建设-政策支持”为核心的“智力一带一路”。

其一，因地制宜推进“园区＋教育”能力建设合作。当前，全球南方国家普遍面临劳动力教育水平不高、生产效率偏低等问题，难以承接高质量的产业转移。中国工业化经验表明，高素质劳动力是实现产业升级的关键。建议优先在政局稳定、双边关系良好、营商环境较成熟的国家推进中资产业园区与经济特区建设，并将职业教育纳入合作核心，形成“产业＋培训”一体化发展机制。可考虑推广“鲁班工坊”模式，以小而美、低成本、重实效的方式提升东道国劳动力素质与配套能力，这样既有助于中国企业实现本地化运营，也有助于塑造中国负责任大国的软实力形象。

其二，系统推进发展经验总结与分享，打造“智力一带一路”合作平台。中国在工业化、减贫、教育、医疗、财政、金融等领域积累了丰富的政策经验。建议进一步建设“南南学院”或“全球发展政策实践平台”，以“制度性输出＋本地化适配”为导向，系统总结中国发展经验，整合政策工具和典型案例，并通过合作研究、人才培养与政策交流，帮助南方国家提升本土政策设计与执行能力，构建符合其国情的治理方案。该平台可成为“智力一带一路”的关键载体，推动中国与全球南方国家由项目合作向制度合作、由资源投入向能力共享转型。

其三，强化国别研究基础，完善南南合作的战略规划与知识支撑体系。目前中国对外援助和发展合作在战略统筹、政策协调和知识支持方面仍显薄弱。建议加强高校和智库对全球南方国家的区域国别研究，鼓励开展基于经济学、政治学、历史学、国际关系学等的多学科交叉实地调查研究，系统培养长期致力于全球南方国家发展的专业人才。同时，也可借鉴世界银行“全球实践局”（Global Practice）的做法，建立以行业与国别为维度的知识平台，促进企业、政府、研究机构间的经验交流与战略协同。在此基础上，制定差异化的发展合作战略，避免援助碎片化和资源错配，提升合作的整体有效性与可持续性。

综上，中国与全球南方国家不应仅局限于经济层面的“硬”合作，还应持续推进知识、治理和能力建设等方面的“软”合作。通过提供制度可行性更强、适应性更广的发展经验和政策支持，中国有望与全球南方国家携手实现共同发展，推动构建更加公平、包容、可持续的全球经济合作新格局。

参考文献

CAI F, WANG M Y, 2008. A Counterfactual Analysis on Unlimited Surplus Labor in Rural China[J]. China & World Economy, 16 (1): 51-65.

CAI F, DU Y, 2011. Wage Increases, Wage Convergence, and the Lewis Turning Point in China[J]. China Economic Review, 22(4): 601-610.

JUHÁSZ R, LANE N, 2024. The Political Economy of Industrial Policy[J]. Journal of Economic Perspectives, 38(4): 27-54.

LIU D Q, 2015. Has the Chinese Economy Passed the Lewis Turning Point?[J]. Journal of the Asia Pacific Economy, 20(3): 404-422.

ZHANG X B, YANG J, WANG S L, 2011. China Has Reached the Lewis Turning Point[J]. China Economic Review, 22(4): 542-554.

第 2 章

对外直接投资的国际经济新环境与政策应对[1]

[1] 本章作者为王碧珺、庄宗武。

在当前国际经济新环境下，中国加大对外直接投资是大势所趋。中国企业已经初具全球竞争力，尤其是更适合进行长期战略布局的绿地投资正逐步成为主要进入方式，这些优势为企业“走出去”奠定了基础，发展中国家是重要目的地。但资金约束增加、投资绩效不佳、政治风险高企，是企业出海亟须克服的困难。为树立“中国投资”的良好国际形象，实现海外投资项目的可持续性和盈利水平提升，需完善商协会和财政金融的服务能力，进行有组织的投资、因地制宜的规划和全流程管理，构建和完善海外利益保护和风险预警防范体系。同时，积极发展新质生产力，不断提升营商环境，防范国内产业空心化风险。

国际经济新环境下，加大对外直接投资是大势所趋

当前，中国企业面临“不出海就出局”的潜在压力。在国内，中国面临经济增长放缓、内需不足、产能过剩等问题。中国企业通过对外投资开拓新兴市场，特别是在东南亚、非洲和拉美等地区，扩大市场规模，获取更高回报，从而为经济增长注入新动能。通过对外投资，企业将国内过剩产能转移到海外，既优化了产能配置，又促进了当地经济发展。在全球布局下，中国不仅在国内经济增长放缓的背景下找到新的发展空间，而且提升了在全球经济中的竞争力，有助于实现经济的可持续发展。

在国外，应对供应链重组和地缘政治挑战，全球范围内的贸易保护主义和经济民族主义抬头。各国逐渐意识到供应链过于集中在特定

国家或地区的风险，试图推动供应链的多元化和区域化。尤其是特朗普再次当选美国总统，可能引发全球范围的贸易战，导致国际贸易摩擦加剧，全球供应链受到冲击。中国作为全球第一大制造国，制造业增加值约占全球的30%，面临供应链转移的压力。通过海外投资实现本地化生产，能减少企业受外部贸易政策的影响，分散生产和供应链风险，建立经济和政治上的战略合作伙伴关系，从而提升应对国际环境不确定性和潜在冲突的能力（陈逸豪，等，2024）。

从中长期来看，加大对外直接投资也具有战略重要性。中国目前是全球第二大经济体、最大的贸易国。作为一个新兴的大国，其经济崛起不仅需要国内的发展，还必须通过全球化布局来实现。全球化布局对中国来说不仅仅是短期的经济策略，更是长远的国家战略，是推动经济崛起和国家现代化的重要手段，是逐步成为全球经济领导者的必要路径，是国家战略需求的必然选择。同时，通过全球化布局，中国在促进自身发展的同时，也有助于实现与他国的互利共赢。

同时，从宏观数据来看，中国对外直接投资仍有较大增长空间。从绝对量来看，2023年中国对外直接投资流量约为1 773亿美元，约为全球第一位美国的44%（4 043.2亿美元），与第二位日本（1 840.2亿美元）相当；存量为2.96万亿美元，约为全球第一位美国（9.4万亿美元）的31%，与第二位荷兰（3.4万亿美元）相差13%。从相对量来看，中国对外直接投资流量占当期固定资本形成总额的比例偏小，2023年仅为2%，而美国为7%，日本为17%；对外直接投资存量占GDP的比例也较低，2023年仅为17%，而美国为35%，日本为51%。①

① 作者根据联合国贸发会议数据库整理。

中国对发展中国家投资的现实与潜力

对外直接投资的模式转型与赋能

中国对外直接投资模式从资产寻求型转为资产利用型。2008 年全球金融危机后，中国企业对外直接投资才初具规模（王碧珺，等，2019a）。投资特点是生产保留在国内，海外投资主要是为了获得战略性资产，例如技术、品牌和市场渠道以及自然资源，从而改进现有资产，增强自身的竞争力，并为国内的生产寻求稳定充足的资源和原材料供应（Huang et al., 2011）。这一模式可被称为资产寻求型对外直接投资。

这一模式已被削弱，转为资产利用型。外因在于，在 2008 年全球金融危机的影响下，国外缺乏资金，国际环境还比较友好，所以中国企业购买海外战略性资产的投资行为能被东道国接受。但是随着金融危机的影响逐渐减弱，以及国际环境的变化，这种战略性资产寻求型海外投资模式受到抑制。内因在于，2016 年以后，中国开展了对部分对外投资活动的调整，这类投资也受到一些影响。

但更重要的是，随着企业竞争力的提高，资产利用型对外直接投资也是水到渠成的结果。事实上，中国企业在许多行业中已处于国际领先地位，尤其是在 5G 通信设备、高铁、新能源汽车、光伏等领域，中国企业技术水平全球领先。中国企业积累的竞争优势为其开展资产利用型对外直接投资奠定了基础。

资产利用型对外直接投资占主导也意味着发展中国家成为日益重要的投资目的地。首先，中国企业在全球竞争中追求成本优势，发展中国家普遍具备较低的劳动力成本和生产成本，能够帮助中国企业降低生产费用，提高在全球市场的竞争力。同时，发展中国家还拥有巨大的市场潜力，随着它们的消费市场逐渐壮大，中国企业在这些国家投资不仅能实现生产基地的全球布局，还能够进入快速发展的消费市场，快速扩大销售网络和消费者基础。此外，中国企业在国内经历了快速工业化和城市化进程，积累了丰富的基础设施建设和运营经验，这些经验可以直接应用于发展中国家。中国企业的技术水平和产品特性也更符合发展中国家的需求，具有显著的技术输出和产业链整合优势。因此，中国企业通过加大对发展中国家的投资，不仅可以分散地缘政治风险，还能巩固在全球供应链和市场中的战略地位。

从数据上也可以发现，中国对发达国家的直接投资降幅明显。根据《2023 年度中国对外直接投资统计公报》，2023 年末，中国在发达经济体的直接投资存量为 3 097.1 亿美元，占中国对外直接投资存量的 10.5%。中国对美国、欧盟、澳大利亚等经济体的直接投资均在 2016 年达到高点后回落。2023 年与 2016 年相比，中国对美国、欧盟与澳大利亚的直接投资流量分别下降了 59%、35% 与 87%。

大部分集中在亚洲，“一带一路”地区和制造业有待发力

中国对外直接投资在区域分布方面仍然较为集中，近 70% 集中在亚洲，东盟区域的增长尤为突出。根据《2023 年度中国对外直接投资统计公报》，2023 年末，中国在亚洲的投资存量约为 2 万亿美元，占中国对外直接投资存量的 68.2%（见表 2-1），其中在中国香港的投资约占亚洲的 87%。中国香港是内地企业“走出去”的重要投资中转地，其中部分作为“外资”返回内地（即“返程投资”）（王碧珺，2013）。近年来，中国对东盟的投资增长尤其值得关注，从 2014 年的 98 亿美元提高到 2023 年的 251 亿美元，年均增速 11.4%，而同期整体增速仅为 4.2%。东盟也是重要的“一带一路”共建地区。2023 年末，中国在共建“一带一路”国家的投资存量约为 3 348 亿美元，占中国对外直接投资存量的 11.3%。但在 2023 年，中国对共建“一带一路”国家投资流量占当年对外直接投资流量的 23%，显示出“一

带一路”地区正在成为中国企业“走出去”的热点地区。

表 2-1　2023 年中国对外直接投资存量的地区分布

地区	存量 / 亿美元	占比 /%	主要分布国家和地区
亚洲	20 148.4	68.2	中国香港、新加坡、印度尼西亚、中国澳门、越南、马来西亚、泰国、老挝等
拉丁美洲	6 008	20.3	英属维尔京群岛、开曼群岛、巴西、墨西哥、秘鲁、智利、巴哈马、牙买加、巴拿马、阿根廷等
欧洲	1 476.8	5	荷兰、英国、德国、瑞典、卢森堡、俄罗斯联邦、法国、瑞士、意大利、西班牙等
北美洲	1 101.1	3.7	美国、加拿大
非洲	421.1	1.4	南非、刚果（金）、尼日利亚、埃塞俄比亚、安哥拉、尼日尔、毛里求斯、肯尼亚等
大洋洲	398.5	1.4	澳大利亚、新西兰、巴布亚新几内亚、萨摩亚、马绍尔群岛、斐济等

数据来源：《2023 年度中国对外直接投资统计公报》。

从行业分布来看，中国海外投资以服务业为主，制造业仍有较大增长潜力。如表 2-2 所示，截至 2023 年末，约 80% 的中国对外直接投资存量集中在服务业，金额约为 2.4 万亿美元，主要分布在租赁和商务服务业（占服务业比重 50%，占全部比重 39.9%）、批发和零售业（占服务业比重 18%，占全部比重 14.3%）、金融业（占服务业比重 14%，占全部比重 11%）。其中，租赁和商务服务业以投资控股为主要目的，主要分布在中国香港、英属维尔京群岛和开曼群岛。制造业是中国对外直接投资第四大行业，投资存量为 2 834 亿美元，占比 9.6%，其中汽车制造业存量约占制造业投资存量的 25%。

表 2-2　2023 年中国对外直接投资存量的主要行业分布

行业类别	存量 / 亿美元	占比 /%
租赁和商务服务业	11 791	39.9
批发和零售业	4 214	14.3

（续表）

行业类别	存量 / 亿美元	占比 /%
金融业	3 238.2	11
制造业	2 834	9.6
采矿业	1 935.1	6.5
信息传输、软件和信息技术服务业	1 331.1	4.5
交通运输、仓储和邮政业	1 042.6	3.5
房地产业	885.2	3
合计	27 271.2	92.3

数据来源：《2023 年度中国对外直接投资统计公报》。

服务业占比较高与中国在很长时间内对外直接投资模式以资产寻求型为主有关。在该模式中，生产保留在国内，海外投资主要是为了获得战略性资产，例如技术、品牌和市场渠道以及自然资源。由于生产并未大规模外迁，海外制造不是主体，制造业海外直接投资占比不高。随着对外直接投资模式转向资产利用型，中国作为全球第一大制造国，制造产能的外迁不可避免，制造业在中国海外直接投资中也将扮演更重要的角色（王碧珺，2020）。

同时，制造业占比在不同区域存在差异性（见表 2–3）。在非洲，制造业是仅次于建筑业、采矿业的第三大中国投资行业，相关投资占中国对非洲总投资的 14.3%。在东盟，制造业则是第一大中国投资行业，相关投资占中国对东盟总投资的比重高达 32.4%，资金主要流向印度尼西亚、越南、新加坡、泰国和马来西亚等。具体来看，在印度尼西亚，投资领域包括电子产品、汽车制造和纺织服装，以利用当地劳动力成本优势。越南则吸引了大量电子产品、纺织服装和机械设备制造的投资，成为重要的生产基地。新加坡作为高科技制造中心，吸引了中国企业在半导体、电子元件和生物医药领域的投资。泰国是东南亚的汽车制造中心，中国企业在汽车、电子产品和橡胶制品制造方面有较多投资。在马来西亚，中国企业则重点投资于电子产品、石油化工和机械设备制造。这些投资不仅推动了中国与东盟国家的经济合作，还促进了当地制造业的发展和就业，增强了区域经济一体化。

表 2-3　2023 年末中国对部分地区直接投资存量前五位的行业

亚洲			拉丁美洲		
行业	存量 / 亿美元	占比 /%	行业	存量 / 亿美元	占比 /%
租赁和商务服务业	8 865.5	44.0	租赁和商务服务业	2 602.3	43.3
批发和零售业	3 335.7	16.6	信息传输、软件和信息技术服务业	820.3	13.6
金融业	2 120.8	10.5	批发和零售业	683.6	11.4
制造业	1 441.3	7.1	制造业	582.3	9.7
采矿业	1 038.8	5.2	金融业	516.5	8.6
小计	16 802.1	83.4	小计	5 205.0	86.6
东盟			非洲		
行业	存量 / 亿美元	占比 /%	行业	存量 / 亿美元	占比 /%
制造业	568.6	32.4	建筑业	148.5	35.3
批发和零售业	299.3	17.0	采矿业	91.6	21.7
租赁和商务服务业	267.3	15.2	制造业	60.1	14.3
电力、热力、燃气及水的生产和供应业	160.7	9.1	金融业	49.1	11.7
建筑业	88.1	5.0	租赁和商务服务业	20.0	4.7
小计	1 384.0	78.7	小计	369.3	87.7

数据来源：《2023 年度中国对外直接投资统计公报》。

跨国并购式微，绿地投资更有助于企业长期战略布局

对外直接投资通常分为跨国并购和绿地投资两类，前者通过对已有目标企业的全部或部分股权收购或合并而进入东道国，后者则是在海外建立全新的子公司、生产设施或办事处。由于跨国并购能更为快速地进入东道国，这对于缺乏国际化经验又具有一定资金实力的中国企业在“走出去”早期更具吸引力。跨国并购占中国全部对外直接投资流量的比重一度高达 50% 以上（见表 2–4）。然而，随着各国加大对外资并购的监管力度以及经济保护主义的抬头，跨国并购日渐式微。2023 年，中国企业对外并购交易额为 205.7 亿美元，这是自 2010 年以来的历史第二低位，仅比 2022 年高 2.5%。项目平均并购金额则从 2017 年的 4.1 亿美元下滑至 2023 年的 0.5 亿美元，下滑了 88%。跨国并购占中国全部对外直接投资流量的比重已降至不足 10%。

表 2–4　2004—2023 年中国对外直接投资并购情况

年份	并购金额 / 亿美元	同比增长 /%	占当年流量比重 /%
2004	30.0	—	54.4
2005	65.0	116.7	53.0
2006	82.5	26.9	39.0
2007	63.0	−23.6	23.8
2008	302.0	379.4	54.0
2009	192.0	−36.4	34.0
2010	297.0	54.7	43.2
2011	272.0	−8.4	36.4
2012	434.0	59.6	31.4
2013	529.0	21.9	31.3
2014	569.0	7.6	26.4

（续表）

年份	并购金额 / 亿美元	同比增长 /%	占当年流量比重 /%
2015	544.4	-4.3	25.6
2016	1 353.3	148.6	44.1
2017	1 196.2	-11.6	21.1
2018	742.3	-37.9	21.7
2019	342.8	-53.8	12.6
2020	282.0	-17.7	10.7
2021	318.3	12.9	11.4
2022	200.6	-37	9.3
2023	205.7	2.5	9.5

注：2012—2023 年并购金额包括境外融资部分。

数据来源：《2023 年度中国对外直接投资统计公报》。

相应地，绿地投资成为中国对外直接投资的主要方式，且更适合企业进行长期战略布局。首先，通过绿地投资，企业可以在东道国从零开始建设，完全控制项目的各个方面，包括生产流程、管理架构、品牌建设、企业文化等，根据自己的标准和需求设计并运营业务（李诗韵，等，2024）。其次，企业可以深度扎根目标市场，创造就业机会并推动当地经济增长，因而能获得东道国政府更大的支持力度和优惠政策。再次，绿地投资不像并购那样涉及企业整合，避免了可能出现的文化冲突、管理不一致或技术整合难题。

服务本地市场为主，辐射周边市场态势上升

本文进一步分析了 2003 年至 2024 年上半年中国在发展中国家的 383 个重要绿地投资项目（投资金额占中国对全部发展中国家绿地投资比重的 66%），系统识别了这些投资的主要服务市场及面临的关键投资障碍（在下一部分重点讨论）。依据服务对象，本文将中国对发

展中国家重要绿地投资分为服务本地市场、服务中国市场、服务周边发展中国家、服务周边发达国家、服务非周边发展中国家和服务非周边发达国家六大类（见图 2-1）。

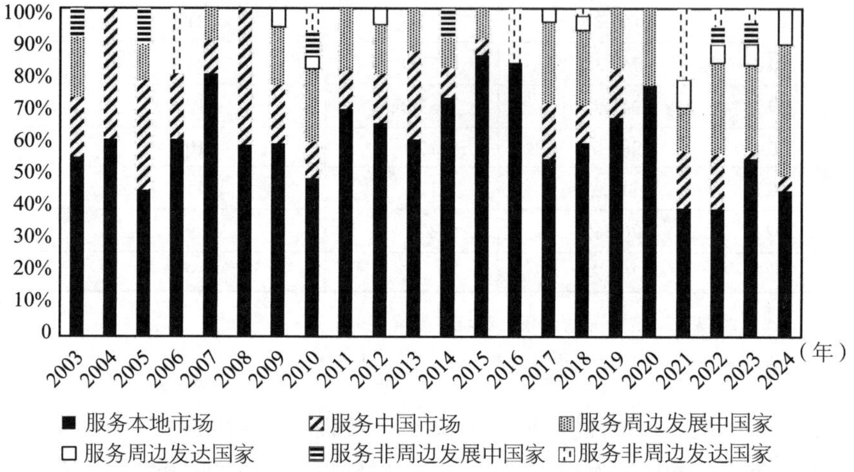

图 2-1　2003 年至 2024 年上半年中国对发展中国家重要绿地投资服务市场

数据来源：作者基于《金融时报》全球跨境绿地投资数据库（fDi Markets）整理。

本地市场一直是中国对发展中国家重要绿地投资项目的最主要服务对象。其占中国对所有发展中国家重要绿地投资规模的比重一度在 2015 年达到 85.7%，该值在最低的 2022 年也有 38.9%。发展中国家快速增长的国内市场需求是驱动中国企业在当地进行绿地投资的重要因素。许多发展中国家正处于快速工业化或城市化进程中，对基础设施、制造业、能源等的需求巨大。中国企业通过绿地投资直接在当地生产，为其提供产品与服务，能够更精准地满足这些市场需求，同时也可有效避免贸易壁垒、物流运输等方面的成本。

相应地，服务中国国内市场的比例逐渐减少。在 2008 年，41.7% 的中国对发展中国家重要绿地投资主要服务中国国内市场，2023 年这一比例仅为 2.18%。这主要与中国国内需求相对饱和以及经济结构转型密切相关。随着中国经济步入高质量发展阶段，传统行业发展趋缓，产业结构升级使企业对国际原材料和初级产品的需求降低。

与此同时，服务目标国周边发展中国家的比例明显上升，其占比已由 2003 年的 18.2% 提升至 2024 年的 40%。自从 2013 年“一带一路”倡议提出以来，中国海外绿地投资目的地周边的市场不断整合，为中国企业拓展了更大的市场空间。例如，在东南亚，中国制造业企业通过绿地投资在生产成本较低的国家（如越南）建立生产基地，其产品的辐射范围可不断扩散至东南亚众多具有类似发展基础的国家，增加中国海外绿地投资服务市场的多元性。此外，近年来，全球政治经济环境发生了显著变化，尤其是国际经贸摩擦和单边主义抬头。许多国家在供应链安全方面也采取了更具限制性的措施，中国企业服务海外单一市场的风险增加。这促使中国企业加快市场调整步伐，以服务目标国周边的众多发展中国家来规避投资风险。

中国对发展中国家投资的绩效与风险

资金约束增加

受新冠疫情和地缘政治风险影响，国内金融机构对海外项目的审批和风控更加严格，明显削减了对中国企业的海外融资。以海外发展融资为例，中国两大主要发展融资机构中国国家开发银行和中国进出口银行 2017 年后大幅减少了向海外提供的贷款承诺（见图 2–2）。同时，不仅中国海外发展融资总额下降，平均贷款承诺规模也随之下降，所覆盖的地理范围也出现缩小趋势（BU Global Development Policy Center，2023）。此外，美西方通过炒作债务、人权和环境等问题，对中国企业进行抹黑，加剧了这些企业在东道国面临的各种挑战。发展中国家的财政困难也增加了中国企业海外项目的回款压力。

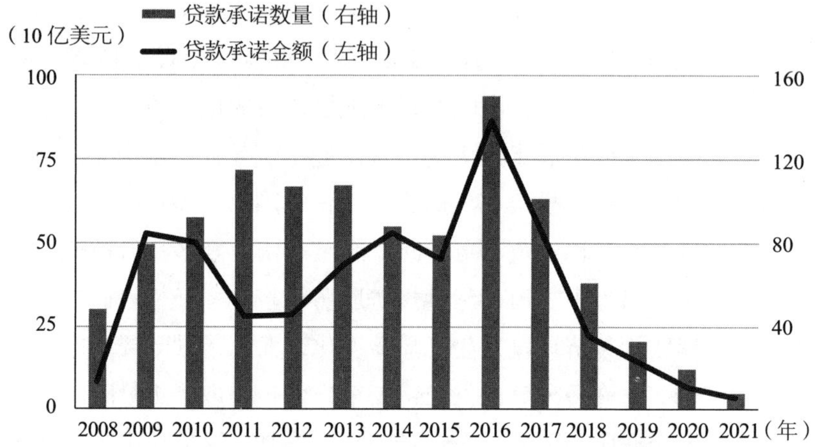

图 2-2　2008—2021 年中国海外发展融资情况

数据来源：波士顿大学全球发展政策研究中心。

投资绩效堪忧

对外直接投资绩效有不同的衡量方式，其中最直接的指标是中国企业海外子公司的资产收益率。如果将其与其他主要对外直接投资国的海外子公司的资产收益率进行比较，可以发现中国企业海外子公司的绩效堪忧，比其他主要对外直接投资国都显著更低，在发展中东道国的差距更为突出（见表 2-5）。背后的原因是多样的，中国企业海外投资在本土化等方面存在不足，使其在同当地企业或第三国跨国企业的竞争中处于劣势。中国企业之间也存在大量无序竞争，这对其盈利能力及企业信誉均造成不良影响。部分中国企业不当追逐政策红利，在未对自身能力和东道国投资环境进行有效评估的前提下，通过资本运作方式盲目开展海外并购，导致项目失败风险激增（王碧珺，等，2023a）。在制度距离较大的国家和地区，中国企业还面临东道国民众对其认知负面性的增强，进一步对其盈利带来不利影响（王碧珺，等，2023b）。

表 2–5　2006–2017 年中国与其他主要对外直接投资国海外子公司资产收益率差距

资产收益率比较国	全行业	初级产业	制造业	服务业	发达东道国	发展中东道国
中国与美国	−6.89***	−0.86	−7.12***	−6.86***	−6.53***	−8.25***
中国与德国	−6.41***	−1.69***	−6.87***	−6.32***	−5.86***	−7.41***
中国与荷兰	−4.60***	−1.10*	−5.04***	−4.58***	−4.03***	−5.92***
中国与英国	−5.77***	−0.14	−6.89***	−5.66***	−5.65***	−6.06***
中国与日本	−6.11***	−6.83***	−5.85***	−6.18***	−4.90***	−7.54***
中国与加拿大	−5.00***	0.22	−4.40***	−5.40***	−4.85***	−5.46***
中国与法国	−5.62***	−2.43***	−6.43***	−5.44***	−5.15***	−6.93***
中国与瑞士	−4.59***	3.05***	−5.33***	−4.51***	−4.20***	−5.71***
中国与新加坡	−5.23***	1.47	−4.73***	−5.61***	−4.69***	−5.50***
中国与俄罗斯	−0.13	−3.46**	−0.30	−0.09	0.61***	−1.61***
中国与巴西	−3.45***	1.58	−1.95***	−4.40***	−3.75***	−2.23**
中国与韩国	−4.56***	3.57*	−4.17***	−5.08***	−4.42***	−4.73***

注：*、**、*** 分别表示 10%、5%、1% 的显著水平。

数据来源：王碧珺，袁子雅，《中国企业海外子公司的绩效表现及其差异分析》，《经济管理》，2021 年 01 期。

政治风险突出

分析中国对发展中国家重要绿地投资项目所面临的主要障碍，可以发现，市场竞争、市场收益风险等潜在投资障碍愈发突出，占比在 2024 年已经上升至 32.1%（见图 2–3）。与发展中国家快速增长的市场相伴的是这些国家激烈的竞争，越来越多的中国和其他国家跨国企业在市场驱动下进入这些国家，以及这些地区本地品牌的不断涌现，均使得当地市场竞争压力愈发激烈。同时，在全球政治经济形势动荡分化的背景下，企业出海的预期收益也趋于下降。

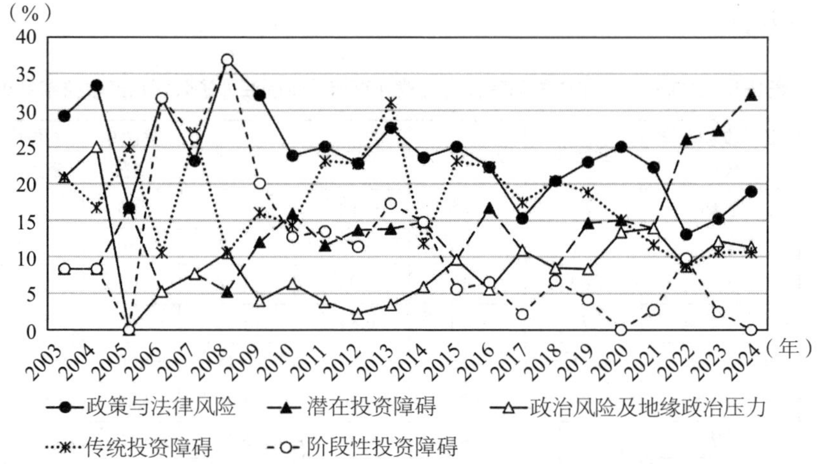

图 2-3　2003 年至 2024 年上半年中国对发展中国家重要绿地投资主要障碍

数据来源：作者基于《金融时报》全球跨境绿地投资数据库整理。

政治风险及地缘政治压力在 2017 年之后重新增强。一部分发展中国家面临动荡的国内形势，社会、民族冲突不断加剧，中国企业在当地的投资风险提升。此外，随着全球地缘政治动荡加剧，中国海外投资项目运营挑战加大。自 2022 年以来，以俄乌冲突为代表的地缘政治风险不仅使得中国在这些国家的投资面临极高的安全风险，而且部分国家实施的经济制裁也间接影响着中国对发展中国家绿地投资所需设备、技术、材料等方面的使用，从而进一步增加了相关投资的不确定性。

东道国政策与法律风险一直是最主要的障碍，但带来的阻力有所减弱。一方面，不同地区、国家的法律法规存在较大差异，企业在对外投资时需要付出大量时间和经济成本来了解和适应当地的政策、法律环境。另一方面，许多发展中国家关于外资的政策法规不尽完善，缺乏稳定性。以印度为例，2014 年莫迪出任总理后，对于外商进入印度投资，除部分战略性部门被列入“负面清单”外，其他行业均采取无需政府审批的“自动路径”审批制度。2020 年，印度商工部突然修改外商投资政策，规定需审批来自与印度接壤国家的投资。这类东道国外资政策变动为中国企业海外投资带来了极大的不确定性。

美国和日本企业对外直接投资的主要经验

美国自有相关统计数据以来就是全球第一大对外直接投资国。2023 年，美国对外直接投资存量占全球比重为 21.3%，比第二位的荷兰（7.6%）、第三位的中国（6.6%）以及第四位的加拿大（6.2%）合起来还要多 0.9 个百分点。日本是全球重要的对外直接投资国，而且对外直接投资在其经济转型升级中发挥了非常重要的作用。更重要的是，美国和日本的对外直接投资分别对应着两类具有代表性的投资模式。一类是企业利用拥有的优势地位（firm specific advantages）进行市场开拓型投资，国际生产折中理论是最经典的阐释（Dunning，1980）。另一类是通过对外投资来转移在国内面临较大生存压力的边际产业，并进一步发展为“雁行模式”（Akamatsu，1962）。这两类模式也反映了目前中国对外直接投资的重要趋势。因此，美国和日本的对外直接投资经验具有重要的借鉴意义，从中可以总结出以下三点启示。

第一，政府支持和服务是基础保障，美国侧重市场机制与法律保障，日本注重政府引导与风险共担。母国政府通过法律、金融、信息支持及风险共担，助力企业降低风险，实现国际化发展。一是政策与法律保障。美国政府通过签订双边投资协定（BITs）和自由贸易协定（FTAs）为企业提供资本自由流动和国民待遇等法律保障。二是海外利益保护。当美国海外投资利益受到实际损害或存在威胁时，美国包括外交、情报部门在内的机构会进行统一部署和综合应对，必要时采取武力干预和国际制裁等多种措施来进行维护。三是金融支持与风险共担。通过日本国际协力银行（JBIC）和日本贸易保险公司（NEXI），日本为企业提供融资支持和保险服务，并建立海外投资损失准备金制度分担风险。尤其是设立中小企业援助机构，例如日本政策金融公库、日本贸易振兴机构，为其提供低息贷款、信用担保、风险评估和海外投资专项支持。美国设立国际开发金融公司（DFC）和海外私人投资公司（OPIC），提供低息贷款、出口信用担保和政治风险保险，支持美国企业在发展中国家的投资。四是海外投资与国内产业升级联动。日本结合雁行理论，通过“梯次转移”，实施亚洲产业合作计划和“黑字还流”计划（Capital Recycling Program），通过多种合作框架和机制，引导企业向东南亚等地转移产能，实现产业升级与区域经济合作。

第二，海外商协会将孤军奋战的企业凝聚成联合舰队。商协会通过提供信息、协调企业间合作、与政府沟通、降低投资风险等方式，帮助企业更有效地进入和拓展海外市场（王碧珺，等，2019b）。中国美国商会拥有来自在华经营的900家美国公司的4000名个人会员，设有30余个工作组，每年举办逾200场会员活动，涵盖政策建言、信息共享、人脉拓展和专业服务等方面。日本贸易振兴机构在全球设有约74个海外办事处，覆盖超过50个国家和地区，形成了广泛的国际网络。海外商协会为企业提供详细的市场调研报告，帮助企业了解东道国的市场动态、投资环境和法律法规；通过举办商业论坛、研讨会、见面会、促进会，帮助企业建立跨国商业网络，为政府与企业之间的合作搭建桥梁；还积极参与政府游说，代表母国政府和企业协调与所在国政府之间的关系，推动东道国政府改善外资企业投资经营环境。海外商协会对“走出去”的本国企业在立足、生根上提供最充分的帮助，能有效地对接海内外不同的生存环境和文化差异，帮助在海外孤军奋战的单个企业凝聚成联合舰队，从而大大增强其生存和抗风险能力。

第三，企业练好基本功，重视本地化融入，美企创新领航，日企抱团共赢。美国企业依托领先的技术创新能力和强大的品牌影响力，在全球范围内建立了技术壁垒和品牌忠诚度。其尤其注重知识产权保护，以确保企业的技术优势不被侵蚀。日本企业“抱团走出去”优势突出，这主要表现在以下三方面。首先，通过整合供应链，形成完整的产业链布局，不仅提高了供应链效率，也降低了各企业单独进入市场的风险。例如，日本企业海外投资时，核心企业（如丰田汽车）会带动配套供应商（如电池、零部件生产商）一同投资，从而形成完整的制造生态和高度协同的生产体系。其次，日本综合商社（如三菱商事、三井物产）在日本企业“抱团走出去”中起到重要桥梁作用。商社利用其全球网络和信息资源，为日本企业提供市场分析、政策咨询和风险管理服务，并协调日本企业之间的合作，推动集体投资项目。再次，日本企业经常联合进行国际投资，特别是在能源、基础设施和高科技等领域，以及中东、非洲等高风险市场。通过共享市场信息、基础设施和客户资源，分担投资成本和风险，提升项目成功率。这种模式还能增强日本企业的集体谈判能力，提高整体竞争力。最后，不论是美国企业还是日本企业，都非常注重本地化经营，包括调整产品和服务以满足当地消费者的需求、雇用和培训当地员工、与当地企业合作等。这样不仅能够更好地融入市场，也有助于减少文化和政治风险（Bartlett et al.，2002）。

政策启示

提升商协会和财政金融服务“走出去”的能力

当前中国海外商会的设立、运营与发展延续了国内的模式，在服务企业、进行东道国政府公关、协助公共外交等方面存在不足，应推动建立更加市场化导向、激励相容的海外中资企业商会，从而为本国的海外投资企业提供更实际、更有效的服务。针对企业的资金约束问题，应创新金融工具，探索多层次、综合性的全面融资支持。完善国内资本市场，培育具有国际竞争力的金融企业，推动本国金融体系更好服务海外投资布局。促进中国与东道国之间的资金融通，适当调整现有“一带一路”资金融通布局，对多边机制主席国加大投入。重点加强对中小企业海外投资的融资支持，建立中小企业海外投资基金和信用保证基金等。并设立更多中小企业对外投资促进机构，加强对中小企业的信息与技术援助服务。对于投资风险较高的战略性地区和行业，可完善相关保险机制，给予财政支持。

多管齐下提高海外投资项目的可持续性和盈利水平

利用国内发展规划的成功经验，为发展中国家提供量身定制的发展规划支持，增强中国投资的综合竞争力。针对重点目标国的经济发展阶段、资源禀赋和社会需求，制订涵盖项目选址、资源开发、产业链建设、基础设施配套及居民需求保障的全周期规划，确保投资项目符合当地实际、与当地经济和社会发展同步推进。规划应吸纳专业智库与行业专家参与，确保投资决策和规划的科学性和前瞻性。同时推动外交、商务、金融等多部门协作，结合基础设施建设（硬实力）与社会发展支持（软实力），提升中国投资的综合竞争力。注重输出“发展规划”而非“干预制度”，在投资对象国推广“以发展为导向”的规划支持，避免干预其内部制度。倡导企业的投资决策应建立在高质量的可行性报告基础上，避免盲目决策和资源浪费。通过推动基础设施建设、产业升级等经济发展项目，强调投资的经济性和实用性，避免因参与形象工程或政治事务引发争议。

鼓励企业采用有组织、多方协作的投资模式。通过商协会、链主企业组织企业联合投资，增强投资的协同性和抗风险能力。以工业园区为载体，将中国企业的上下游供应链引入目标地区，实现规模化生产和集聚效应。对目标国家的自然资源、产业基础和居民需求进行深入调研。例如，在印度尼西亚开发镍矿时，可配套修建码头、公路和加工设施，将资源优势转化为产业优势。针对单一项目回报不足的问题，可联合开发其他高回报领域，通过跨行业收益补贴，提升整体投资收益率。

加强项目后续支持，建立动态评估机制。在发展中国家开展基础设施建设时，不仅要注重工程本身的质量，更要注重项目的后续运营和配套支持。比如，在援建医院时，需同步引入医疗设备和专业人员培训机制，确保设施能够持续发挥预期作用，避免资源闲置。这就需要设立系统化的绩效评估体系，对投资项目的环境影响、社会效益和经济回报进行定期跟踪和动态调整。通过探索综合性和科学指标衡量项目成效，及时发现问题并优化资源配置，确保投资回报和当地发展的双赢。

构建和完善海外利益保护与风险预警防范体系

壮大友华力量，化解东道国对华政策风险。巩固同我国保持传统友好关系的广大发展中国家，注重这部分国家政治精英的代际转换问题。依托孔子学院、鲁班工坊等平台，夯实对外投资合作的民间友好基础。讲好中国投资、设施联通等对发展中国家经济增长和国家治理发挥积极作用的中国故事，提升中国式现代化在发展中国家的感召力，壮大友华力量。

提升安保能力，强化海外中资企业安全防护机制。强调海外中资企业应加大安保人员配备，开展安全培训，进行避险演练。针对当地可能出现的流行病暴发、群体性事件、治安案件等，做好人员和财产安全保障。鼓励企业通过保险等手段提高应对极端风险的能力，同时与东道国加强海外利益保护、国际反恐、安全保障等机制的协同协作，建立“境外企业—境外使领馆—所在国政府联防联保”三方机制，完善警民合作体系和信息共享机制。

加强风险研判，及时进行风险预警。推动有关政府部门、投促机构、智库与企业加强协作，就重大苗头性、倾向性问题加强综合分析，加大对海外投资项目的风险研判力度，及时向企业发布风险预警。积极商签或升级有关双边投资协定、自由贸易协定，为中资企业利用国际法抵御东道国政治和安全风险、维护自身权益创造条件。在世贸组织、G20、APEC（亚太经合组织）、RCEP（《区域全面经济伙伴关系协定》）等多边平台倡导构建安全稳定、畅通高效、开放包容、互利共赢的全球产业链治理体系，对冲美西方对华产业脱钩的企图。

积极发展新质生产力，不断改善营商环境，防范产业空心化

在国际经济新环境下，加大对外直接投资是大势所趋，如何避免产业转移后的空心化问题？通过发展新质生产力，培育产业发展的独特竞争优势，不断提升对外投资主动权。强化技术备份，完善技术出境监管体系，畅通核心技术的境内外联动。畅通利润回流机制，降低海外投资企业利润回流成本，不断改善国内营商环境，鼓励和吸引海外投资企业将利润带回国内进行再投资，从而形成良性循环。切实增强经济活力，持续推动经济合理增长，坚持扩大内需这一战略基点。在促进中国企业对外投资的同时，要结合其他政策吸引高附加值和高技术含量的外资企业来华投资。海外中资企业在帮助中国吸引外资方面具有天然优势，应充分鼓励有“走出去”需求和成功经历的中国企业为引资积极出力：将其与引资相关的费用予以抵扣；对那些成功促成重大外资项目落地，或在全球范围内推广中国投资环境取得显著成效的企业进行奖励；对在引资方面有突出贡献的企业，给予海外投资、国际高端人才往来等方面的绿色通道服务等。

参考文献

陈逸豪，王碧珺，2024. 国际直接投资形势回顾与展望：多重因素作用下的衰减 [M]// 张宇燕 . 2024 年世界经济形势分析与预测 . 北京：社会科学文献出版社：214-230.

李诗韵，李文韬，贺灿飞，2024. 认知邻近对中国企业绿地投资行业选择影响的实证研究 [J]. 经济地理，44（2）：10-20.

王碧珺，2013. 被误读的官方数据——揭示真实的中国对外直接投资模式 [J]. 国际经济评论，（1）：61-74，5.

王碧珺，2020. 中国对外直接投资：新环境、新阶段与防风险问题研究 [M]. 北京：中国社会科学出版社 .

王碧珺，高恺琳，2019a. 中国对外直接投资的旧发展与新阶段 [M]// 张宇燕 . 中国对外开放 40 年 . 北京：经济管理出版社：135-168.

王碧珺，李修宇，2019b. 推动海外中资企业商会改革 [J]. 中国金融，（3）：93-94.

王碧珺，宋子威，2023a. 母国政府支持与企业对外直接投资绩效 [J]. 国际经贸探索，39（3）：53-70.

王碧珺，高恺琳，2023b. 制度距离对中国跨国企业海外子公司绩效的影响 [J]. 数量经济技术经济研究，40（8）：111-130.

AKAMATSU K，1962.A Historical Pattern of Economic Growth in Developing Countries[J]. The Developing Economies, (1): 3-25.

BARTLETT C A, GHOSHAL S, 2002. Managing Across Borders: The Transnational Solution[M]. Boston: Harvard Business Press.

BU Global Development Policy Center，2023. “Small is Beautiful” : A New Era in China’s Overseas Development Finance?[R/OL]. (2023-01-19) [2025-07-14]. https://www.bu.edu/gdp/2023/01/19/small-is-beautiful-a-new-era-in-chinas-overseas-development-finance/.

DUNNING J H, 1980. Toward an Eclectic Theory of International Production: Some Empirical Tests[M]//CANTWELL J. The Eclectic Paradigm: A Framework for Synthesizing and Comparing Theories of International Business from Different Disciplines or Perspectives. London: Palgrave Macmillan UK:23-49.

HUANG Y P, WANG B J, 2011.Chinese Outward Direct Investment:Is There a China Model?[J].China & World Economy, 19 (4):1-21.

第3章

中国企业“一带一路”出海的成功经验、挑战与政策期待[1]

[1] 本章作者为杜晓梦、王进杰、何晓贝。

自 2013 年“一带一路”倡议提出以来，中国企业的全球化进程显著加快，尤其在对外投资领域，企业数量和投资金额持续增长。越来越多的中国企业走出国门，参与全球市场的竞争，尤其是在共建“一带一路”国家，积极投入基础设施建设、产业发展及经济合作，极大地促进了当地的经济增长和社会发展。然而，随着中国企业在全球化进程中的不断深入，面临的挑战也日益复杂。企业在拓展海外市场时，除了要面对不同国家市场环境的差异，还必须克服文化冲突、法律风险、人才问题等一系列问题。为了更好地总结中国企业出海的经验和面临的挑战，并为未来“一带一路”阶段的出海模式提供指导，本课题组对 97 家出海企业进行了深入访谈调研。调研对象涵盖央国企、民营企业等多种类型企业，并覆盖了多个行业，包括制造业、信息技术、消费品等领域，旨在归纳中国企业在国际化过程中取得的成就与面临的具体困难。研究还展望了“一带一路”新阶段中国企业出海的模式和方向，提出了相应的政策建议，为中国企业在国际市场上的持续成功提供借鉴，并为政府提供有力的政策支持。

中国企业出海大趋势

自 2013 年“一带一路”倡议提出以来，中国企业的对外投资步伐不断加快，企业数量与投资金额持续增长。截至 2023 年底，中国共有 3.1 万家境内企业在国（境）外设立对外直接投资企业 4.8 万家，分布在全球 189 个国家（地区），境外企业资产总额接近 9 万亿美元。[①]

---

① 数据来源：《2023 年度中国对外直接投资统计公报》。

同时，中国境内涉及海外业务的企业已经高达9.6万家。[①]到2024年，中国已与150多个国家和30多个国际组织签署了200多份共建“一带一路”合作文件，全球合作网络不断拓展。中国企业通过这一倡议，积极走出国门，将技术、产品和服务带到共建“一带一路”国家，为当地的基础设施建设、产业发展和人民生活水平的提高做出了重要贡献。

联合国贸易和发展会议（UNCTAD）发布的《2021世界投资报告》统计数据显示，2020年中国对外直接投资总量实现历史性突破，以1 537亿美元的规模首次位居全球首位，较上年增长幅度达12.3%。从全球份额看，中国对外直接投资流量占比从2012年的6.3%逐年攀升，至2020年已占据全球总量的五分之一（20.2%），这一增长轨迹显著体现了中国在全球资本流动格局中的驱动作用。以2023年中国对东盟地区的投资为例，制造业仍然是中国企业最主要的投资领域，相关投资占中国对东盟总投资的32.4%。随着中国制造业不断升级，向智能化和绿色化转型，制造业引领着中国企业在东盟各国的投资持续提升。紧随其后的是批发和零售业，相关投资占投资额的17%，体现了中国企业在东南亚市场，尤其是在跨境电商等领域的强大竞争力（见表3–1）。此外，租赁和商务服务业、信息传输与技术服务业等领域的投资也呈现快速增长趋势，特别是在高科技和服务业的国际化发展上，中国企业的布局愈加广泛。再以非洲为例，中国在非洲的投资也逐年增加，虽然流量不大，2023年的投资仅占总投资流量的2.2%，但同比增速是“一带一路”区域中最快的（118.8%）。[②]

① 数据来源：霞光智库《2025中国企业出海洞察及全球趋势展望》。

② 数据来源：《2023年度中国对外直接投资统计公报》。

表 3-1　2023 年中国对东盟直接投资主要行业

行业	流量 / 亿美元	流量占比 /%	存量 / 万美元	存量占比 /%
制造业	914 796	36.4	5 685 567	32.4
批发和零售业	481 487	19.2	2 993 058	17.0
租赁和商务服务业	318 083	12.7	2 673 270	15.2
电力、热力、燃气及水的生产和供应业	182 962	7.3	1 607 407	9.1
建筑业	10 243	0.4	880 634	5.0
金融业	58 261	2.3	874 895	5.0
交通运输、仓储和邮政业	139 736	5.6	694 080	3.9
农、林、牧、渔业	113 889	4.5	523 218	3.0
信息传输、软件和信息技术服务业	120 588	4.8	484 134	2.8
采矿业	49 025	2.0	458 949	2.6
科学研究和技术服务业	63 331	2.5	213 694	1.2
居民服务、修理和其他服务业	56 886	2.3	197 500	1.1
房地产业	926	0.0	151 236	0.9
水利、环境和公共设施管理业	3 376	0.1	43 976	0.3
教育	5 849	0.2	31 108	0.2
其他行业	−7 087	−0.3	48 992	0.3

数据来源：《2023 年度中国对外直接投资统计公报》。

在中国企业的对外投资中，投资方式的选择呈现出多样化的发展趋势。特别是在“一带一路”倡议的推动下，绿地投资和海外并购已成为中国企业走向国际市场的主要投资方式，占比分别为 46.4% 和 32.3%（图 3-1）。绿地投资，即直接在海外建立新的生产或服务设施，不仅帮助中国企业在当地扎根，而且在多个领域发挥着至关重要的作用。这种投资方式通常需要企业在目标市场进行长期的战略布局，并且能够控制更大程度的业务运营，确保符合中国企业在全球化过程中对技术、品牌和市场控制的需求。与此同时，海外并购进一步推动了中国企业的全球化进程。海外并购成了企业扩展海外市场份额、获取先进技术和知名品牌资源的重要途径。在全球竞争日益激烈的背景下，单纯依赖新建项目的绿地投资已无法完全满足企业全球扩张的速度需求。通过并购，中国企业不仅能够迅速获取所需的市场份额，还能利用并购对象的资源和品牌优势，提升自身的全球竞争力。此外，海外并购还能有效避开某些市场进入壁垒，特别是在一些需要较高技术或品牌影响力的行业中，收购当地知名企业往往是迅速切入市场并增强竞争力的捷径。除了绿地投资和并购，持有海外股份或金融产品的投资方式也逐渐成为中国企业国际化过程中的重要组成部分，占比达 16.5%。通过购买海外企业的股份或金融产品，中国企业能够以较低的成本和风险参与全球经济中许多新兴行业和市场的机会，尤其是在科技、金融、消费品等领域。这种投资方式不仅能帮助企业多元化其海外投资组合，还能够提高其在国际市场中的资源获取能力。尽管该投资方式的占比较小，但这表明中国企业在全球化进程中已经逐渐开始通过资本市场实现更为灵活和高效的扩张。

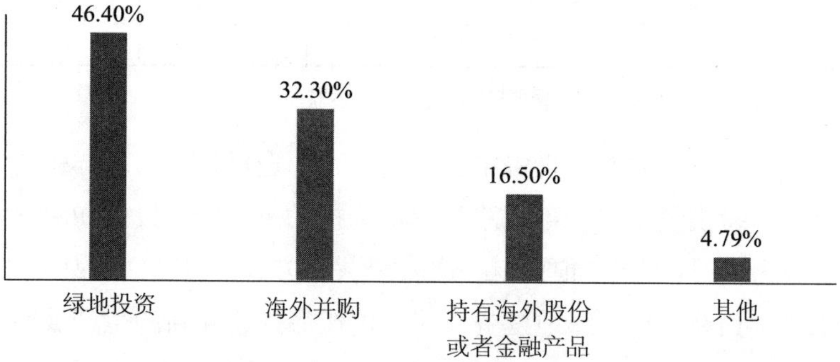

图 3-1 企业对外投资主要方式及占比

数据来源：中国贸促会《2023 年中国企业对外投资现状及意向调查报告》。

中国企业境外直接投资的主体结构也发生了显著变化，从以国有企业为主逐步转向私营企业和有限责任公司，后者已成为中国对外投资的主力军。到 2023 年底，私营企业的数量达到 10 672 家，占比为 34.7%（见表 3-2）。在企业投资存量方面，2006 年国有企业占比高达 81%，但到了 2023 年，国有企业的占比已降至 52.2%。与此形成鲜明对比的是，非国有企业的投资存量占比从 2006 年的 19% 激增至 2023 年的 47.8%，几乎与国有企业的投资存量占比持平（见图 3-2）。这一变化反映了中国民营企业在全球市场上的快速扩张，尤其是在消费品、电子商务和高科技领域。

表 3-2　2023 年末中国境内投资者注册类型分布情况

工商注册类型	数量 / 家	比重 /%
私营企业	10 672	34.7
有限责任公司	8 759	28.5
股份有限公司	4 043	13.2
外商投资企业	1 721	5.6
国有企业	1 654	5.4
港、澳、台商投资企业	1 240	4.0
个体经营	636	2.1
股份合作企业	288	0.9
集体企业	101	0.3
联营企业	33	0.1
其他	1 594	5.2

数据来源：《2023 年度中国对外直接投资统计公报》。

越来越多的中国企业走出国门，使得国际市场竞争愈发激烈，但企业的出海意愿仍持续高涨。根据中国贸促会发布的《2023 年中国企业对外投资现状及意向调查报告》，48.6% 的企业持乐观态度（图 3-3），支持对外投资的企业比例也从 2021 年的 22.8% 上升至 2023 年的 49.1%（图 3-4）。报告还显示，“一带一路”共建国家成为

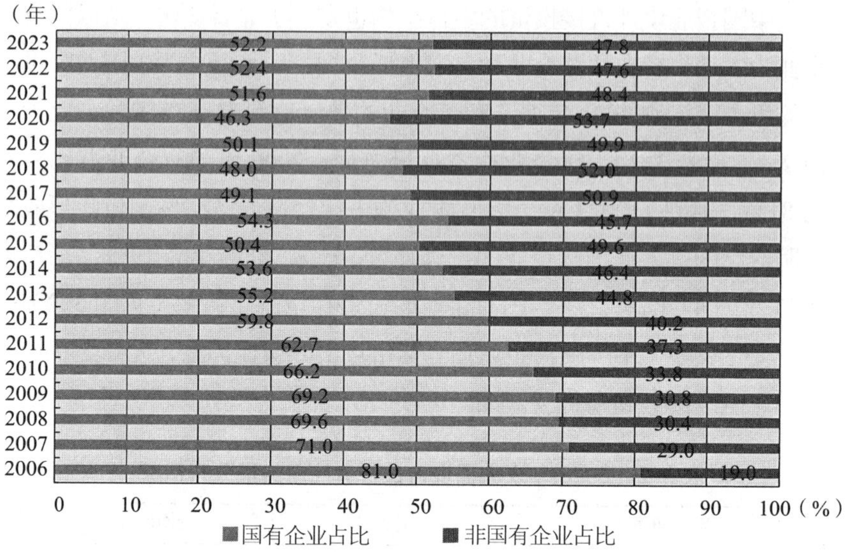

图 3-2　2006—2023 年中国国有企业和非国有企业投资存量占比情况

数据来源：《2023 年度中国对外直接投资统计公报》。

企业对外投资的首选地，选择比例为 66.9%，欧盟紧随其后，占比为 10.8%。基于中国企业对出海持积极乐观态度，未来很有可能将有更多企业走向“一带一路”国家，进一步加大国际化步伐。

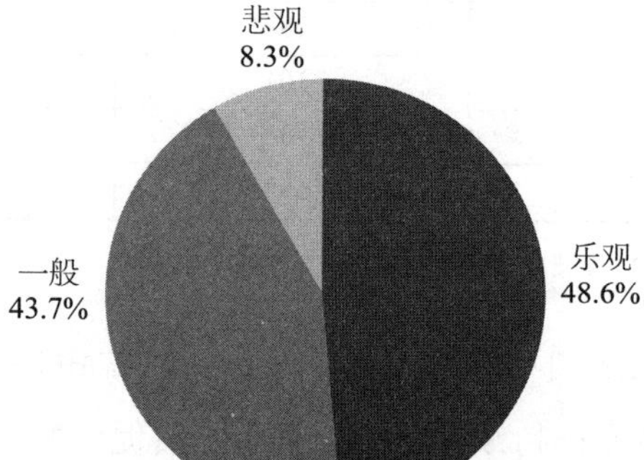

图 3-3　企业对未来投资前景的预测

数据来源：中国贸促会《2023 年中国企业对外投资现状及意向调查报告》。

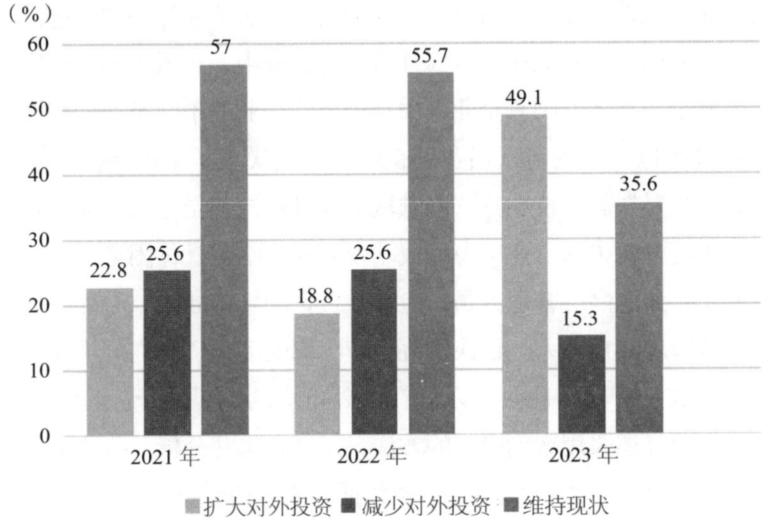

图 3-4　新发展格局下企业对外投资（可能）意向变化

数据来源：中国贸促会《2023 年中国企业对外投资现状及意向调查报告》。

中国企业在拓展海外市场的过程中，不仅要适应不同国家和地区的市场环境，还需要克服文化差异、法律法规、当地人才问题以及资金等方面的困难。如何在全球化进程中持续创新、提高管理水平并加强风险控制，成为企业在国际化过程中亟待解决的难题。因此，尽管中国企业的出海步伐越来越快，面临的挑战也越来越大，但通过不断加强自身的竞争力、提升创新能力、培养国际化人才，并有效利用“一带一路”政策，企业可以在全球经济中占据更加重要的位置，推动中国经济在全球的持续增长和国际化发展。随着中国对外投资逐渐进入成熟阶段，企业在“走出去”的过程中积累了许多经验和教训。

为了全面探讨中国企业的海外经验，课题组从 2024 年 6 月至 2024 年 12 月共选取了 97 家企业作为调研对象。[①] 这些企业涵盖了不

① 通过在线和线下方式，在北京采访了 30 家有出海业务的企业。在非洲、东南亚等的共建“一带一路”国家现地调研 67 家中国出海企业。

同行业，包括制造业、信息技术、消费品、服务业等领域。选择这些企业的原因是，它们在进入海外市场的过程中，积累了丰富的实践经验，涵盖了从大型国有企业到中小型私营企业的不同类型和规模。调研对象还包括一些新兴创业型企业，它们代表了中国经济的创新力量，尤其是在高科技和互联网领域。通过对这些企业的访谈，我们从多个维度分析中国企业出海的成功模式和面临的具体困难。访谈对象主要是企业的高层管理人员，尤其是负责国际化战略、海外市场拓展及运营管理的负责人。访谈围绕企业出海的动因、面临的挑战、应对策略、成功经验与教训，以及在海外市场的成果展开。除了企业访谈，本研究还采用案例研究的方法，通过收集并分析一些典型中国企业的出海案例，进一步补充访谈数据。为了使数据更加完整和准确，本研究还利用了相关的二手数据，包括政府发布的报告、行业研究分析、企业年报和公共数据等。

对中国企业出海进行深入研究，不仅可以总结出成功的商业模式，还可以为其他企业提供借鉴，帮其避免在海外市场上可能遭遇的风险与挑战。这一研究对于加速中国企业国际化进程，推动企业全球化进程中的政策环境优化具有现实意义，可帮助中国企业在全球经济中取得更加稳固的地位。

成功经验和成果

中国企业正在以更加积极的姿态参与到全球经济中，通过海外投资和运营，不断提升自身的国际竞争力和市场影响力。尽管不同行业和采取不同出海模式的企业的成功经验和成就各有不同，但它们都提到了一些共性因素，主要有以下几个方面。

第一，中国具有强而完备的产业链，发挥从基建到硬件、软件再到服务的全产业链能力，易取得较大的竞争优势。“一带一路”倡议充分展现了中国具备强大而完备的全产业链能力。通过大规模的基础设施投资，显著提升了沿线国家的基础设施绩效。例如，中欧班列的开通不仅促进了贸易流通，还增强了沿线国家之间的经济联系和互联互通（Li et al.，2024）。其次，中国完整的产业分类和规模经济也使得中国企业在全球价值链中占据重要地位。同时，中国的数字经济基础和创新制造技术推动了其产业结构升级，进一步巩固了中国企业的竞争优势（Li et al.，2023）。相比之下，欧美厂商竞争对手的全产业链能力并不完整，而对国家级大工程来说，甲方更愿意选择产业链能力完整的中国企业。例如，沙特阿拉伯要建设 Neom 新城，斥巨资（4 000 万美元）聘请欧美咨询公司做建设规划。对方最后提交了 40 页咨询报告，但与交付完全脱节，导致无法实施。目前更多的规划和实施工作已经交由中国公司执行。中国企业在生产要素保障、产业支撑体系和产业优化创新能力等方面显示出的竞争优势，确保了中国在“一带一路”全产业链上的竞争力。

第二，中国企业的商业信誉高，几乎不违约，同时产品技术好，交付能力强。与欧美等竞争对手随意放弃项目、做了规划咨询但与交付差距甚大等不同，中国企业的商业信誉在甲方心目中与日俱增。这来自中国企业先进的产品和强大的交付能力。正如一位央企项目经理所说，“承诺了就要做到，即使项目亏损也要保质保量完成交付”。很多企业在刚落地前几个项目时，由于经验不足、忽视文化因素等可能会导致项目亏损，但大部分中国企业仍然克服困难，高质量地完成项目交付，给业主留下了很好的印象，为未来的项目积累了经验，奠定了基础，凭借商业信誉度，顺利接下新的需求，在当地迅速站稳脚跟。另一方面，欧美竞争对手产品标准化，服务态度强势，不做定制开发，而中国企业在国内市场磨炼出灵活的交付能力，能够根据甲方的需求调整自身产品和服务，这也是越来越多业主国家客户选择中国企业的重要原因之一。

第三，寻找有合适资源的当地企业，通过合资的方式落地，进行业务拓展。无论是民营企业还是央国企，都提到在市场开拓期，企业来到一个新的国家单打独斗是很难生存的，而如果能寻找到一个合适的合作伙伴，以联合入股的形式成立一个当地企业，开展业务则会顺利得多。例如，阿里云与沙特阿拉伯电信公司和易达资本成立合资公司——沙特阿拉伯云计算公司，通过当地合作伙伴整合政府企业资源，顺利开展业务。阿里在中东开拓业务，以云服务为抓手，将电子商务、支付和物流等服务一并带入沙特阿拉伯，建立起体系化的服务能力和全平台资源。由于沙特阿拉伯对于数据主权的要求比较严格，很难将相关项目交给外国公司，因此，合资公司很好地应对了当地政府的诉求。

第四，中国企业普遍具有较高的成本优势，并善于带资进场，主动帮助业主解决资金问题。无论是产品、技术还是人力，中国企业都具备较大的成本优势，这是毋庸置疑的。但值得注意的是，中国企业的成本优势在未来有下降的趋势。随着中国经济的增长，成本优势在递减，印度、巴基斯坦等竞争国家的企业成本正在逐渐低于中国企业。未来的竞争更多集中在技术和硬实力上，由于成本带来的利润空间在不断缩小，我们在人力需求高的项目上反而越来越没有优势。这也意味着“一带一路”出海需要转型，寻找新的方向，而不能一味地凭借成本优势了。另一方面，由于政府援助政策、第三方贷款和信保背书等有利条件，中国企业往往能够帮助甲方运作出启动资金，以缓解甲方短期没有支付能力的问题。例如，通过跨境工程款保理融资来帮助承包商企业获得资金，这种模式可以减轻业主的负担，同时减少项目的风险（苏萌，等，2020）。这非常受欠发达地区的政府和企业欢迎，搞定启动资金也成了中国企业做“一带一路”项目的必备技能。

第五，本土人才与本地化人才相结合，优秀的属地化运营模式。完全从国内调配人员的成本过于高昂，而完全依托本地人管理和专业技能又不能完全适配，只有将本土人才与属地人才巧妙融合的运营模式才更适应“一带一路”国家的发展情况。通常来说，大部分中国企业的中高层管理人员是派驻的中国人，而初级岗位则以当地人为主，这一方面促进了当地就业，另一方面节省了成本。值得注意的是，出于对当地文化习俗、宗教信仰等的考虑，企业往往会采用两套制度来管理不同的人员，而不会按国内的工作效率和产出去要求当地人。同时，优秀的中国企业还会通过各种文化活动、团建活动等提高公司的凝聚力。一位央企的人力资源领导表示，公司从本地招募的员工在该企业的工作年限大幅高于其之前的几份工作，充分印证了中国企业对当地人的吸引力。中国企业在共建“一带一路”国家的海外投资，如恒逸石化、河钢集团和华新水泥等的案例，均通过技术先进性和卓越管理取得成功，并强调了本地化运营的重要性，包括培训和招聘当地员工（中金公司研究部，等，2023）。

困难和挑战

中国企业的出海浪潮是前所未有的，它不仅体现为数量上的增长，更体现为质量上的提升。然而，新一轮出海企业的高质量发展需要克服一些挑战，这不仅需要中国企业对全球化机遇的敏锐把握，更需要中国政府对企业国际化的有力支持。大部分企业提到的困难与挑战包含如下几个方面。

第一，国际局势瞬息万变所带来的政治风险、人身安全的挑战。大部分企业表示政治风险是其在做国别选择的时候重点考虑的因素。然而，由于“一带一路”国家政治不确定性较大，国家比较动荡，政府高层的更迭使得业务和投资没有足够的保障，人员一旦变更，就可能推翻之前的谈判结果；另一方面，政治风险带来的人身安全、恐怖袭击等问题也阻碍了其业务在当地的正常拓展。例如巴基斯坦的爆炸案导致中方几名工程师身亡，造成了较大的社会影响，促使一些中国公司收缩了对巴业务战略。事实上，外交风险对于中国企业扩展“一带一路”业务的决策至关重要。有企业表示，和某国政府洽谈火力发电项目，接近成功之际，当地政府受到美国的影响，签了协议不能做火电站，之前谈的所有项目自动作废，全部停掉。另有企业表示，双边政府关系对于中国企业的海外业务影响很大，在对华不友好的国家，中国企业几乎接不到政府项目，公然被歧视，拿不到任何标的。由此可见，建立和当地政府正常的沟通机制，对于中国企业出海来说至关重要。

第二，法律法规和税务合规的复杂度高，挑战大。不同国家的法律体系和法规有很大差异，企业需要适应当地的法律环境并确保合规。已有研究指出，“一带一路”建设需要跨越不同国家的法律环境，企业必须遵循国际标准和各国法律，以规避法律制裁或监管处罚（王巧荣，2023）。例如，欧盟的数据保护法规《通用数据保护条例》（GDPR）对企业的数据处理提出了严格的要求。欧洲对隐私的看法不同于国内的惯性思维，二者有较突出的差异点。参考 GDPR 在欧盟范围的判罚案例，其中占比最高的就是企业缺乏保障信息安全的技术和组织措施，尤其当出现数据泄露时，若收到用户投诉并且未能及时采取应有的基本措施，企业将很容易受到处罚。事实上，世界各国的文化差异使出海企业需要适应不同国家对待隐私保护的态度，例如，中西方对于未成年人保护的差异，中东国家由于宗教文化的影响，内容管理的机制与多数国家都不一样。同时，出海企业面临高合规风险、强管制和严格制裁。许多国家对外资企业的并购和市场行为进行严格的反垄断审查。例如，美国和欧盟在高科技领域对中国企业的并购活动进行严格监管。一些国家对环保要求严格，企业在进行跨国投资时需要遵守当地的环境保护法规。这可能增加项目的成本和复杂性。各国的贸易政策和制裁措施可能对企业的运营产生重大影响。例如，美国对华为等中国企业实施了严厉的出口管制和制裁。调研发现，属地国往往存在对中国投资企业“区别对待”的问题。近 40% 接受访谈的中国企业反馈，它们都经历过被无端查税和追税，对于变动和随机的税收政策深感无奈，且与税收相关的腐败和滥用职权问题非常严重，这让中国企业苦不堪言。最后，出海企业面临较高的贸易保护相关政策风险。伴随全球地缘政治博弈加剧，各国的贸易保护政策层出不穷，中美竞争导致美方意与中方“脱钩断链”，对中国企业进行无理由打压，部分出口至美国和欧洲的中国商品经常会遭遇贸易审查、反倾销反垄断调查，影响中国出海企业正常经营。出海企业面临着越来越多的贸易保护主义和监管挑战，这加剧了中国企业出海的风险。

第三，出海企业融资难，资金回流受阻。中国企业在海外融资面临较高的借贷成本。海外市场融资成本高，主要是由于国际金融市场波动大，以及企业在海外缺乏信用记录和抵押物。根据《2023 年中国国际收支报告》，在境外融资成本上升、境内融资成本优势凸显的情况下，境内对境外关联公司提供的贷款净流出 744 亿美元，较 2022 年增长 9%。境外融资成本上升也导致关联企业债务偿还增多。课题组调研发现，出于对企业盈利能力的考量和偿还能力风险的控制，东道国银行、金融机构对中小型中国企业授信额度审批更加严苛。“海外中资企业与东道国员工综合调查”（Overseas China-founded Enterprise and Employees Survey，OCEES）结果显示，许多中小型企业因企业规模和融资信息缺失而不得不暂缓融资计划或寻求其他不适合自身的融资渠道，承担了难以预估的资金风险。此外，中国企业在海外融资渠道受限。课题组访谈发现，一些国家的银行、金融机构偏向于接受国内企业的资金申请，忽视中国企业的融资诉求，而国内金融机构和银行也没有合适的金融服务。相关研究也发现，中国企业出海开展投资，现有融资渠道较为单一，以各种形式的贷款为主，直接融资量很小。另外一个严重的问题是，企业在海外盈利后资金汇款到国内受阻。课题组访谈发现，超过一半的公司表示，除了严格的金融监管和复杂的审批流程，有些国家还不允许企业的利润汇款到国内。如埃塞俄比亚、赞比亚、尼日利亚、印度尼西亚等国家，明确规定盈利要留在投资国，需要缴纳高昂的资本利得税（25%~35%）才能将盈利带回本国。另外有一些国家的外汇储备有限，没有足够的美元支付时，不得不采取用实物（如芝麻、钢铁、牛肉等）低买高卖的方式进行结算，也给中国出海企业造成了较大的麻烦和经营风险。

第四，忽视文化差异可能带来较大的文化冲突，出海企业面临较大的跨文化管理挑战。《全球人力资源报告》的调研数据显示，87%的企业管理者认为文化管理很重要，54% 认为非常重要。2022 年 TikTok 英国部门发生大规模离职事件，正是因为中国企业忽略了当地员工不提倡加班的工作模式，发表了和当地劳动法相悖的产假相关言论，导致公司对当地员工的管理失能，从而在文化上受到了海外员工的排斥。我们访谈的企业普遍反馈的一个重要问题是，外籍员工不了解中国文化，这种文化差异导致沟通障碍、误解甚至冲突，这不仅影响团队协作，还对企业的国际形象和业务发展产生负面影响。很多企业表示，在海外市场中未能有效实现本地化管理，导致与当地市场和社会的融合度低，影响了业务的可持续发展。Atlas 与 HR flag 联合发布的《2023 企业出海白皮书》也显示，海外人才的本地化运营是中国企业出海进程中的主要人才招聘挑战之一。中国出海企业在进行国际化经营时，往往面临着是否培训本地员工的抉择。超过 65% 的受访企业主反映，他们对于投资培训本地员工持谨慎态度，主要原因是企业担心在培训上的投资无法得到相应的回报，特别是当培训后的员工很快离职时，企业会感觉投资打了水漂。

第五，人才短缺是中国企业出海面临的长期发展问题。近年来，中国企业在全球市场拓展中面临着严重的人才短缺问题。由于中国外派员工成本逐年上升，中方人员长期驻外意愿降低，国内人才供给难度增加。我们采访的出海企业中，超过一半的企业反馈，它们在海外经营过程中，受限于高层管理人员和技术专家的缺乏，企业难以在海外市场中有效展开运营和竞争。OCEES 数据也显示，超过六成出海企业认为很难招聘到专业技术人员和管理人员，这在东南亚和非洲国家尤为突出。另外，对于劳动密集型制造业而言，中国出海企业面临着缺少技术工人的困境。我们对 184 家海外制造业企业的问卷数据显示，接近 50% 的企业面临着生产线技术工人短缺的问题。并有企业表示，懂业务、懂语言的复合型人才十分缺乏，而人才的短缺也造成了中国企业竞争力的降低。

第六，中国企业之间的无序竞争带来利润空间的压缩。中国企业进入国际市场后，由于缺乏差异化竞争优势，主要依靠价格手段来争夺市场份额。由于缺乏对国际商业规则和当地法律法规的充分了解，有的企业在竞争中采取了不符合国际惯例的手段，如过度降低价格以赢得合同。同时，受短期利益和业绩考核的驱动，有的企业忽视了长期的可持续发展和品牌建设。调研结果显示，所有受访企业普遍感受到行业内部竞争加剧和恶意降价行为日益严重。在肯尼亚，我们了解到数家中国企业在铁路、公路等项目的竞标中，频繁通过降低价格来赢得项目。恶意降价不仅会带来交付质量低下的问题，严重时还会导致国际声誉受损。

第七，中国出海企业品牌与 ESG 意识淡漠。企业的全球化发展过程中，许多中国企业过去主要关注快速扩张、盈利和市场份额，而对 ESG 领域关注较少。这种优先级往往意味着企业将资源集中在经济效益和规模扩展上，忽视了在海外投资和运营过程中对属地国家可能产生的环境、社会责任以及治理问题，这就造成了中国企业的短期投资目标与当地政府的长期发展规划不一致。中国企业忽视与当地人民、社区、工会和政府的关系时，就会造成公共关系的压力，从而导致项目缺乏支持，企业声誉扫地，严重时还会引起外交事故。ESG 理念在中国的发展相对较晚，尽管近年来 ESG 意识有所增强，但整体上中国企业的ESG标准和实践水平与国际先进企业相比还有差距。在企业文化方面，很多中国企业仍然以成本控制和盈利最大化为核心目标，ESG的概念并没有完全融入企业战略和运营管理。因此，在走向海外市场时，这种缺乏ESG意识的文化也被带到了新的市场。中国企业在“一带一路”项目中应建立一个既符合国际规则又具有中国特色的ESG体系。这一体系需要在宗旨、目标和行动等方面与“一带一路”的高质量共建原则相一致（史巍娜，2023）。通过这种方式，企业不仅能够满足国际市场的高标准要求，还能展示其独特的文化和社会责任感，从而提升品牌形象和市场竞争力。

“一带一路”出海新征程和新模式

全球化的趋势正在加速，这为中国企业提供了更多的国际化机遇。企业通过海外扩张，能够更好地融入全球价值链，提升其在全球市场中的地位。国内市场竞争的日益激烈和许多行业增长潜力的饱和，促使更多的中国企业转向国际市场寻求新的增长点。后疫情时代，全球价值链正在重构，这为中国企业提供了实现供应链多元化的机会，减少了对单一市场的依赖。在这一背景下，中国企业出海不仅是为了寻找新的市场，也是为了提高其在全球供应链中的抗风险能力。同时，随着中国技术的崛起，新一代信息技术和新能源技术将构成下一阶段中国企业“一带一路”出海的新主题。我们总结了中国企业下一阶段出海战略的新方向，呈现于此。

第一，数字化技术出海。随着第四次工业革命带来的以大数据、人工智能、区块链和云计算为核心的新一代信息技术的发展，中国涌现出新一批技术公司，无论是硬软件产品还是行业应用，都代表了国际最先进的水平。事实上，借助“一带一路”倡议，部分中国企业已经实现了产业升级和技术创新。研究表明，倡议显著提高了企业的全要素生产率，并促进了企业升级（王桂军，等，2019）。当前，中国企业在数字化技术方面构建的基础设施优势、技术竞争力和行业应用场景创新将成为“一带一路”出海下一阶段的新方向之一。其中，以阿里云、微博等为代表的互联网企业已经把数字产业带到了东南亚、中东等地区，初步建立了一定的竞争优势。另一方面，专注于产业数字化的技术公司，如在智慧城市、公安大数据等领域拥有先进技术的启明星辰、海康威视等，帮助“一带一路”国家建立起以大数据和人工智能为核心的解决方案，对维护其国家安全和社会稳定做出了重要的贡献。课题组采访的多数在过去几十年致力于基础设施建设的央国企也正在寻求将新一代信息技术与传统解决方案相融合的方式，例如运用协同办公软件将项目管理线上化、流程化，又如利用数据和算法模型提升水泥产出的效率和质量等。相信在未来，数字化技术的应用将会出现在更多“一带一路”出海企业的解决方案中，携新一代信息技术出海将成为新时代中国企业出海的主旋律。

第二，绿色新能源出海。近年来，中国对外贸易的商品结构经历了显著变化。曾经以服装、家具、家电为代表的“老三样”主导着出口市场，如今新能源汽车、锂电池、光伏产品等“新三样”成了新的出口焦点。截至 2023 年底，电动汽车、锂离子蓄电池、太阳能电池等产品的出口总额同比增长了 41.7%，这些新产品和新技术的发展为中国在国际市场上赢得了新的竞争优势，推动了与共建“一带一路”国家合作的高质量发展。据公安部统计，截至 2024 年 6 月底，中国机动车保有量已达 4.4 亿辆，其中汽车为 3.45 亿辆，新能源汽车为 2 472 万辆，占汽车总量的 7.18%。纯电动汽车以 1 813.4 万辆的保有量，在新能源汽车中占比高达 73.35%。2024 年上半年，新注册的新能源汽车数量达到 439.7 万辆，同比增长 39.41%，占新注册汽车总量的 41.42%，创下历史新高。新能源汽车的出口量也呈现出快速增长的态势（图 3–5），从 2018 年的 70 万辆增长到 2023 年的 120.5 万辆，

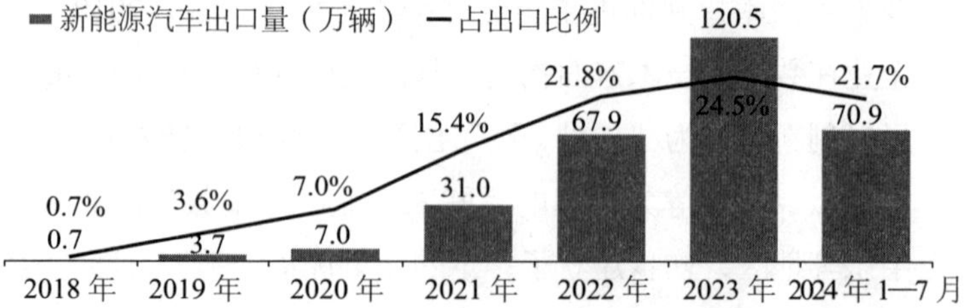

	2018 年	2019 年	2020 年	2021 年	2022 年	2023 年	2024 年 1—7 月
总出口量（万辆）	104.1	102.4	99.5	201.5	311.1	491.0	326.2
总出口增速	12%	–1%	–6%	84%	43%	52%	35%
新能源汽车出口增速	124%	434%	90%	345%	119%	77%	11%

图 3–5　新能源汽车出口年度走势

数据来源：中国汽车工业协会。

增长势头稳定。

2024 年 1 月至 7 月，新能源汽车的出口量达到 70.9 万辆，同比增长 11%，显示出汽车出口市场的全面回暖。这一增长趋势不仅反映了中国新能源汽车出口的快速增长，也表明了其在出口总量中所占比重的持续提升。尽管 2024 年上半年新能源汽车的出口比例略有下降，但整体趋势依然稳固，显示中国在全球新能源汽车领域的影响力正在逐步扩大。

新能源汽车出口增长不仅代表中国在新能源汽车领域获得了技术突破，也反映出中国企业在全球市场的品牌优势不断增强。通过在生产规模、成本控制、产品多样性和技术性能上的持续优化，中国新能源汽车正在成为国际市场的重要选择。另外，中国企业通过技术创新，降低了新能源汽车的生产和使用成本，为全球市场的普及提供了可能性。尤其在中东、南美和亚洲等地区，中国新能源汽车以高性价比和完善的售后服务赢得了广泛认可，为这些市场的绿色转型提供了有力支持。中国新能源汽车的国际竞争力不仅来自强大的生产能力，还得益于政策引导和技术创新。例如，通过税收优惠、政策性金融保险和双边合作协议，中国企业能够更好地进入新兴市场。同时，动力电池、智能驾驶和充电设施等领域的技术突破，使中国新能源汽车在性能和用户体验方面具备了明显优势。

全球新能源汽车市场的持续发展正推动中国新能源汽车出口格局的转变。南美洲，尤其是巴西和墨西哥，正在迅速成为中国新能源汽车的新出口热点，需求增长迅猛，市场潜力巨大。此外，中国新能源汽车的出口正向多个区域拓展，特别是在中东、中亚和非洲等新兴市场，出口量显著增加。这一多元化的市场战略不仅展示了中国新能源汽车的市场多样性，也证明了其在全球市场上的竞争力和影响力正在不断增强。尽管对非洲的出口量目前相对较小，但高达 161% 的增长率预示着中国新能源汽车在该地区的巨大潜力（见图 3–6）。

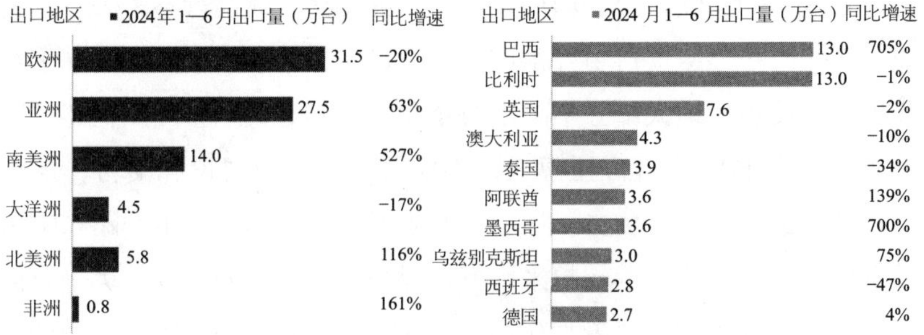

图 3–6　中国新能源汽车出口情况

数据来源：海关数据（2024 年 6 月），含二手车出口（2024 年 6 月）。

中国新能源汽车出口的快速增长引发部分西方经济体的贸易防御反应：美国于 2024 年 9 月 27 日起生效对华电动车附加关税 100%，2025 年 3 月 26 日特朗普政府又对所有整车加征 25% 汽车关税，按美国海关征收惯例可与其他适用关税叠加，名义总税负超过 125%；欧盟虽曾对中国电动车启动“针对性关税”措施，但在 2025 年 4 月 10 日宣布转而与中方就设定最低进口价格机制展开谈判，并据此暂停追加关税讨论，显示其政策正在由单纯征税向价格管控调整。面对这样的“逆风”，全球南方国家可能会成为新的增长区域。在赞比亚调研期间，课题组了解到，比亚迪汽车在2024年已经开始在非洲多个国家布局市场。在赞比亚，比亚迪不仅在卢萨卡的国际机场和机场高速公路上投放广告，还在福克斯戴尔购物中心设立了首家展厅，并建立了赞比亚首个60千瓦的快速充电站，为电动车车主提供了全新的充电体验。此外，比亚迪还与当地经销商Pilatus集团合作，建立了本地化的销售和服务网络，有效解决了海外售后服务的难题。

第三，服务、运营新模式出海。过去的几十年中，中国企业出海主要以基础设施建设为主，修建了大量的铁路、公路、医院、桥梁等土木工程。其中，由于缺乏相应的配套服务，再加上本地没有建立起有运营能力的团队，部分项目建成后即被废弃，或运行不下去。这也成了“一带一路”项目中经常被美西方媒体诟病的一个问题。基于对此现象的反思，绝大部分中国出海企业，尤其是央国企开始构建“服务+运营”的后项目管理模式，不仅要完成项目建设和交付，还要对后续的运营和服务负责。这一方面确保了在共建“一带一路”国家投资建设的项目能够运转起来，真正提高当地人民的福祉，另一方面又可以基于服务和运营带来新增的收入，同时还能使中国的管理理念更好地融入当地社会和文化。例如，中材水泥在尼日利亚建立国际产业园，从产业园区选址到招商引资一体化运营，和当地政府合资，政府参股矿山开采，双方共同运营产业园区。

第四，产业链生态组团出海。产业链生态组团出海有两个层面的含义。一方面是垂直产业链上下游企业间整合能力，联合打单。以往的中国企业出海喜欢单打独斗，但由于势单力薄，在竞争中处于不利地位。如一家出海民营企业表示，欧美、日韩的竞争对手都是由强大的寡头带着一级、二级供应商一起出海的，如果中国企业单独应战，几乎毫无胜算。他们在澳大利亚某闸门的供货项目中，正是因为和中国电建联合在一起才一直没被甩开。在这个项目中，只有闸门和启闭机结构件在中国制造，传动系统全部指定欧美品牌，连出厂检验、包装和运输的服务供应商都是 TÜV/BV、DSV 这样的国际一线机构或企业。由此可见，想在高端市场竞争中取得有利地位，必须整合产业链上最强大的资源，协同起来，发挥全产业链优势。例如，中国建材赞比亚工业园的成功创建，就是产业链生态园模式的成功实践。通过产业生态化布局和一体化经营形成规模效应、优势互补、产业链聚集优势，带动国内产业上下游业务，如矿山开采、装备业务、工程业务、外加剂业务等。另一方面，产业链生态整合也指横向产业链、异业整合出海，形成互补、抱团效应。很多出海企业表示，中国企业在海外很孤独，缺乏配套的银行、学校、餐厅等设施，这也是国人不愿意去海外工作，认为工作环境十分艰苦的核心原因之一。同时，缺乏配套的商业服务，也会让当地人民不能更好地了解中国文化，而认为中国企业走向海外就是来赚取收入的，并没有想深耕当地、植根当地、发展当地。相比之下，日本政府在鼓励企业出海时，会给相应的商业配套企业一定的刺激政策，引导它们在海外日本企业多的地方建立日本商业服务，开设日本学校等，很好地传播了日本文化。这也是中国政府和企业未来可以学习和借鉴的模式。

事实上，一些产业已经在探索全产业链出口的模式。例如，中国新能源汽车的国际化正从单一的产品出口向全产业链输出转型。这一模式涵盖基础设施建设、产品服务、维修维护、技术培训以及产业链协同等多个领域，不仅推动了全球绿色产业的发展，也为中国企业在新兴市场的可持续增长提供了有力支撑。在非洲等基础设施相对薄弱的地区，中国企业正在通过建立充电站、供应链网络和相关服务中心，为新能源汽车的推广创造必要条件。基础设施的完善不仅提升了消费者对新能源汽车的接受度，也为区域内绿色交通的普及打下了坚实基础。

产品服务与维修维护也将大大提升用户体验。在非洲、中亚、中东等新兴市场，中国企业与当地经销商合作，建立本地化服务团队，为客户提供专业的售后支持，包括车辆维修、零部件更换和定期保养等。这种高质量的服务网络显著增强了产品的市场竞争力，同时也提升了消费者对中国品牌的信任度和忠诚度。在输出产品的同时，中国新能源汽车企业还积极参与技术转移和人才培养。通过与当地政府、教育机构和企业合作，中国企业为本地培养了一批新能源汽车相关领域的技术人才，包括工程师、技术员和售后服务人员。这种技能转移不仅有助于提升当地的就业水平，也为构建本地化的绿色交通产业奠定了重要基础。

全产业链输出模式的最大优势在于，它能够帮助新兴市场快速建立起涵盖生产、销售、服务、基础设施和技术支持在内的完整绿色交通体系，显著缩短从产业初期布局到全面推广的过渡期，从而为这些市场实现可持续发展提供强有力的支撑。这种合作模式通过输出先进的电动车技术、完善的充电网络和配套服务，不仅帮助新兴市场解决了技术空白和基础设施不足的问题，还带动了相关产业链的发展，提升了当地就业水平和经济活力。同时，通过打造一站式绿色交通解决方案，中国企业在全球范围内树立了高效、负责任的品牌形象，显著增强了国际竞争力。更为重要的是，这一模式让新兴市场切实享受到低碳交通所带来的经济红利和环境改善，例如降低能源依赖、减少碳排放、提升居民生活质量等，真正实现经济效益与生态效益的双赢。这种全产业链协同的绿色合作模式，不仅是对全球低碳转型的有力推动，更是中国企业与新兴市场共赢发展的典范。

第五，品牌、ESG 和文化出海。一直以来，中国出海企业在当地国家政府和甲方心目中的形象以价格低、务实、效率高为主，以“白牌经营”为主，而没有建立起足够的品牌认知和品牌溢价。由于产品和服务没有差异化，很多中国企业到了海外市场只能竞争价格，“卷”生产效率。这样的竞争模式随着中国人力成本的攀升将不再适用于未来“一带一路”的出海模式。更多的企业开始主动提升产品和服务的质量，提升技术含量，打造品牌竞争力，讲好中国故事。相比于前一阶段的埋头苦干，更多的企业意识到只有建立自己的独特品牌价值，才能与欧美先进服务商在一个水平线上抗衡，才能在中高端市场中占据一席之地。打造国际能力、国际标准和国际品牌将是中国企业未来出海的重点工作。另一方面，越来越多的企业开始重视 ESG 建设，无论是出于维护与当地人民、社区和政府的关系，还是为了树立和维护有大国担当的国际形象，更好地融入海外的主流意识形态，提高自身品牌的接受度和认可度，企业都将在 ESG 上花费更多的时间、精力和金钱。未来中国企业走向“一带一路”，不仅仅是带先进的生产力出海，更多是把东方先进的管理理念、人文精神和文化传播出去，让世界人民更加客观、深入地认识中国，理解中国，认可中国和中国企业。

政策期待

中国企业“一带一路”出海新征程离不开强大的祖国的支撑。基于本课题的研究，将绝大部分出海企业的统一政策诉求形成具体政策建议如下：

第一，设立与日本贸易振兴机构相似的机构，为出海企业提供国际市场信息，评估各国法律和政治风险，协调中国企业的市场行为，为出海企业提供投资所在国家的公共关系服务，等等。现有的贸促会行政色彩太重，无法承担这些职责。建议新机构叫作“中国企业海外服务局”，英文为 China Bureau for Overseas Companies（缩写为 CBOC），为全额拨款的事业单位。机构除国内的员工之外，要向主要的投资目的地国家派驻人员（日本贸易振兴机构有 2000 多名员工，其中海外 800 多人）。要最大限度利用现有出海企业长期驻外员工的资源，在他们当中挑选人才充实机构队伍。可以在国内合适的院校设立培训项目，专门培训驻外人员。机构可以承接商业咨询，以补充经费。机构还应协调国内教育资源，在主要投资目的地国家设立中文学校，以稳定企业驻外员工队伍。

第二，政府可通过加强政府间合作，为出海企业提供政策、法律、国别风险咨询服务等方式降低企业出海遇到的法律和合规风险。其一，通过双边和多边合作，加强与目标市场国家在法律法规、合规、贸易保护方面的沟通与协调，降低企业出海风险。建议参考美国，出台《海外企业利益保护法》，对出海企业的合法利益进行保护。其二，应鼓励相关智库 / 研究机构建立系统的目的地国别政治和法律风险评估机制，在企业出海前对目标市场的政治、法律环境进行全面评估。其三，组织对出海企业进行法律和合规培训，增强其法律意识和合规能力，减少出海企业因缺乏对目标国政策和法规的了解而出现的法律纠纷、经营风险甚至可能的国际摩擦。其四，鼓励企业善用法律法规维护自己的利益，为企业申诉提供国际法律咨询服务和支持。例如设立“海外法律支持专项基金”，专门用于资助中国企业在海外遇到法律纠纷时的诉讼、仲裁及其他法律咨询服务。该基金可以通过国家财政拨款、行业协会贡献及企业自愿捐款等方式筹集，确保资金来源稳定。同时在使馆等驻外机构成立“国际法律事务中心”，提供一站式法律咨询服务，该中心可以集中法律专家资源，涵盖国际贸易、投资保护、知识产权、劳工法、环境法等多个领域，为企业提供多语言、多领域的法律咨询，确保企业在海外项目运作中遵守当地法律，并在纠纷中能够合法、有效地维护自身权益。另外，为了提高中小型企业的法律支持可及性，政府可以开发在线法律咨询平台，汇集世界各国的法律专家和案例数据库，为海外企业提供远程法律服务。企业可以在线获取法律文件模板、法规信息以及针对具体问题的法律建议，特别是在项目启动、合同签署和产生劳资纠纷等高风险阶段。其五，国外政权更迭频繁，但当地民众始终不变，这就像“铁打的营盘流水的兵”。因此，政府应践行“资本出海，慈善先行”的理念，通过“花小钱，办大事”普惠社区的慈善行为（如挖水井、安装路灯、捐赠教学工具等），在前期维护良好的社区关系，为中国企业的海外投资创造良好的营商环境，降低企业在跨文化经营中与当地民众产生冲突的风险。

第三，政府应通过加强国际金融合作、拓阔出海企业融资渠道等方式解决出海企业融资难的问题。其一，加强与目标市场及其国际金融机构（如世界银行、亚洲开发银行、金砖国家新开发银行、中非发展基金、中国进出口银行等）的沟通和合作，为出海企业争取更多的低成本资金支持，可签订双边贸易金融合作协议，降低出海企业融资门槛。其二，增加定向海外投资基金的数量和规模，为更多出海企业提供低息贷款和融资担保，降低企业融资成本。现有的中国企业海外投资基金，例如中非发展基金、中拉产能合作投资基金等，应进一步扩展其覆盖的行业和领域。除了传统的基础设施、能源、矿业领域，还应关注新兴产业如数字经济、绿色能源、医疗健康等。这样不仅能满足企业在全球市场中多元化发展的需求，还能避免部分行业资金过度集中带来的竞争加剧问题。为进一步扩大基金的支持力度，政府可以定期向这些基金注资，提升基金的总规模。目标是使这些基金能够满足更多企业的融资需求，同时避免因为资金短缺而限制支持力度。具体操作上，可以将基金的规模与企业的需求动态挂钩，定期评估企业的海外投资计划，适时调整基金的规模。其三，建议加强出口信用保险的覆盖范围和保障力度，降低企业海外投资的风险，尤其是资金回流风险。具体举措包括开发更多种类的出口信用保险产品，涵盖更多行业和市场，并提供针对特定风险的保险，如政治风险保险、汇率风险保险和项目延误保险；增加出口信用保险的最高赔偿额度，使企业能够在更大规模的投资中获得保障，也可以根据企业的需求和投资规模，灵活调整保险额度；简化申请和理赔流程，提高审批效率，同时提高理赔速度和透明度，确保企业在风险发生后能够迅速获得赔偿。其四，推动金融机构进行创新，为出海企业提供更为灵活和多样化的金融产品和服务，支持企业海外投资和经营。如据人民网报道，中国进出口银行湖南省分行，作为当地重点支持外贸发展的政策性金融机构，成立一个三人小组到企业面对面商讨解决方案，在做好充分评估后，为企业发放了 1 000 万元信用贷款，两天内就打到了企业的海外账户上，解决企业出海经营的燃眉之急。

第四，建议通过搭建高层次国际人才交流平台、加强跨文化培训与企业间交流、设立专项基金支持属地化人才培养等方式解决海外企业用人难的问题。其一，政府可以建立国际人才交流平台，定期举办国际人才交流会议和展会，成立政府牵头的职业教育高校联盟，整合国内职业教育资源有规划性地出海，并成为连接高校与企业的桥梁，促进企业与国际人才的直接对接。其二，政府可以设立跨文化管理培训项目，为出海企业管理层和员工提供系统的跨文化培训，提高其跨文化沟通和管理能力。为了更好地实现本地化人才培养，中国政府同时应与东道国政府、当地职业院校和技能培训机构展开合作，建立符合当地市场需求的技能认证体系。通过这种合作机制，企业可以将当地员工送往指定的职业院校接受培训，并在培训结束后获得由中方和东道国政府共同认证的技能证书。这不仅提升了当地员工的职业能力，也增强了他们在当地劳动力市场的竞争力，有利于企业的长期用工和人才积累。其三，为解决本地人才培训的外部性问题，政府应设立专项资金或者补贴，政策鼓励企业在海外市场中优先招聘和培养本地人才，提升企业在当地的认同感和竞争力。例如，中国政府可以通过财政拨款和国有企业利润抽成的方式，设立“海外本地化人才培养专项基金”。这一基金将专门用于支持中国企业在海外市场中招聘和培训当地员工。资金可以根据企业在不同国家和行业中的实际需求，按比例分配，确保资金用到刀刃上。其四，中国政府应通过官方媒体和网络平台，积极宣传中国企业和产品，塑造正面的国际形象。同时，通过舆论引导，回应国际社会对中国企业的关切和疑虑。在品牌建设与推广方面，政府支持企业参与国际展览、会议等活动，展示中国品牌和创新成果，提高品牌知名度和影响力。在质量标准与认证方面，政府可以推动企业遵守国际质量标准，获取国际认证，提升产品和服务的国际认可度。同时，加强知识产权保护，为企业创新提供法律保障，保护企业在国际市场上的合法权益。这些举措将对中国出海企业的海外招聘起到显著的正向促进作用。

第五，政府应建立企业竞争行为的协调机制。其一，充分发挥驻外使馆经商处协调企业竞争行为的作用，如驻外使馆的经商处可以为国内企业提供关于目标国家市场的详细信息，包括当地的市场准入政策、竞争格局、相关的法律法规等。通过建立和维护与国外政府及行业协会的联系，使馆可以帮助企业避免违反当地法律和不正当竞争的风险，确保国内企业在国际市场上的公平竞争。其二，需要进一步加强行业自律机制，支持成立由大型国有企业和民营企业组成的自律组织，设立行业内部竞争协调委员会，负责调解企业在海外竞标中的恶性竞争，并推动信息共享，合法协调投标报价，确保企业在竞标中获得充分的市场信息，减少恶意降价的动机。对于那些恶意低价竞争、损害中国企业整体形象的企业，可以建立黑名单制度，限制其参与政府项目或享受政府支持。加强与海外政府和国际机构的合作。其三，中国政府可以通过双边或多边合作机制，与东道国政府和国际开发银行、世界银行等国际机构合作，促进对中国企业海外项目的监督和评估。通过第三方监督，保障项目的透明度和公平性，防止恶意降价引发的市场扭曲和长期风险。其四，推动“一带一路”项目透明化与规范化，增加对项目竞标、合同履行的监督。制定更高标准的透明度要求，确保各方参与公平竞争，减少恶意降价对项目质量和国际声誉的损害。

第六，建议政府培育中国企业的 ESG 软实力，与经济技术硬实力相结合，讲好中国故事，传播中国文化，树立中国企业的良好形象，全面提升中国企业的品牌形象。中国企业在全球扩展过程中，不仅代表了自身的经济实力，也代表了国家形象。因此，企业的行为和形象直接影响到国际社会对中国的认知。政府可通过举办 ESG 大赛、建立 ESG 指数监测等形式鼓励和敦促中国企业在海外投资和运营时，注重履行社会责任和 ESG 规范，特别是在环境保护、劳工权益、社会公益等方面，树立负责任的企业形象。这有助于提高企业在海外的认同感和声誉，进而推动中国国家形象的建设。另外，全球化时代，企业是构建全球公共产品的重要行为体，可以提供全球公共产品（如全球卫生、环境保护、可持续发展等），有助于塑造国家形象。政府应通过补贴、奖励等方式，鼓励企业积极参与或主导全球公共产品的提供，树立负责任的国际形象。此外，政府还可出台相关政策鼓励企业与当地政府合作，并为企业在当地投资设立专项基金，以支持其进行社区建设和环境保护等项目。这些措施将有助于提升企业的国际竞争力和可持续发展能力。

参考文献

史巍娜，2023.“走出去”企业践行 ESG 理念的对策建议 [J]. 企业文明，（4）：102-103.

苏萌，贾之航，赵哲楠，2020. 承包商延付融资的风控思路 [R]// 智库报告：聚焦“一带一路”中的法律与实践Ⅲ . 北京：金杜律师事务所，金杜法律研究院 .

王桂军，卢潇潇，2019.“一带一路”倡议与中国企业升级 [J]. 中国工业经济，（3）：43-61.

王巧荣，2023. 推动共建“一带一路”高质量发展：三重动力、内外挑战与路径选择 [J]. 国际论坛，25（5）：36-51，156.

中金公司研究部，中金研究院，2023.“一带一路”新十年：宏观、金融与产业趋势 [M]. 北京：中信出版集团 .

LI W Q, Li Q, Chen M, et al., 2023.Global Value Chains, Digital Economy, and Upgrading of China's Manufacturing Industry[J]. Sustainability, 15 (10): 1-27.

LI Z K, Wei K Z, Peng X Y, 2024. Exploring the Impact of Regional Cooperation on Regional Economic and Social Development: An Empirical Study Based on the Belt and Road Initiative[J].Highlights in Business,Economics and Management,35: 65-83.

第 4 章

“一带一路”上的中国数字金融企业出海[1]

[1] 本章作者为沈艳、李政、黄卓。

2015年以来，中国数字金融企业出海蔚然成风，在数字金融技术出海和数字金融服务出海两个领域均有出色表现，呈现如下特征。一是数字技术出海和数字服务出海齐头并进。二是数字金融服务出海增长迅速，2023年以来出现持续上升；增幅以金融科技公司最大，银行次之，非银行金融机构发展较为缓慢。三是出海区域主要集中在东南亚、欧洲和中亚，以及撒哈拉以南非洲地区；在趋势上，东亚和太平洋地区的数字金融出海维持在高位，但是近年来有增速放缓的趋势，欧洲和中亚及非洲地区的数字金融出海则呈现出较快的增长态势。四是从接受国收入水平看，近年来数字金融出海在中上收入和中低收入水平国家增速较快。在数字出海成效方面，我们的研究显示，中国数字金融出海显著提升了当地小微企业的成长性，不过金融科技公司、银行和非银行金融机构在帮助当地小微企业成长方面，发挥的作用各有侧重。其中，金融科技公司带来就业的作用更大、更明显，而银行的作用相对小些，非银行金融机构目前的作用微弱甚至没有。最后，从减少融资障碍、增加融资可得性方面来看，研究显示上述三类数字金融机构出海均有正面作用，但是作用最大的是银行。

2004年以来，中国数字金融的迅速发展已经成为重要的中国故事。在当时金融部门供给不足和宽松监管环境的背景下，蚂蚁集团（支付宝）、腾讯（微信支付）等中国金融科技企业凭借庞大的用户基础，依托互联网、移动通信等数字化技术创新了金融工具并采用灵活的商业模式，在支付、数字信贷、财富管理和保险等领域提供多样化的金融服务，推动了中国在全球金融科技领域取得领先地位（黄益平，等，2018），使得中国的数字金融无论是在规模、创新能力还是在市场渗透率方面，都处于全球前沿。特别是在移动支付领域，根据世界银行全球普惠金融数据库的数据，中国数字支付[①]使用率从2014年的49%增长到了2021年的86%，远高于全球平均水平。伴随出现的是越来越多的银行和非银行金融机构积极开展数字化转型，为过去面临金融排斥的中小微企业和弱势群体提供数字金融服务已经成为新趋势。

伴随我国数字金融发展的新现象是数字金融出海，尤其是往共建“一带一路”国家的出海。这些数字金融企业的出海最初是为了服务在海外的中国游客与华人社区。2013年9月，中国国家主席习近平在哈萨克斯坦纳扎尔巴耶夫大学的演讲中提出共建“丝绸之路经济带”，并于同年10月在印度尼西亚国会发表的演讲中提出共建“21世纪海上丝绸之路”。2015年3月28日，中国政府制定并发布《推动共建丝绸之路经济带和21世纪海上丝绸之路的愿景与行动》。在共建“一带一路”国家，传统银行体系覆盖不足，尤其在农村和偏远地区，金融服务的可得性较低，导致大量人口处于金融排斥状态。这些国家的中小企业和个人往往难以获得基本的金融服务，如存款、贷款、支付和保险等。而中国的数字金融企业拥有先进的移动支付、数字信贷和普惠金融技术，能够迅速填补这些市场的金融服务缺口。共建“一带一路”国家在数字金融服务上的不足与快速增长的需求，为中国金融科技企业提供了难得的市场机遇。凭借领先的技术能力、创新经验和规模化优势，中国企业能够帮助共建“一带一路”国家弥补金融服务缺口，推动区域内经济的包容性与可持续发展，同时进一步巩固自身在全球金融科技领域的领先地位。

除了回应共建“一带一路”国家的金融需求，寻找新的增长点也是中国金融科技行业出海的重要驱动力。随着数字金融企业在国内

① 数字支付是指通过手机或互联网等方式收款、汇款和支付账单等。

业务的迅速展开，一些商业不可持续、不规范的业务也引发了监管机构对其潜在的系统性风险和公平竞争问题的日益关注。在国内监管环境日益严格的背景下，金融科技企业合规成本上升，盈利能力受到明显影响。而且，中国的金融科技市场已经趋于成熟，用户增长空间有限，企业需要寻找新的增长点。

面对这些挑战，“出海”需求不断增加，中国金融科技企业有望通过海外扩张来寻找新的增长机会。相比于国内日益严格的监管，部分海外市场的政策环境相对宽松，尤其是在数字金融领域，给了中国企业更大的发展空间。尤其是在亚洲、非洲和拉丁美洲等新兴市场的金融服务普及率较低、传统银行体系覆盖不完全的区域，中国金融科技企业可以基于在国内积累的丰富经验和技术能力，在移动支付、智能风控和小微金融服务等方面复制并推广国内已经比较成熟的技术与商业模式。

但是，对中国数字金融出海这一领域的研究仍然比较稀缺，既缺少对现有我国数字金融出海基础事实的系统刻画，也缺少对其效果的系统评估。本章旨在分析我国数字金融企业出海基本情况并介绍典型案例，并在此基础上评估对当地中小微企业成长的影响。本章分为四节。第一节介绍我国数字金融企业出海基本状况，第二节给出典型案例，第三节评估数字金融出海的影响，最后一节给出政策建议。

中国数字金融企业出海的历程、驱动因素与方式

共建“一带一路”国家数字金融基本发展状况

我们首先给出共建“一带一路”国家数字金融发展的基本状况。由于数字支付是数字金融发展的重要组成部分，是其他数字金融业务

发展的基础，也是相对比较容易用统一标准来统计的指标，我们基于世界银行发布的全球金融包容性数据库（Global Findex），在图 4-1 报告不同国家 2014 年、2017 年和 2021 年的数字支付使用率的变迁。该图显示，在 2014—2021 年，数字支付使用率得到较大提升。从全球角度看，数字支付使用率由 44% 上升到 64%。在全球金融指数中有数字支付数据的 125 个共建“一带一路”国家，其数字支付使用率的程度高于低收入国家，但整体水平仍低于全球平均线：2014—2021 年，共建“一带一路”国家的数字支付使用率从 39% 增长至 59%。同时，与高收入国家 2021 年 95% 的数字支付使用率相比，共建“一带一路”国家的数字化金融服务尚处于初级发展阶段，存在巨大的发展潜力和未满足的需求。

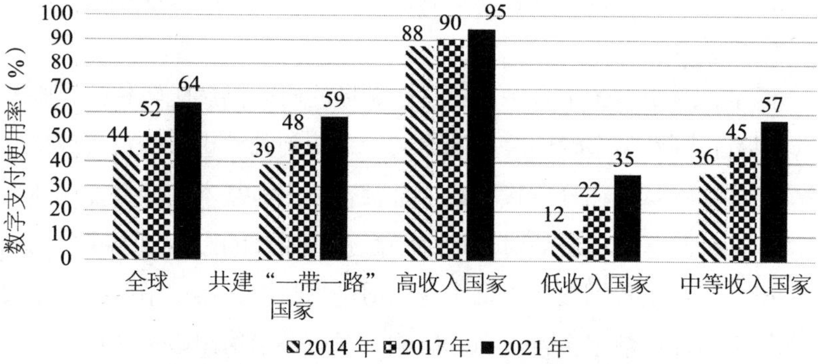

图 4-1 全球和共建“一带一路”国家的数字支付使用率发展趋势

中国数字金融出海的阶段和驱动因素

上述数字支付使用率的变化中不乏中国数字金融出海的贡献。我们可以将中国的数字金融出海大致分为三个阶段。第一阶段是 2015—2017 年，该时期是数字金融出海的起步阶段，中国数字金融公司开始探索东南亚市场，其主要服务对象是中国游客和当地华人社区。第二阶段是 2018—2020 年，该阶段可被视为扩展期，中国的数字金融服务大规模扩展至欧洲、北美、中东和非洲市场，在业务推进模式上也更多地开始与当地的支付服务商和金融机构展开合作。2021 年至今为第三阶段，在该阶段，中国数字金融企业更深刻认识到出海对企业发展的重要性并进一步深化全球化布局，推出跨境支付平台和金融科技解决方案。

中国数字金融企业出海业务的发展影响因素，可以从供给、需求和监管三个角度评估。从供给角度看，中国的数字金融创新不仅可以回应本国普惠金融发展的需要，由于数字金融发展水平已经处于世界前沿，中国数字金融企业还有走出去、扩展自己的业务版图的需求。从需求角度看，在“一带一路”倡议下，帮助共建“一带一路”国家填补金融服务缺口，提升金融包容性成为产生重要成效的关键领域。中国的数字支付技术（如微信支付和支付宝）可以通过智能手机提供便捷的支付服务，帮助当地居民和小企业更轻松地进行交易、储蓄和借贷；中国数字金融企业开发出的基于大数据和人工智能的信贷评估系统，能够为缺乏信用历史的中小企业和个人提供金融支持（Gambacorta et al.，2023；黄益平，等，2021），这为满足共建“一带一路”国家的金融需求提供了可能性。从 2020 年开始，中国政府对平台经济的监管力度显著加大也是数字金融企业出海的一个重要驱动力。这些监管主要包括三部分举措。一是开展针对大型科技平台（如阿里巴巴、腾讯等）的反垄断调查，旨在打击不正当竞争行为，防止平台经济垄断市场。二是加强金融监管。如对蚂蚁集团的 IPO（首次公开募股）叫停，严格的资本充足率要求，对金融产品（如个人信贷、互联网理财等）的监管加强，目的是防控金融风险，确保公平透明的金融市场。三是强调数据安全与隐私保护。随着《中华人民共和国数据安全法》和《中华人民共和国个人信息保护法》的实施，平台企业在数据使用和管理上面临更严格的合规要求。这些措施在规范市场秩序，确保平台经济的健康、可持续发展的同时，也加大了金融科技企业经营发展的挑战。在此背景下，部分数字金融企业开始通过开拓海外市场探索新的发展路径。

中国数字金融出海的形式

就数字金融出海的形式而言，中国数字金融出海包含数字金融技术和基础设施输出、数字金融服务输出和商业模式创新等几方面。在数字金融技术和基础设施输出方面，中国科技企业积极实施“走出去”战略，为共建“一带一路”国家发展移动支付平台提供了关键技术支持。以备受文献关注的肯尼亚移动支付平台 M-PESA 为例（Jack et al.，2014；Lee et al.，2021），中国为其发展提供了直接和间接两方面的基础设施支持。直接支持主要指数字金融技术支持，中国华为公司向肯尼亚派遣上百人的团队，助力 M-PESA 优化系统架构，提高了平台的数据处理能力和响应速度（程是颉，等，2022），支持 M-PESA 在交易高峰期以 900 笔 / 秒进行交易，并使其单笔交易时间从 10 秒降低到 4 秒，将交易成功率提高到 99.99%。在间接支持 M-PESA 发展的数字基础设施建设方面，中国支持肯尼亚建设国家光纤项目，大幅提高了肯尼亚的网络速度，降低该国的通信成本。中国助力肯尼亚信息通信产业实现的这种跨越式发展，就为 M-PESA 的发展奠定了坚实的基础。

事实上，中国科技企业和数字金融企业已经成为众多共建“一带一路”国家数字支付平台的主要技术合作伙伴。例如，中国华为支持了肯尼亚、坦桑尼亚、刚果（金）、莫桑比克的 M-PESA，孟加拉国的 bKash，巴基斯坦的 JazzCash，加纳的 Vodafone Cash，津巴布韦的 One Money 等。中国为共建“一带一路”国家移动支付平台建设所提供的技术和基础设施支持，为提高落后地区的金融体系包容性做出贡献，也为当地数字金融的发展奠定了基础。

中国数字金融企业还通过与当地的银行、移动运营商、金融科技公司等合作的方式，进行数字金融服务和商业模式创新等方面的输出，推动了数字金融服务在当地的落地。例如，支付宝通过其母公司蚂蚁集团支持了共建“一带一路”国家的数字金融服务发展，其出海地区主要集中在东南亚和南亚地区，如印度的 Paytm、泰国的 TrueMoney Wallet、菲律宾的 Gcash、马来西亚的 Touch’n Go eWallet、印度尼西亚的 Dana、巴基斯坦的 Easypasisa、孟加拉国的 bKash、柬埔寨的 Pi Pay 等均有蚂蚁集团的投资。又如，传音公司以其手机品牌 TECNO、Infinix 和 Itel 在非洲等新兴市场广为人知。近年来，传音通过其子公司或合作伙伴，基于其手机设备和生态系统，在非洲、南亚和中东的多个国家支持数字支付基础设施的建设，支持的国家包括非洲的尼日利亚、埃塞俄比亚、肯尼亚、加纳、乌干达，南亚的印度和巴基斯坦，中东的埃及等。

中国数字金融企业的出海并非单纯的业务扩张，而是通过技术输出、金融服务普及和商业模式创新，与海外市场的当地企业和消费者形成合作共赢的局面。这种合作可以带来多重好处。一是本地化优势。与当地企业的合作可以帮助中国企业快速适应当地市场，了解当地消费者的行为和需求，规避文化差异和制度障碍带来的风险。二是合规性与监管适应。不同国家的金融监管环境不同，通过与当地金融机构合作，中国企业可以更好地应对合规挑战，确保业务合法合规。三是资源共享。当地企业可以借助中国企业的技术优势和创新能力，而中国企业则可以利用当地企业的市场资源和用户基础，双方在资源共享的基础上实现互利共赢。这种合作模式不仅降低了中国企业的市场进入风险，也为当地企业带来了技术、资本和管理经验的输入，提升了当地金融行业的整体水平。

中国数字金融企业出海的现状

数字金融在共建“一带一路”国家出海的主要特征和趋势

数字金融出海涉及基础设施出海和数字金融服务出海等形式，基于数据可得性，我们采用Sensor Tower统计的数字金融APP在各国的下载量情况，来刻画我国数字金融的“数字出海”基本态势。按照发行主体，我们首先将数字金融APP分为银行APP和非银行金融APP两类。我们从Sensor Tower获取了2012年至2023年中国A股42家上市银行APP在共建“一带一路”国家的下载量数据。我们基于APP名称是否带有“金融”“支付”“转账”“汇款”“贷款”“钱”“财”“钱包”“现金”“保险”“财险”“证券”“股票”“基金”“财富”“交易”“理财”“投资”“债券”“期货”“期权”“信用”“融资”“汇兑”等关键词，从Sensor Tower搜索并确定中国非银行金融类APP。在初步获得名单后再人工确认剔除非数字金融类APP，再下载非银行金融类APP在共建“一带一路”国家的下载量数据。在后续分析中，我们还将非银行金融类APP进一步分为非银行金融机构APP与金融科技公司APP两类。值得注意的是，这些APP的名字主要是以中文形式出现，但对应的英文版（例如，支付宝的海外版AliPay）的下载量，也都会被统计收录，因此，该数据能较为准确地反映中国数字金融企业自己的APP在海外的使用情况。基于上述设定，我们的分析不包含数字金融企业与当地机构合作后名称完全不具备中国母公司特点的APP，如Paytm。因此，本章分析提到的中国数字金融企业出海是比较狭义的，可以被视为中国数字金融服务出海状况的下限。

我们以截至2022年底已同中国签订共建“一带一路”合作文件的国家为观测对象，剔除数据严重缺失的样本后，最终得到67个共建“一带一路”国家。图 4-2 展示了 2012 年至 2023 年中国的银行、非银行金融机构和金融科技公司的 APP 在共建“一带一路”国家的年度下载量的动态变化。该图表明，12 年间这三类 APP 的下载量均获得持续增长。其中，金融科技公司的增长最为迅猛，从 2012 年的 35 529 次增长到 2023 年的 3 148 861 次，增长了近 90 倍，市场份额占据绝对主导地位。中国 A 股上市银行 APP 下载量从 2012 年的 21 857 次增长至 2023 年的 601 497 次，累计达 3 238 529 次，增长了约 27 倍，表现平稳；非银行金融机构的下载量虽然从 41 次增长到 14 658 次，增长了约 357 倍，但由于基数较小，整体市场份额仍然有限。另外，数据还显示，这三类 APP 在 2023 年都存在增长率大幅上升的现象，体现出市场的强劲复苏与潜在增长空间。

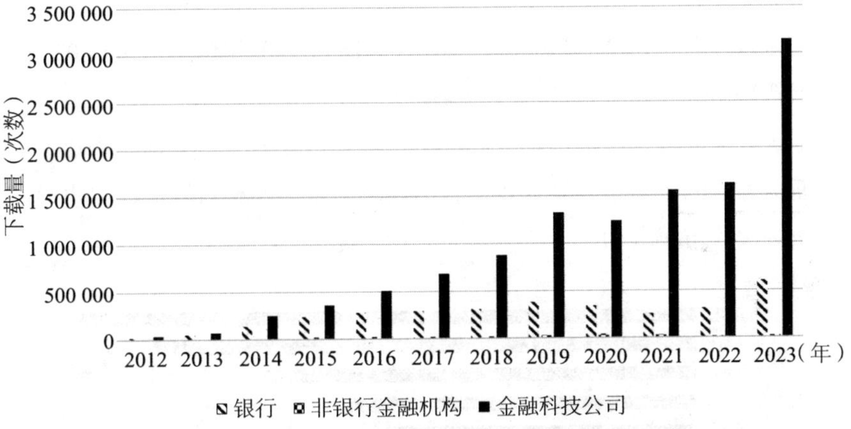

图 4-2 中国金融机构 APP 在共建“一带一路”国家的下载量变化情况

总体来看，金融科技公司 APP 在共建“一带一路”国家的下载量增长最为显著，显示出其在金融科技领域的强大竞争力和市场渗透能力。银行虽然在数字化转型方面取得了一定进展，但仍需进一步努力以缩小与金融科技公司的差距。非银行金融机构的市场影响力较小，未来可能需要通过技术创新、市场推广和合作来提升竞争力。

分类比较

我们从多个维度进一步分析我国数字金融出海的基本特征。

最受欢迎的出海国家

我们首先按照下载量的多少来分析哪些共建“一带一路”国家最受中国数字金融企业欢迎。图 4–3 显示，共建“一带一路”国家中，数字金融 APP 下载量最高的三个国家是新加坡、马来西亚和韩国，分别达到 2 355 590 次、2 073 241 次和 1 647 852 次。这些国家经济发达，金融基础设施完善，用户对金融科技的接受度较高，为中国金融机构提供了良好的市场环境。此外，这些国家的互联网普及率和智能手机使用率也较高，进一步推动了金融类 APP 的广泛使用。其次是俄罗斯（1 328 190 次）、泰国（1 186 041）和越南（704 803 次）等新兴市场国家。这些国家的金融市场正在快速发展，用户对多样化金融服务的需求日益增加。此外，菲律宾、新西兰、柬埔寨和哈萨克斯坦等国的金融市场规模较小，目前下载量虽然相对较低，但也显示出一定的市场潜力。

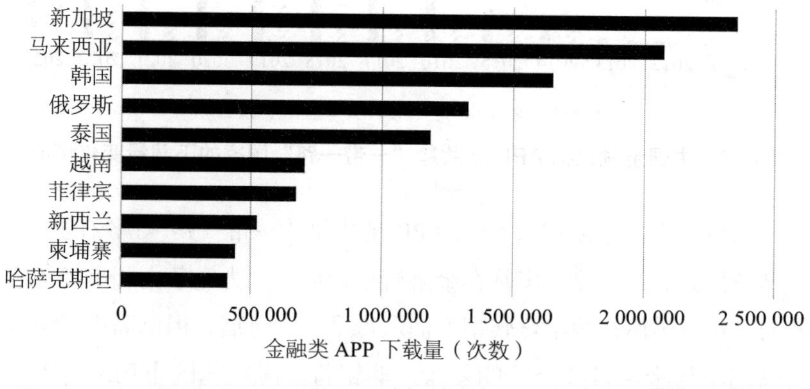

图 4–3 中国金融机构 APP 下载量最高的前 10 位共建“一带一路”国家

按照收入分类的“数字出海”情况

我们按照收入水平将共建“一带一路”国家分为高收入、中上收入、中低收入和低收入四类，并在图 4–4 报告中国数字金融 APP 在这四类国家的下载情况。可以看到“数字出海”主要集中在共建“一带一路”国家的中上收入国家和中低收入国家，而低收入国家需求尚未释放。具体来说，中上收入国家的下载量从 2012 年的 15 070 次增长到 2023 年的 1 471 504 次，是四组国家中增速最快的，尤其是在 2019 年后增长加速。高收入国家的下载量从 2012 年的 41 985 次增长到 2023 年的 1 177 030 次，在 2019 年达到峰值后增速出现下滑。中低收入国家的下载量则从 2012 年的 227 次增长到 2023 年的 1 103 836 次，增长显著，甚至在 2021 年和 2022 年反超了高收入国家的数字金融 APP 下载量。而低收入国家的 APP 下载量从 2012 年的 1 次增长到 2023 年的 4975 次，仍处于较低水平。

总体来看，虽然中国数字金融 APP 出海在经济发展水平较高、数字化基础设施较完善的国家处于较高水平，但从增速角度看，在中上收入和中低收入国家表现更为突出，而在低收入国家的渗透尚处于初级阶段。

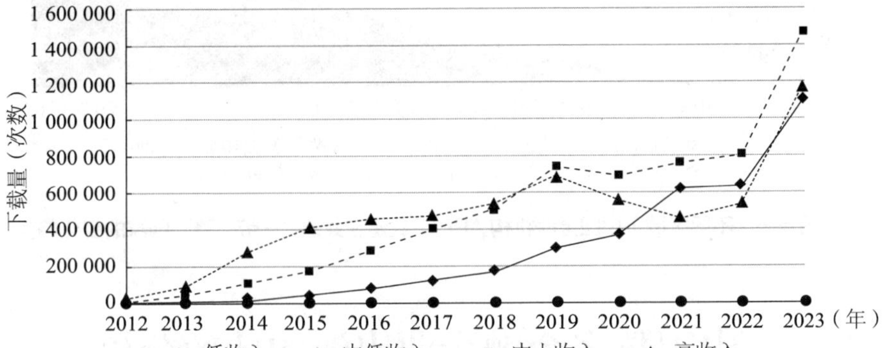

图 4–4 不同经济发展水平下中国金融机构 APP 下载量在共建“一带一路”国家的变化趋势

“数字出海”的区域分布情况

我们首先描述中国数字金融 APP 受欢迎程度的区域分布。下载量最高的国家集中在东南亚（如新加坡、马来西亚、越南）和东亚发达经济体（如韩国）；欧洲和中亚地区（如俄罗斯、哈萨克斯坦）也表现出较高的用户覆盖率，反映出这些国家对数字金融和普惠金融产品的接受度在逐步提升。而拉丁美洲、南亚和中东等区域的下载量较低，说明这些地区的市场仍需进一步开发。

进一步考察区域分布的时间变化趋势可以看到，2012 年以来，中国数字金融出海的区域一直按照东亚和太平洋地区（如新加坡、马来西亚、越南等）、欧洲和中亚、其他区域（如南亚及中东和北非）来排列，其中，东亚和太平洋地区始终是出海主要目标，但欧洲和中亚地区也呈现出较快的增长态势。另外，撒哈拉以南非洲地区的增长也比较快（图 4–5）。

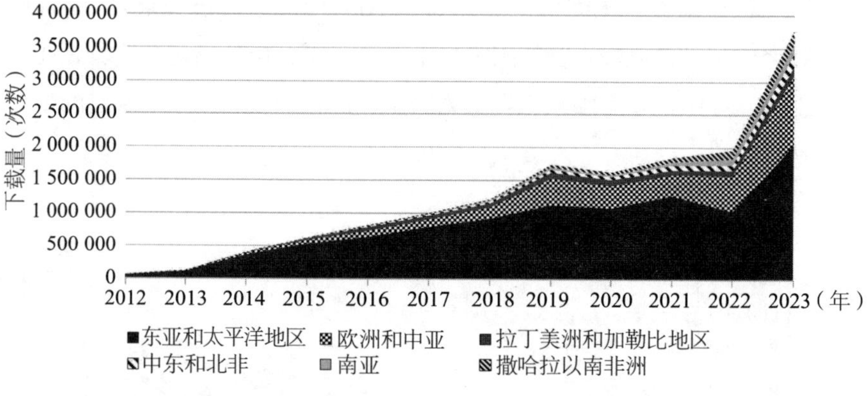

图 4–5　不同区域下中国金融机构 APP 下载量在共建“一带一路”国家的变化趋势

中国数字金融企业出海的成效分析

本章着重报告现有数字金融企业出海对共建“一带一路”国家小

微企业成长的影响。为此，我们采用 2010—2023 年世界银行企业调查（World Bank Enterprise Surveys，WBES）数据[①]，并将该数据与截至 2020 年底已同中国签订共建“一带一路”合作文件的国家匹配得出 125 个国家。按照世界银行的分类，本章将企业层面的研究样本聚焦至雇员规模为 1~19 人的小微企业。我们以企业雇员规模的自然对数增长率作为小微企业成长性的度量指标，重点评估中国数字金融出海的影响。

前文已述，中国数字金融出海分数字金融技术出海和数字金融服务出海两个层面。我们以共建“一带一路”国家是否推出由中国科技企业技术支持构建的移动支付平台为标准，来确定中国数字金融企业是否对该国开展了金融技术出海。这里，参考阿布拉姆·埃斯特·阿佩蒂和埃亚·丹尼丝·埃多的研究（Apeti et al.，2023）。移动支付平台数据来源于全球移动通信系统协会（GSMA）的移动支付部署追踪数据库，该数据库涵盖 2002 年以来世界各国数字金融或通信科技企业推出的移动支付平台名称、发布时间、产品信息、合作银行以及平台技术合作方等信息，适用于评估移动支付平台对金融包容性和经济发展的贡献，因此，根据采用中国科技企业技术支持构建的移动支付平台情况，可以较准确地展示中国数字金融技术出海基本状况。关于数字金融服务出海，我们则以 Sensor Tower 上的金融科技公司 APP、银行 APP 和非银行金融机构 APP 的下载量的自然对数，来表示中国数字金融服务在一国出海的强度，并分别评估它们的作用。实证分析的其他控制变量等数据来源包括世界发展指标（WDI）、国际货币基

① 截至 2023 年，世界银行企业调查覆盖全球 154 个经济体的 860 多个城市的 19 万多家私营企业，调查方法采用分层随机抽样，调查对象为企业主和企业高层管理人员，涵盖制造业、零售业和其他服务业，企业规模分级为小微企业（1~19 人）、中型企业（20~99 人）和大型企业（100 人以上），具有良好代表性。该调查涵盖企业增长、融资、腐败、基础设施、劳动力和经营绩效等多个方面的企业营商环境数据。

金组织金融准入调查（FAS）和国际电信联盟（ITU）。

采用多期双重差分模型的分析显示，中国数字金融企业技术出海有助于促进共建“一带一路”国家的小微企业成长。从经济意义来看，中国数字金融企业技术出海系数为 0.073 9，说明中国数字金融企业技术出海使得共建“一带一路”国家的小微企业成长性提高约 7.67%（$e^{0.0739}-1$）。这也意味着中国数字金融企业技术出海有助于推进共建“一带一路”国家数字金融包容性发展，进而释放小微企业成长潜力。从数字金融服务出海角度看，实证分析显示金融科技公司的出海对当地小微企业的成长效果最为显著：金融科技公司 APP 下载量每增加 10%，企业成长性会增加 6%。相比之下，银行和非银行金融机构出海对于小微企业的成长性有正面影响，但总体效果较弱。为什么数字金融出海能促进小微企业成长？我们进一步从减少融资障碍和增加融资可得性两个角度来评估。基于世界银行企业调查对融资难易，以及经营过程中的最大障碍的询问①，研究显示，中国数字金融企业技术出海，中国金融科技公司、银行、非银行金融机构的出海，均能在减少融资障碍和增加融资可得性方面带来 1% 统计意义上的显著改善效果。其中，又以银行出海发挥的作用更为显著。

中国数字金融企业出海面临的困难与挑战

尽管中国数字金融企业通过技术赋能与本地化合作在共建“一带一路”国家取得显著成效，但其发展仍面临多重挑战。

---

① 两组问题分别是：“融资渠道在多大程度上阻碍了企业运营？”“下列商业环境因素中，哪一个是企业当前面临的最大障碍？”我们将回答“非常严重的障碍”“重要障碍”视为小微企业所处融资环境较差；回答“无障碍”“轻微障碍”“中等障碍”则视为小微企业融资环境较好，并将选择“融资可得性”作为最大障碍的企业视为融资可得性差。

监管合规风险与政策不确定性

虽然与当地机构合作有助于应对监管要求，但各国政策差异仍增加了合规的复杂性，企业需要持续投入资源以适应监管变化。部分国家对数据主权、外资持股比例及业务资质设有严格限制。例如，印度要求外资支付公司本地化存储数据，越南规定外资持股不得超过49%，欧盟的《通用数据保护条例》对数据跨境流动施加了额外约束。此外，不少国家对数字金融业务采取“实验性监管”态度，政策不确定性增加了企业长期规划难度。例如，印度以“数据安全”为由多次封禁中国 APP，导致蚂蚁集团旗下 Paytm 业务受阻；欧盟的《数字市场法案》对大型科技平台实行严格监管，可能影响中国企业在欧洲的扩张；2024 年欧盟通过的《网络弹性法案》要求数字产品全生命周期符合严苛的安全标准（肖红军，等，2023），进一步增加了企业技术适配成本。此外，部分共建“一带一路”国家金融监管框架尚不完善，政策稳定性不足，例如东南亚某些国家频繁调整外资持股比例和业务许可要求，可能加剧企业经营风险。

数据安全与隐私保护压力

随着《中华人民共和国个人信息保护法》和《中华人民共和国数据安全法》的实施，中国企业在海外不仅需满足国内的数据出境安全评估要求，还需遵守东道国的数据本地化规定。例如，腾讯在新加坡推出掌纹支付时，需要将生物识别数据存储于本地服务器，并采用加密算法确保数据的不可逆性。此外，随着《通用数据保护条例》等法规的落地，全球范围内的数据跨境流动和本地化存储要求日益严格，使企业在跨境数据传输过程中面临更大的合规风险。

本地化运营壁垒突破期延长

文化与消费习惯的差异增加了产品适配难度。例如，东南亚市场偏好电子钱包，而非洲市场更依赖 USSD（非结构化补充数据业务）代码支付①，导致企业在不同市场需要定制化调整产品架构。此外，在合作模式上，与本地机构的协同效应存在磨合期，导致落地进程延长。例如，华为与肯尼亚 M-PESA 的技术适配耗时 2 年左右。2013 年，Safaricom 由于系统问题寻求华为的技术支持，经过持续优化系统架构以满足当地交易峰值需求，最终在 2015 年 4 月成功上线华为开发的 M-PESA G2 系统。这表明，中国数字金融企业在海外拓展过程中需应对文化和技术适配问题，以确保产品和服务能够适应当地用户习惯与技术环境。

数字基础设施薄弱

部分共建“一带一路”国家的网络基础设施发展滞后，数字鸿沟问题依然严峻，直接制约了数字金融服务的落地。目前，约 37% 的共建“一带一路”国家拥有较高水平的数字基础设施，而大多数国家的数字化水平仍较低，互联网普及率不足，通信技术仍处于初级发展阶段，且数字化人才短缺，导致短期内难以建立完善的信息通信体系（高臻臻，2024）。在短时间内，这些国家难以建立完善的数字化生态，直接影响了数字金融服务的稳定性，并限制了中国数字金融企业的业务落地。因此，中国数字金融企业出海共建“一带一路”国家不仅需依赖自身技术优势，还需推动本地数字基建完善，通过与政

---

① 截至 2023 年 6 月，USSD 支付渠道在非洲即时支付系统（IPS）中占比高达 70%，成为最受欢迎的支付方式。在撒哈拉以南非洲地区，超过 90% 的移动支付交易通过 USSD 完成。

府、通信企业及金融机构协作，共同推动配套数字基础设施的建设，以促进数字金融服务的可持续发展。

结论与建议

自“一带一路”倡议启动以来，共建“一带一路”国家在数字金融服务上的不足与快速增长的需求，为中国金融科技企业提供了难得的市场机遇；中国与共建国家的金融基础设施建设和数字经济合作不断深化，为中国数字金融出海创造了有利条件。中国国内数字金融创新处于世界前沿，也更渴望拓展业务版图，国内合规成本提升也成为数字金融企业出海的推动力。

在这样的背景下，自 2015 年以来，中国数字金融出海蔚然成风，在数字金融技术出海和数字金融服务出海两个领域，均有出色表现，呈现如下特征。一是数字技术出海和数字服务出海齐头并进。华为等公司已经成为不少共建“一带一路”国家数字基础设施以及数字金融技术的主要合作伙伴，中国金融类 APP 在共建“一带一路”国家的下载量呈现持续增长趋势。二是数字金融服务出海增长迅速，2023 年以来出现持续上升。无论是金融科技公司、银行还是非银行金融机构，数字出海都出现持续增长，但以金融科技公司增幅最大，银行次之，非银行金融机构发展较为缓慢。这一趋势可能由以下因素驱动：第一，移动支付和金融科技的广泛应用有效覆盖了传统金融服务体系不足区域；第二，“一带一路”倡议的实施深化了区域内基础设施建设，推动跨境贸易和金融服务需求增长；第三，中国金融科技企业凭借技术优势和运营能力，在共建“一带一路”国家实现了市场快速渗透。三是出海区域主要集中在东南亚、欧洲和中亚以及撒哈拉以南非洲地区。在趋势上，东亚和太平洋地区的数字金融出海维持在高位，但是近年来有增速放缓的趋势，欧洲和中亚及非洲地区的数字金融出海则呈现出较快的增长态势。四是从接受国收入水平看，近年来数字金融出海在中上收入和中低收入水平国家增速较快，反映数字金融企业在海外业务的国际布局上，存在一定前瞻性。

在数字出海成效方面，我们的研究显示，中国数字金融出海显著提升了当地小微企业的成长性，在弥补共建“一带一路”国家金融排斥现象、提升金融普惠性方面发挥了重要作用。不过，金融科技公司、银行和非银行金融机构在帮助当地小微企业成长方面，发挥的作用各有侧重。其中，金融科技公司带来就业的作用更大、更明显，而银行的作用相对小些；非银行金融机构目前的作用微弱甚至没有。另外，从减少融资障碍、增加融资可得性方面来看，研究显示上述三类数字金融机构出海均有正面作用，但是作用最大的是银行。

基于上述发现，我们提出如下政策建议。一是中国金融机构可考虑逐步加大对欧洲和中亚及南亚等新兴市场的布局力度，通过加强本地化运营和技术输出，释放更多市场潜力。中国金融机构在共建“一带一路”国家的数字出海呈现出显著的区域集中性，东亚和太平洋地区是核心市场，欧洲和中亚次之，其他区域的渗透率相对较低。未来，东南亚和太平洋地区以及非洲等“一带一路”重点区域的开发潜力巨大，可以通过持续优化普惠金融和跨境金融服务进一步巩固市场地位。

二是中国金融机构应继续深耕中低收入和中上收入国家市场，同时关注低收入国家的长期潜力。针对不同收入水平国家的市场需求，金融机构可以优化产品和服务，提升用户体验，以增强市场竞争力。这不仅有助于提高共建“一带一路”国家金融体系的包容性，还能增强中国银行业在全球金融生态中的制度性嵌入与竞争优势。

三是积极参加数字基础设施和数字金融技术方面的国际公共品供给，将利用数字技术扩大普惠金融作为共建“一带一路”国家减少数字鸿沟、建设包容性金融体系的着力点。应充分发挥智能设备、移动互联网等具备良好可得性的公共数字配套机制在普惠金融体系构建中的技术优势，以数字技术为载体，让金融惠及更多小微企业等弱势群体。尤其需增强数字金融对基础设施薄弱、经济欠发达地区小微企业发展的针对性和有效性，助力共建“一带一路”国家增长复苏。

四是充分发挥金融科技出海的就业优势、银行出海的融资优势，鼓励非银行金融机构展开更多出海业务。研究已经发现，金融科技公司出海在解决小微企业就业问题上作用明显，而银行在缓解融资可得性方面作用明显，可鼓励不同机构到最能帮助当地解决痛点问题的区域去发挥更大作用。值得关注的是，目前非银行金融机构出海处于初步阶段，应鼓励其更多参与出海业务，通过创新金融产品与服务模式，实现不同类型的数字金融机构出海给当地带来的益处的差异化，实现更深层次的市场渗透。

展望未来，随着“一带一路”倡议的深入推进，中国金融机构只要能够在数字化转型和国际化布局中抓住重点，展开合理安排，在数字化出海方面有望实现更广泛的市场覆盖和更高的市场渗透率；并通过不断增强中国在全球数字经济和数字金融领域的影响力和竞争力，促进数字金融广泛惠及共建“一带一路”国家。

附录　数字金融企业出海案例解析

1. 蚂蚁集团（支付宝）

2016—2018 年，蚂蚁集团通过“投资入股 + 技术输出”的双重战略模式，推动其全球化布局，搭建本地化的“支付宝”生态系统。具体而言，蚂蚁集团利用少数股权投资形式，与当地支付公司建立战略合作关系，并通过技术赋能和业务协同，推动本地数字支付和金融服务的快速发展。如表 4–1 所示，截至 2020 年，蚂蚁集团已在 14 个国家成功建立移动支付服务网络。在这些市场中，蚂蚁集团通常采用关键少数股权结构，持股比例不超过 49%，从而确保其在本地合作中兼顾资本回报与合规性要求。

表 4–1　蚂蚁集团海外投资

产品	运营公司	国家	投资时间	投资金额	蚂蚁持股比例
Wave Money	Wave Money	缅甸	2020 年 5 月	7 350 万美元	未知
Paytm	One97 Communications	印度	2019 年 11 月 2017 年 3 月 2015 年 9 月	12.8 亿美元	30.33%
eMonkey	M-Pay	越南	2019 年 12 月	—	未知
WorldFirst（万里汇）	WorldFirst	英国	2019 年 2 月	43.71 亿元人民币	100%
Akulaku	Akulaku	印度尼西亚	2019 年 1 月	4 000 万美元	未知
StoneCo	StoneCo	巴西	2018 年 10 月	1 亿美元	未知
bKash	bKash	孟加拉国	2018 年 4 月	—	未知
Easypaisa	Telenor Microfinance Bank	巴基斯坦	2018 年 3 月	1.845 亿美元	45%
Touch'n Go eWallet	TNGD	马来西亚	2017 年 7 月	—	49%

（续表）

产品	运营公司	国家	投资时间	投资金额	蚂蚁持股比例
Dana	Emtek	印度尼西亚	2017 年 4 月	—	未知
GCash	Mynt	菲律宾	2017 年 2 月	—	45%
Ascend Money	Ascend Money	泰国	2016 年 11 月	—	20%
M-DAQ	M-DAQ	新加坡	2015 年 11 月	—	未知
K-Bank	K-Bank	韩国	2015 年 11 月	—	约 2%

资料来源：蚂蚁集团招股书和媒体公开报道。

Ascend Money（泰国）

2016 年 11 月，蚂蚁集团与泰国领先的支付企业 Ascend Money 达成战略合作协议。Ascend Money 是泰国正大集团旗下子公司，主要提供电子支付和小额信贷服务。根据协议，蚂蚁集团计划初步持有 Ascend Money 20% 的股权，并保留进一步增持 10% 股权的选择权。通过该合作，蚂蚁集团向 Ascend Money 输出其先进的支付技术和运营经验，支持其在数字支付、线下支付网络以及金融服务领域的全面发展。此外，为进一步推动泰国移动支付市场的普及，蚂蚁集团于 2017 年 9 月与泰国开泰银行合作，推广基于二维码的支付解决方案，通过优化支付场景覆盖率和用户体验，增强其市场渗透能力。

Pi Pay（柬埔寨）

2017 年 12 月，柬埔寨第三方智能支付平台 Pi Pay 与支付宝正式签署合作协议，中国游客可通过 Pi Pay 的商户端设备使用支付宝完成支付。这一合作以跨境支付场景为核心，依托支付宝在全球移动支付领域的技术优势与市场覆盖能力，为中国游客在柬埔寨的消费活动提供了便捷的支付解决方案。根据支付宝东南亚跨境业务总经理的表述，随着柬埔寨的加入，支付宝在东南亚的业务布局扩大至包括新加坡、马来西亚、泰国、越南、印度尼西亚和菲律宾在内的 7 个国家。

Pi Pay 已构建了覆盖商店、餐厅、加油站及娱乐场所等高频消费场景的商户网络，仅到 2017 年底签约商户数量就达到 1 600 家。通过该合作，不仅提升了支付效率与交易安全性，还显著增强了中国游客的消费体验，进一步促进了柬埔寨移动支付生态的完善。Pi Pay 首席执行官托马斯指出，该合作能够减少对现金交易的依赖，为消费者提供更高效的支付体验，同时吸引更多中国游客，助力柬埔寨旅游业和消费经济的增长。

Easypaisa（巴基斯坦）

2018 年 3 月，蚂蚁集团与挪威 Telenor 集团达成战略合作，通过出资 1.845 亿美元获得 Telenor Microfinance Bank（TMB）45% 的股权，标志着蚂蚁集团在巴基斯坦金融科技市场的重要布局。TMB 作为巴基斯坦领先的小微金融机构，其母公司 Telenor 集团是一家跨国电信运营商，拥有强大的用户基础和渠道资源。TMB 推出的 Easypaisa 自 2009 年以来，已成为巴基斯坦金融服务普惠化的重要工具，提供包括转账、公共事业缴费、话费充值等基础支付服务。通过引入蚂蚁集团的技术与资本支持，Easypaisa 进一步优化了支付系统的数字化能力，推动了嵌入式金融服务的发展，提升了金融服务的渗透率与可得性。这一合作不仅巩固了蚂蚁集团在南亚区域市场的扩展战略，还为巴基斯坦的小微企业提供了更加便捷和高效的金融服务工具，助力当地数字经济生态的构建，彰显了技术驱动型跨国资本在金融普惠领域的重要作用。

eMonkey（越南）

2019 年 12 月，据路透社报道，蚂蚁集团通过战略性股权投资，秘密收购了越南电子钱包 eMonkey 的部分股份。尽管蚂蚁集团在 eMonkey 中的持股比例未超过 50%，但其技术输出与业务赋能模式对 eMonkey 的运营产生了实质性影响。这一合作的核心在于蚂蚁集团通过提供技术支持和支付网络资源，推动 eMonkey 在越南数字支付市场的快速扩张。eMonkey 的母公司 M-Pay Trade 成立于 2008 年，并于 2016 年获得越南国家银行颁发的第三方支付服务牌照，具备合法合规的支付运营资质。2019 年 11 月，越南领先的电商平台 Lazada 率先将 eMonkey 纳入其支付选项，进一步拓展了 eMonkey 的支付场景覆盖范围。通过此次合作，eMonkey 不仅增强了在越南本地市场的技术与服务能力，也为蚂蚁集团构建跨境支付生态网络奠定了重要节点基础。

Wave Money（缅甸）

2020 年 5 月，蚂蚁集团宣布与缅甸领先的移动金融服务提供商 Wave Money 达成战略合作。Wave Money 由挪威 Telenor 集团与缅甸佑玛集团联合成立，是缅甸第一家移动支付金融服务商，其业务覆盖广泛且深入城乡市场。根据佑玛集团公告，蚂蚁集团通过出资 7 350 万美元，成为 Wave Money 的非控股股东，此举标志着蚂蚁集团在东南亚金融科技市场的进一步深耕。Wave Money 在缅甸全国范围内运营了超过 5.7 万个线下代理网点“Wave Shop”，服务覆盖了缅甸近 90% 的乡镇行政区划，并已积累了超过 2 100 万用户，占缅甸总人口的 40%。这一合作不仅通过技术与资本协同推动了 Wave Money 在支付网络、客户获取和服务延展方面的能力提升，还进一步深化了蚂蚁集团在区域性市场的金融服务渗透。

蚂蚁集团已经具备了跨境支付的技术基础、业务通路和牌照许可，未来有望依托本地电子钱包作为“节点”、跨境支付作为“通路”，构建全球范围的支付网络，进而组成全球范围的服务网络。

VodaPay（南非）

南非的VodaPay依托蚂蚁国际的Alipay+技术支持，迅速成长为一款超级应用程序，成为Vodacom集团新的收入增长引擎。自2021年10月上线以来，VodaPay凭借稳定高效的技术架构和智能风控能力连续多周占据南非App Store下载量榜首，在短时间内成为当地市场广受欢迎的数字化平台。这一成功背后，Alipay+提供了从架构稳定性到快速迭代能力的一整套技术解决方案，同时通过精准风控技术，有效防控盗卡、盗账号等风险，保障了用户安全和平台运行效率。VodaPay的成功不仅推动了Vodacom在数字化转型中的跨越式发展，还显著提升了其在南非金融科技领域的竞争力。此外，VodaPay整合支付、金融服务和电商功能，满足了用户的多样化需求，并通过快速更新迭代持续优化用户体验，逐步构建了在南非市场的竞争优势。

VodaPay的成功体现了技术外溢效应与平台经济的网络效应。通过Alipay+的技术赋能，蚂蚁集团降低了Vodacom的研发成本和创新壁垒，使其快速融入全球价值链并实现规模经济。而作为超级应用，VodaPay通过多边市场的网络效应和功能集成，增强了用户黏性并推动了南非本地金融服务的数字化转型。与此同时，金融科技的普惠性显著降低了中小企业和消费者获取金融服务的门槛，有助于优化区域资源配置，促进经济增长。这一案例展示了数字经济对传统经济的渗透能力，以及技术赋能对发展中市场经济效率提升的重要意义。①

2. 华为移动支付

华为凭借其卓越的综合竞争力，在“2021年中国民营企业500强”中位居榜首。作为华为金融科技生态体系的重要组成部分，华为移动支付产业的战略愿景是“把数字金融带给每个人、每个组织，

---

① 资料来源：蚂蚁集团官网。

改善人们的生活”。在全球化部署中，截至 2021 年 11 月，华为移动支付业务已覆盖超过 20 个国家和地区，累计服务用户超过 3.8 亿，覆盖 13 亿人口，客户遍布南非、北非、亚太等多个区域。通过整合云计算、大数据、人工智能等前沿技术，作为全球金融科技领域的重要参与者，华为移动支付致力于推动金融服务的无缝普及，突破传统金融服务的区域、成本与技术壁垒，使数字金融惠及长尾市场和未充分服务群体。

华为移动支付与小微金融解决方案助力全球普惠金融发展。在华为全联接 2021 大会上，华为发布了移动支付与小微金融解决方案，提出从场景、模式、生态三个方面探索行业数字化转型前景与未来。该方案以场景化应用为核心，围绕移动支付生态的构建，联接用户、商户、流量方、开发者和资金提供方，助力海外金融机构实现数字化转型。通过云技术平台与 SaaS 解决方案，华为帮助银行快速搭建移动支付场景和金融服务生态，为用户提供便捷、可负担的金融服务。这一方案涵盖了移动钱包、移动支付平台、超级 APP 框架及金融产品平台等模块，支持银行快速整合金融服务并高效触达用户。

在技术实现上，华为通过多种通道（如 SuperApp、HTML5、运营商 USSD 及开放 API），帮助金融出海以更低成本接触用户并优化客户体验。同时，为小微商户提供数字化工具，以低门槛实现数字化升级，助力银行与商户形成线上线下联动的运营模式。此外，华为的金融产品平台连接了运营商与银行，使得运营商能够为银行推荐客户并推动嵌入式金融产品的高效分发，从而提高用户的金融服务可得性。开发者平台则为本地开发者和全球合作伙伴提供开放框架，支持银行和金融机构快速整合多样化的生态资源，推动业务创新和生态繁荣。

出海案例 1：KBZPay 成为缅甸第一大数字金融品牌

在缅甸市场，华为与当地最大商业银行 KBZ 银行（Kanbawza

Bank）建立战略合作关系，共同推出基于公有云架构的移动支付解决方案 KBZPay。这一创新型数字支付钱包通过整合云计算、大数据分析和分布式架构技术，为用户和商户提供高度数字化、无缝衔接的支付体验，显著提升了金融服务的可得性与用户黏性。KBZPay 通过嵌入智能营销工具（如个性化推荐、精准促销和用户行为分析），优化了客户生命周期管理，实现了高效的用户获取与留存。该支付解决方案在短短两年半内成功吸引了 800 万名注册用户，占据缅甸数字支付市场的主导地位，成为缅甸市场第一数字生活支付品牌。

出海案例 2：助力肯尼亚 M-PESA 构筑全球最大移动支付平台

华为移动支付为共建“一带一路”国家发展移动支付平台提供了关键技术支持。以备受文献关注的肯尼亚移动支付平台 M-PESA 为例（Mbiti et al.，2013；Jack et al.，2014；Lee et al.，2021）。在金融科技应用上，中国华为向肯尼亚派遣上百人的团队，助力 M-PESA 优化系统架构，提高了平台的数据处理能力和响应速度。华为移动支付技术可支持 M-PESA 在交易高峰期以 900 笔 / 秒的速度进行交易，并使其单笔交易时间从 10 秒降低到 4 秒，交易成功率从 96 % 提高到 99.99 %。M-PESA 已从最初的汇款业务扩展至日常生活的多场景支付服务，并联手 KCB 银行和 NCBA 银行推出个人及商户小微贷产品。在 2007 年至 2021 年，M-PESA 帮助肯尼亚的普惠金融覆盖率从 23% 提升至 85%，显著改善了当地居民的金融服务可得性。中国 ICT 企业是众多共建“一带一路”国家移动支付平台的唯一技术合作伙伴。如表 4-2 所示，中国华为、支付宝和传音公司支持了肯尼亚、坦桑尼亚等 10 个中低收入和低收入国家的移动支付平台建设，这有助于扩大小微企业等弱势群体获取信贷的机会，进而为落后地区的金融体系包容性发展做出贡献。

表 4-2 中国数字金融企业与共建“一带一路”国家移动支付平台建设

国家	收入水平	移动支付平台	推出年份	技术合作伙伴
肯尼亚	中低收入	M-PESA	2007	华为
坦桑尼亚	中低收入	M-PESA	2008	华为
孟加拉国	中低收入	bKash	2011	华为
巴基斯坦	中低收入	Jazz Cash	2012	华为
刚果（金）	低收入	M-PESA	2012	华为
莫桑比克	低收入	M-PESA	2013	华为
加纳	中低收入	Vodafone Cash	2015	华为
津巴布韦	中低收入	One Money	2017	华为
柬埔寨	中低收入	Pi Pay	2017	支付宝
尼日利亚	中低收入	Palm Pay	2019	传音

资料来源：GSMA 移动支付数据库。

3. 腾讯微信支付

典型出海案例：基于手掌识别技术的数字支付创新[①]

2024 年 11 月，腾讯与 Visa 宣布在新加坡达成战略合作关系，推出基于手掌识别技术的数字支付解决方案 Palm Payment，这一创新支付方式率先在新加坡试点运行，包括星展银行、华侨银行和大华银行等主要银行的 Visa 持卡人成为首批用户。用户通过一次性注册流程，将 Visa 支付令牌绑定至手掌的生物识别模板，从而实现无卡、无设备的支付操作。用户只需挥动手掌即可完成支付，摆脱了对实体卡片或移动设备的依赖，显著提升了支付便捷性与用户体验。这一合作在新加坡金融科技节（SFF）上亮相，参与者可在腾讯和 Visa 展位试用 Palm Payment 技术。腾讯通过其子公司 Tencent SenseTech Pte. Ltd 提供技术支持，并严格遵守数据本地化要求，确保数据隐私和安全合

---

① 资料来源：腾讯官网。

规。腾讯金融科技亚太区总经理杨文辉在SFF的演讲中强调了该技术在用户体验、隐私保护及技术应用中的突破性创新，并表示未来将与各行业客户探索手掌识别技术在更多场景中的应用。

Palm Payment技术融合了掌纹和皮下静脉模式的双重验证，通过腾讯独特的硬件和软件设计，即使在复杂或极端环境（如强光或弱光条件）下，也能实现高精度、高可靠的用户身份验证。所有用户数据均以不可逆的方式加密存储，防止解密或被第三方重复使用，从而确保支付数据的安全性和隐私性。Visa新加坡和文莱经理阿德琳·金（Adeline Kim）在评价合作时指出，根据Visa的研究，近70%的新加坡消费者认为生物识别技术是一种安全的支付方式，这使Palm Payment成为提升支付体验和安全性的理想方案。此次合作展示了腾讯与Visa在支付行业的技术创新和引领能力，也标志着新加坡在金融科技发展中的全球领先地位。未来，双方将逐步扩大Palm Payment的应用范围，为支付行业的技术革新提供新方向。

参考文献

程是颉，邹松，周�，等，2022. 数字经济合作为共建“一带一路”增添动力[N]. 人民日报，2022-05-06（17）.

高臻臻，2024.“一带一路”数字经济建设面临的挑战及出路[J]. 国际公关，(16)：35-37.

黄益平，黄卓，2018. 中国的数字金融发展：现在与未来[J]. 经济学（季刊），17（4）：1489-1502.

黄益平，邱晗，2021. 大科技信贷：一个新的信用风险管理框架[J]. 管理世界，37（2）：12-21，50,2,16.

肖红军，张丽丽，阳镇，2023. 欧盟数字科技伦理监管：进展及启示[J]. 改革，(7)：73-89.

APETI A E, EDOH E D, 2023. Tax Revenue and Mobile Money in Developing Countries[J]. Journal of Development Economics, 161:103014.

GAMBACORTA L, HUANG Y P, LI Z H, et al., 2023. Data Versus Collateral[J]. Review of Finance, 27(2): 369-398.

JACK W, SURI T, 2014. Risk Sharing and Transactions Costs: Evidence from Kenya's Mobile Money Revolution[J]. American Economic Review, 104 (1):183-223.

LEE J N, MORDUCH J, RAVINDRAN S, et al., 2021. Poverty and Migration in the Digital Age: Experimental Evidence on Mobile Banking in Bangladesh[J]. American Economic Journal:Applied Economics, 13(1): 38-71.

MBITI I, WEIL D N, 2013. The Home Economics of E-Money: Velocity, Cash Management, and Discount Rates of M-Pesa Users[J]. American Economic Review, 103(3): 369-374.

第 5 章

中国与共建“一带一路”国家在绿色低碳产业的合作共赢——以新能源汽车产业为例[1]

[1] 本章作者为邢剑炜、张煜率、方萱。

为应对本国“碳达峰”与“碳中和”的战略需求，中国在近十年来显著加速了绿色科技创新与先进绿色技术的推广步伐，全力推动绿色低碳产业的发展，并已建成全球规模最大、体系最为完备的新能源产业链。特别是在绿色能源产业领域，以电动载人汽车、锂电池及光伏产品为代表的“新三样”产业实现了迅猛增长。自2015年起，中国连续多年稳居全球新能源汽车产销量榜首。同时，中国在可再生能源领域也取得了突破性进展，风能和太阳能发电装机容量大幅提升。

在此过程中，中国不仅深化了与各国在气候变化、能源转型及绿色技术等方面的合作，还不断扩大绿色能源产业相关出口与投资的国际版图。尽管以“新三样”为代表的绿色低碳产业已具备较强的国际竞争力，但仍面临国内市场“内卷式”竞争压力及国际贸易环境复杂多变等挑战。具体而言，企业间竞争激烈，价格战频发，导致利润空间被不断压缩。欧美国家以保护本国产业为由，对我国绿色低碳产品出口设置贸易壁垒，进一步压缩了我国“新三样”产品的国际市场空间，为其海外拓展增添了新的不确定性和挑战。

近年来，中国积极参与全球减排行动，并围绕应对气候变化和能源转型开展南南合作。特别是共建“一带一路”的发展中国家，因经济发展和技术水平限制，缺乏应对气候变化的能力，同时面临更为紧迫的生态能源危机。在此背景下，中国如何在满足自身持续发展需求的同时，分享绿色技术经验，推动其他发展中国家加快实现绿色经济转型，成为亟待解决的问题。此外，如何与共建“一带一路”国家及其他新兴经济体深化合作，缓解我国绿色能源产业的竞争压力，也是当前的重要课题。

本章以新能源汽车产业为案例，探讨中国如何通过与共建“一带一路”国家在绿色低碳产业领域的合作，实现互利共赢，缓解国内市场竞争压力，拓展国际贸易空间，并助力发展中国家加速绿色低碳转型。中国新能源汽车产业的全球化布局不仅能够增强企业在海外市场的竞争力，还能推动新能源汽车产业链的优化，提高供应链效率，并降低原材料与零部件成本，进一步巩固中国在全球新能源领域的竞争优势。

本文首先阐述我国新能源汽车产业的发展现状，分析其当前面临的市场竞争态势与挑战，并强调“走出去”的紧迫性和必要性；接着，梳理新能源汽车行业出海投资的现状，以及产品出口的特征，并重点关注东道国市场环境、产业基础及政策支持对出海与出口的影响；最后，本文将总结讨论中国如何与共建“一带一路”国家在新能源汽车及绿色低碳产业领域开展合作，探索实现互利共赢的路径。

具体而言，以新能源汽车产业为例，本文将重点评估中国在绿色低碳产业的发展经验和先进技术如何与共建“一带一路”国家共享，以及这些国家接纳新能源汽车和绿色能源产品的潜力。对于具备完善汽车产业基础的国家，如欧美市场，中国车企可以采取本地化生产、技术合作、投资建厂等方式，以规避贸易壁垒、降低成本并获取当地政策支持；而对于汽车工业基础相对薄弱的共建“一带一路”国家，整车出口模式与充电基础设施建设将是推动新能源汽车市场发展的重要策略。

在政策启示部分，本文将重点探讨中国新能源汽车企业如何通过全球化布局，与共建“一带一路”国家在绿色低碳产业领域深度合作，推动产业链升级，并通过技术支持和政策经验共享，助力目标市场制定适应本国国情的新能源发展规划，完善基础设施建设，提升新能源汽车的市场渗透率。这一过程中，我国新能源车企的出海投资和本地化生产不仅有助于降低关税壁垒和物流成本，还能创造当地就业机会，培育相关产业人才，优化供应链配置，促进产业协同发展。同时，中国可向目标国家提供新能源政策咨询、产业支持和充电基础设施建设经验，推动新能源汽车市场成熟发展。这一合作共赢模式不仅能够帮助中国新能源汽车企业成功进入共建“一带一路”国家市场，拓展全球业务版图，还能助力发展中国家实现绿色低碳转型，加速清洁能源技术的普及，推动全球新能源产业协同发展。

中国新能源汽车产业的发展现状及挑战

产业发展和竞争现状

近 10 年来，中国新能源汽车行业展现出令人瞩目的生机与活力。在国家的支持及行业技术不断突破的背景下，新能源汽车渗透率持续增长。尤其是 2021 年以来，伴随着一系列关键技术取得重大突破，新能源汽车的销量和渗透率迅速升高（图 5-1）。中国新能源汽车产销量自 2015 年来已持续多年位居全球首位，电动化、智能化技术领跑全球，2024 年销量超 1 200 万辆，市场渗透率超过 40%，远超约 18% 的全球平均水平。

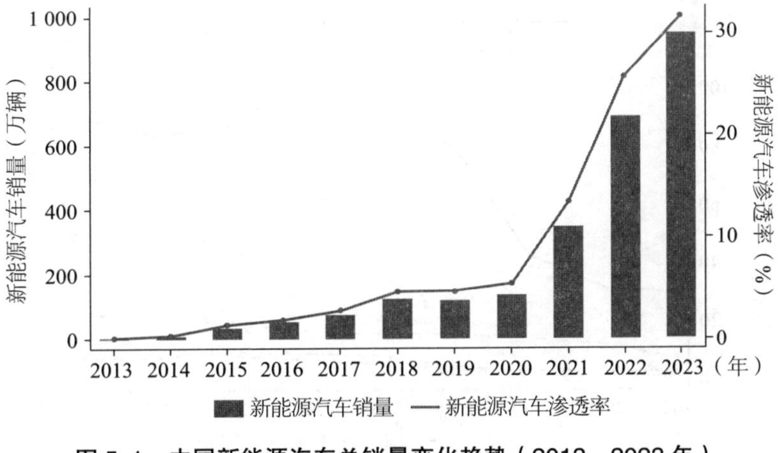

图 5-1　中国新能源汽车总销量变化趋势（2013—2023 年）

数据来源：中国汽车工业协会。

尽管中国汽车工业起步较欧美与日韩地区晚，但中国新能源汽车车型远多于其他国家的总和（图 5–2），到 2023 年，在售的中国新能源车型已经接近 400 款，10 年间涨幅近 5 倍，这是中国新能源汽车市场多元化的直接体现，也是中国汽车配套产业供应链完善的结果。中国的产业生态为新能源品牌的生长和新产品的培育奠定了扎实基础，也为新能源汽车消费者提供了更多元的备选集和更符合自身喜好的产品方案。但与此同时，中国涌现出的新能源汽车品牌也远超世界其他国家，尤其 2018 年以来，激烈竞争成为中国新能源汽车产业的新常态。

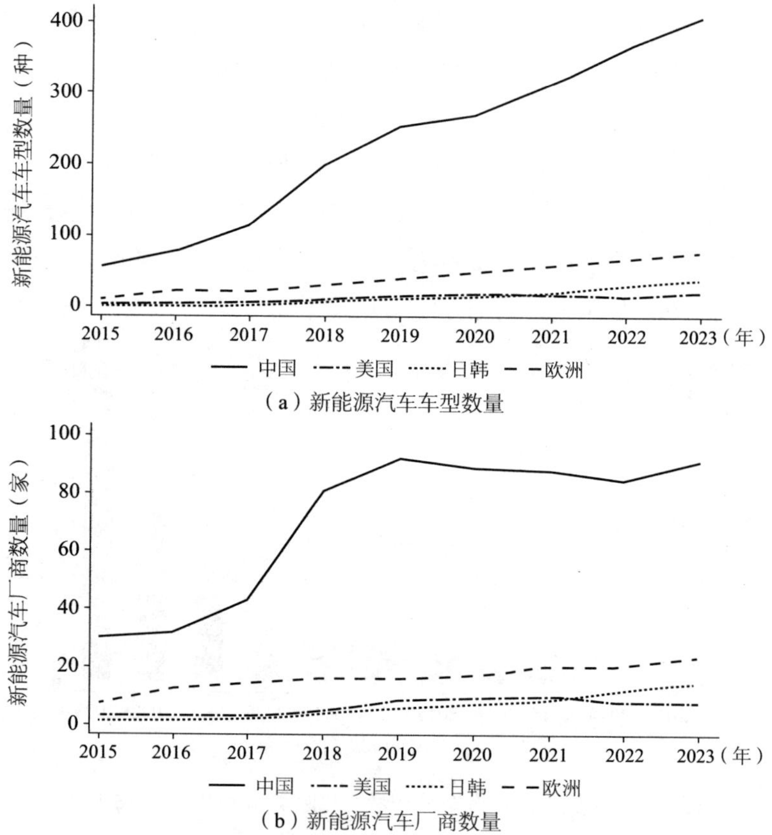

（a）新能源汽车车型数量

（b）新能源汽车厂商数量

图 5–2　各国家和地区新能源汽车厂商及车型数量

数据来源：作者整理。

产业进入激烈竞争阶段的最直接体现就是价格战。产业发展早期，先驱型消费者通常更注重产品性能而对产品价格普遍包容。同时产品数量有限，彼此之间差异较大，产品属性的多元化竞争是这一阶段的核心。随着产业的不断发展，供应链完善，为进一步扩大市场，企业需要面向和服务更多中低收入的消费者群体。同时产品数量激增，市场上每款产品都存在许多相似的替代品，此时，企业将不得不通过降低价格以确保竞争中的优势地位。图 5–3 展示了中国、美国和欧洲新能源汽车以销量加权的平均价格，单位全部折算为人民币元。可以看到，2012 年，三个市场的平均价格均为 35 万元左右，但到 2023 年，欧美均价仍在 40 万元以上，中国新能源汽车均价则已经下降到 20 万元以下。“价格战”能迫使企业降本增效，降低消费者负担，但同时可能会给企业带来过重的“内卷”负担，增加一些具有潜力的优质企业的经营风险。

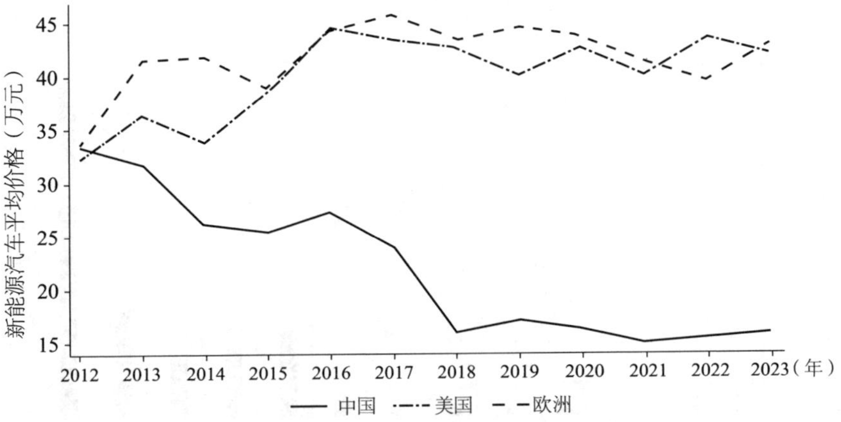

图 5–3　各市场新能源汽车平均价格

数据来源：Panle Jia Barwick, Jack Collison, Shanjun Li, Yucheng Wang, “Product Entry and Industry Dynamics under Protectionism: Evidence from the Global EV Industry”，工作论文。

图 5–4 展示了我国每年新能源汽车产业进入和退出市场的车企及车型数量。在补贴达峰的 2018 年前后，厂商和车型进入数量同步达

到峰值，并在随后随着市场竞争的加剧开始减少。同时，被淘汰退出市场的车企和车型数量则迅速增加，到 2022 年，企业和车型退出数均达到了新高，当年退出车型数接近市场总量的四分之一，退出市场的厂商则接近总量的三分之一。在这一背景下，企业的生存普遍面临

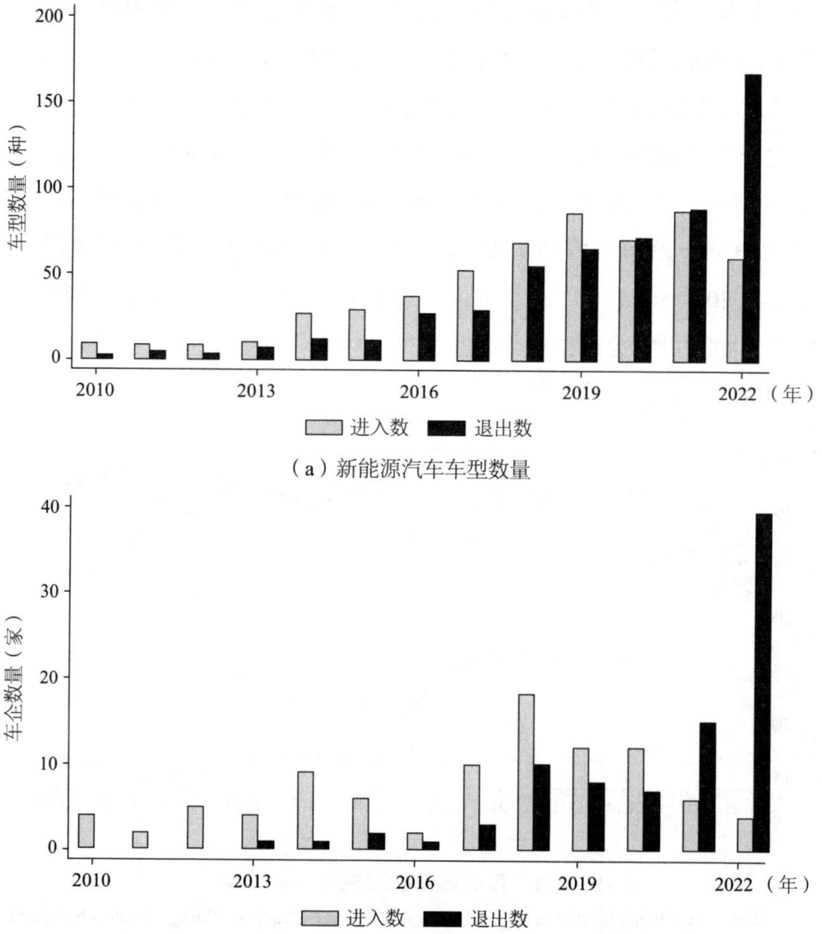

（a）新能源汽车车型数量

（b）新能源汽车厂商数量

图 5-4　新能源车企和车型逐年进入及退出数

数据来源：作者整理。

严峻挑战，可能对后发的、市场开拓尚有限的优质企业和优质产品带来负面冲击。同时，企业退出潮将进一步引起大量从业人员失业、产品售后得不到保障、优秀从业者望而却步不敢进入市场等一系列连锁反应。

产能利用率问题

尽管近年来中国新能源汽车产业降本增效，在生产成本、产品品质、核心技术突破等方面取得了卓越成果，但相比于国内市场的有限需求，投资规模过大、产能不能得到充分利用的问题已经逐渐成为产业面临的一大难题。投资产能过多并不意味着落后产能过剩。中国新能源汽车产业超需求量的产能所能生产的产品，相较于海外其他市场的产品仍具备竞争力，这正是中国新能源汽车产业过多产能问题的核心痛点：大量不能被市场消化的产能背后，是优质的产品、优越的研发体系和优秀的从业人员。放任这些产能淘汰实际会造成优质资源浪费，也无益于保障社会福利。

基于产能铺设的动机和产能过多的原因，中国新能源汽车产业的产能问题可以划分为两个阶段。第一阶段（2013—2020 年）为低质量产能过剩阶段，其表现为政府为促进产业发展和招商引资，不计风险地向新能源汽车企业提供过量税收、资金、土地等方面的优惠条件或补贴，导致投资机构过于乐观，产业融资过热，低质量产能铺设，行业内充斥着大量达不到进入市场水平的低质量产能，产能利用率随着大量企业涌入而下降，产能呈现低质量、过剩的特征。

第二阶段（2021 年至今）为高质量产能过度竞争阶段，其表现为补贴逐步退坡，市场回归冷静，行业竞争加剧，大量低质量产能被市场淘汰，高质量产能企业在技术、研发、经营等多个维度上激烈竞争。这一阶段，企业为了占据竞争优势，超前、超量布局产能，产能高质量但不能得到充分利用。这当中有两个核心的理性竞争动机。其一是超前产能布局。为衔接汽车产业电气化、智能化时代的新发展阶段，中国新能源汽车产业在车型设计、技术和理念迭代等方面的模式和传统汽车相区隔，更加向高新科技产业看齐，部分公司的产品迭代周期已经缩短到1~2年，这对生产线的开发与建设速度提出了新的要求。为了抓住技术和市场先机，布局超量产能成了许多企业的第一选择，这实质上造成了纸面上产能被迫闲置的现象。其二是激烈市场角逐。尽管站在事后的角度，可以得出实际产能大于市场需求的结论，但站在企业决策的角度，只要参与市场竞争并杀出重围，占据足以维持生存的市场空间，就能给企业带来足额利润。因此，许多优秀企业都有动机冒着被淘汰的风险布局生产。从过程看，这些企业实质上积极推动了产业的研发和技术进步；从结果看，这些企业不乏优质的产品。

根据各省市“十四五”规划及车企披露的产能和在建产能计划，2025年，中国新能源汽车总产能超3 600万辆，和2024年销量比较可以发现，即使低质量落后产能被大量淘汰，剩余优质产能的预计实际利用率可能也仅有30%左右。在这一阶段，产能问题的核心已经转向市场不足、企业过度竞争，前一阶段监督、限制产能的方法已经不再适用。

产能问题所引发的行业挑战

在现阶段，新能源汽车市场产能问题的根源在于市场需求的“蛋糕”不能满足各家车企的需求，行业供应端火热，巨额融资涌入，企业为了扩张，投入巨大成本改进产品，研发技术，布局了巨量的产能，但实际转化的销量却很少。图5-5展示了新能源汽车企业2023年的目标销量和实际销量，以及目标的达成率。可以发现，许多企业都没能达成目标，平均目标达成率仅 70%，而比亚迪、岚图等少数达成目标的企业，实际超出目标的销量很少，当前国内市场难以满足企业需要。2024 年初，比亚迪目标销量增长 100 万台，理想则计划增长 50 万台，各家企业的市场目标远超市场实际表现，在增量不足的情况下，行业“内卷”已经成为必然。在这种情况下，产能问题给企业经营带来了新的挑战：淘汰赛和价格战。

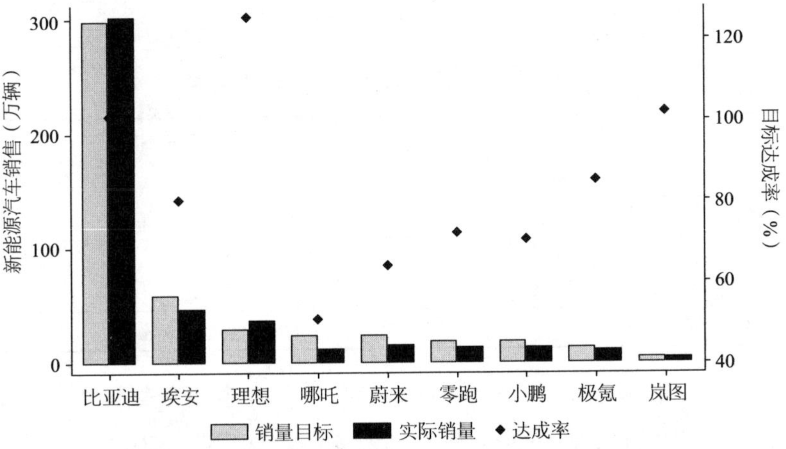

图 5-5　2023 年新能源汽车企业目标实现情况

数据来源：作者整理。

企业淘汰赛

2024 年 12 月，极越汽车宣布公司就地解散，但之后又宣告是停工停产、资产重组。成立于 2021 年 3 月的极越汽车，是在新能源汽车行业有所建树的吉利集团和头部互联网企业百度共同设立的品牌。作为汽车产业和互联网产业“联姻”的产物，极越在技术和资金方面占据双重优势，致力于打造智能化领先的汽车机器人，被业内普遍看好。尽管如此，极越仍然不能逃过出局的命运。此前，已有包含高合在内的多家新能源汽车企业倒闭。当前，多数新能源汽车企业都面临生存困难，表 5-1 展示了一些主要的新能源汽车企业面临的困境：极石、欧拉等销量极低，未能实现销量转换，随时有倒闭可能；蔚来、尊界等品牌竞争压力大，盈利困难，长此以往难以为继；岚图、魏牌等背靠东风、长城等，暂时不面临资金问题，但长期总体销量低且产品差异化不足影响其品牌塑造和进一步研发投入；理想、小鹏在产品设计上有自己的建树，销量表现较佳，但仍未形成稳定的市场份额，在参与市场竞争的过程中仍然面临挑战。

表 5-1　国产新能源汽车企业主要困境

新能源汽车企业	主要困境
极石、欧拉、睿蓝、精灵、极星、极狐、昊铂	销量极低
纳米、享界、尊界、乐道、蔚来	品牌竞争压力大
阿维塔、智己、智界、奕派、岚图、ICAR、魏牌、星途	整体销量低 产品差异化不足
理想、小鹏	未形成稳定市场份额

当前，除比亚迪和小米、理想等少数头部企业在盈利和现金储备方面表现尚佳，许多企业都面临财务和经营问题。2024 年二、三季度，蔚来、小鹏、极氪、零跑等披露的经营净利润均为负，长此以往，大量优质企业都有被淘汰出局的可能。

企业淘汰将造成一系列严峻的问题，大量前期研发和生产线投入化为虚有，一些有市场潜力的优质产品和设计可能会伴随企业财务问题而退出市场，许多从业者的心血和前期投入的社会资源被浪费；此外，还将引发严重的就业问题，此前中国新能源汽车行业涌入的大量专业人才将面临失业的风险。这将造成行业内大量人才流失和产业升级受阻，给整个经济带来负面冲击。

价格战

2023 年 1 月，为了实现市场份额扩张，特斯拉率先宣布下调售价，涉及的 Model 3 和 Model Y 车型普遍降价 3 万 ~4 万元，开启了新能源汽车市场的价格大战。随后，许多新能源汽车企业被迫跟进宣布降价，轿车平均终端优惠超 3 万元，SUV（运动型多用途汽车）细分市场整体优惠超 2.5 万元，部分车型优惠超过 10 万元。此外，当年 3 月，上汽通用五菱推出售价 5.98 万 ~8.38 万元的缤果，4 月，比亚迪上市售价 7.38 万 ~8.98 万元的海鸥，打破了细分市场的竞争格局，比亚迪“油电同价”的口号将传统汽车也拉入价格战中。到 2023 年末，一些车款的折价幅度甚至达到了三分之一。

2024 年，价格战战火延续。年初，特斯拉宣布了新一轮降价，如 Model Y 长续航版降至 25.99 万元，高性能版降至 28.89 万元。比亚迪随后迅速跟进，打出“电比油低”的口号，推出 15 款“荣耀版”车型，在对座椅、玻璃等做出微调的同时，价格较之前降低 2 万 ~3 万元。这一动作再次引起连锁反应，其他品牌纷纷跟进降价。此外，车企还推出尾款立减、“N 年 0 息”等信贷优惠，进一步降低购车门槛。

与价格战同步发生的，是企业盈利能力受损。从 2023 年 1 月特斯拉和比亚迪引爆“价格战”以来，许多企业并没有通过降价实现销量目标和正利润，反而面临经营情况进一步恶化的窘境。盈利能力下降使得一些车企的策略趋于保守，不少企业宣布部分裁撤或裁撤其研发部门，对产业的未来发展造成负面影响。同时，消费者对降价也并非完全是正面的反馈，许多消费者疑虑车辆质量是否会受到影响，一些已经购车的消费者也对汽车降价表示不满，未购买汽车的消费者则很多转向观望，期待未来进一步降价，反而使需求有所收缩，企业面临更窘迫的情况。长此以往，价格战将对中国新能源汽车产业的品牌形象造成负面影响。

此外，价格战还对上下游造成严重冲击。为了维持利润空间，车企不得不向供应商和经销商施压，如谈判降低零部件采购成本和经销成本。例如比亚迪于 2024 年 11 月向其供应商要求，从 2025 年 1 月起供件价格下降 10%。这些行为增加了供应商的现金流压力。当前很多中小型供应商面临着现金流紧张、订单不稳定等问题，某些企业已经出现了财务危机，这会阻碍供应链研发和升级，同时引起质量问题。此外，价格战还引起行业经销能力的退步，2023 年，超过四成汽车经销商亏损，超过 1 620 家 4S 店关停，事实上减弱了消费者接触新能源汽车的机会，降低了消费者的多元化选择空间。这些面向上下游的负担扩散还将造成更广泛的就业问题。

中国新能源汽车产业的“走出去”

在中国新能源汽车产业全面进入产业升级与市场主导的新阶段，企业通过产能扩张进行超前布局、降本增效以提升竞争力，将不可避免地加剧行业内部的“内卷”压力。无论是放任企业自然淘汰，还是默许价格战等过度竞争行为，都将对新能源汽车产业的健康发展造成严重负面影响，并可能对中国社会经济产生不利冲击。在此背景下，拓展海外市场成为解决当前产能与市场规模不匹配困境的最佳途径之一。然而，在实施“走出去”战略的过程中，我国汽车制造企业需根据不同市场的特征制定差异化的国际化策略。

在欧美等具备成熟汽车制造能力和完善产业基础的市场，中国新能源汽车企业凭借高性价比优势进入，可能引发东道国的产业保护主义倾向，导致其采取贸易壁垒等限制性措施。例如，美国对中国制造的电动汽车征收高额关税，欧盟则对中国新能源汽车展开反补贴调查并加征关税。此外，欧美国家通过制定严格的技术标准和复杂的认证程序，进一步增加了中国新能源汽车直接进入其市场的难度。为应对这些挑战，我国新能源车企可采取直接投资或与当地车企合资等战略联盟方式，在目标市场设立生产基地，以规避关税壁垒并创造本地就业机会，从而获得东道国的政策支持。本地化生产也有助于降低生产和物流成本，提升产品在当地市场的竞争力。同时，通过与当地企业开展技术合作，共享创新与生产经验，共同开发适应当地市场需求的产品。这种技术合作与本地化生产的模式，不仅有助于实现与东道国企业的协同发展，还能促进当地就业与产业升级，最终达成互利共赢的目标。

对于汽车工业基础相对薄弱的发展中国家，尤其是共建“一带一路”的多数国家，汽车成品出口模式则更具可行性。这一模式不仅能够推动目标市场交通运输领域的低碳化转型，提升清洁能源产品的市场渗透率，还能有效缓解国内市场的竞争压力，应对当前欧美市场围堵带来的不利影响。本节将从直接投资和产品出口两个维度，深入探讨新能源汽车企业如何通过国际化战略与共建“一带一路”国家实现互利共赢。

中国新能源车企的海外投资

面对产能问题引发的“内卷式”压力和挑战，部分中国新能源车企已逐步启动海外市场拓展战略。例如，比亚迪在墨西哥、泰国、巴西、匈牙利等地投资建厂，长城汽车则在哈萨克斯坦、乌兹别克斯坦、巴西等地加速布局，预计不久之后，海外产能将迎来新一轮增长高峰。这一趋势有望缓解国内电动汽车利润率下滑及低价竞争的困境。经过多年的产业升级，中国新能源汽车在海外市场展现出强劲的竞争力。以奇瑞为例，其在国内市场售价约 12 万元的瑞虎 8 车型，单车生产成本约为 10 万元，扣除相关费用后利润率约为 8%。而在俄罗斯、墨西哥等地，该车型售价约为 22 万元，在欧洲市场售价为 18 万元，扣除成本、运输及关税费用后，利润率可提升至 9%~17%。由此可见，海外市场为中国新能源汽车企业提供了显著的盈利空间。

若进一步完成海外供应链布局并提升产能利用率，中国新能源汽车企业在海外市场的毛利率有望超越国内市场。

与此同时，中国的上游供应链企业，尤其是动力电池企业，也开启了全球化布局。通过在巴西、阿根廷等矿产资源丰富的国家布局，并进入东南亚、欧洲和北美等新能源汽车支持政策明确的市场，中国新能源汽车企业获得了前所未有的发展机遇。尽管中国企业在国际市场的份额持续上升，但欧美贸易保护主义抬头，例如美国通过《通胀削减法案》、欧盟启动“反补贴调查”等措施限制中国电动汽车进入其市场，使得中国企业出海面临诸多挑战。然而，开拓海外市场仍是当前解决国内困局的最优策略之一，因其社会成本较低且能惠及全球消费者。

海外投资与战略合作

截至 2025 年，中国车企已在海外建成或规划超过 30 个新能源汽车工厂，覆盖欧洲、东南亚、北美等地区。在战略合作方面，中国车企通过技术输出与资本融合，与传统汽车强国企业构建了共生关系。例如，上汽与奥迪联合开发高端电动车型，小鹏与大众合作开发电子电气架构技术，零跑与 Stellantis 合作成立“零跑国际”合资公司，北汽、上汽和长安汽车则分别与埃及本地制造商合作，实现本地化生产。这种“中方主导技术，外方提供品牌与渠道”的新型合作模式，不仅降低了海外拓展风险和市场进入成本，还通过技术授权实现了盈利模式的转型。此外，中国先进的电池技术也通过与海外供应商合作逐步进入全球市场。例如，宁德时代与欧洲车企合作建设电池产能，支撑本地化供应链，使电池成本降低 15%~20%；比亚迪旗下的弗迪电池与博格华纳签署战略合作协议，授权其在欧美生产磷酸铁锂电池包，标志着比亚迪的刀片电池技术正式进入全球主流汽车品牌供应链。表 5-2 展示了一些中国新能源汽车企业出海布局的重要案例。

表 5-2　中国新能源汽车出海投资案例

年份	企业	投资国 / 地区	投资形式	合作规模
2020	长城汽车	泰国	直接投资（收购改建）	226 亿泰铢（约 50 亿元人民币）
2022	比亚迪	泰国	直接投资（建厂）	年产能 15 万辆
2023	哪吒汽车	泰国	直接投资（首座海外工厂）	年产能 2 万辆
2023	上汽正大	泰国	直接投资（新能源产业园）	占地 12 万平方米
2023	零跑汽车	全球	战略合作（合资建厂）	15 亿欧元（Stellantis 注资）
2023	比亚迪	匈牙利	直接投资（签约建厂）	年产能 20 万辆
2024	奇瑞汽车	西班牙	直接投资（签约建厂）	利用现有工厂改造
2024	亿纬锂能 / 宁德时代 / 欣旺达	匈牙利	直接投资（电池工厂集群）	合计超 600 亿元人民币
2025	蔚来汽车	欧洲	直接投资 + 战略合作	建设超 50 座换电站、19 座充电站

本地化生产的合作共赢

这种“技术输出 + 本地化生产”的协同模式，实现了中国与合作国的共赢。以比亚迪为例，其在泰国罗勇府的工厂直接创造了上千个就业岗位，并建立了完善的产业人才培养体系；长安汽车的“泰国新能源基地”也为当地解决了约 3 000 人的就业问题，推动泰国成为东盟首个具备完整新能源汽车人才体系的国家。中国职业教育机构通过开发虚拟仿真教学资源和定制化课程，为东南亚、中东等地培训新能源汽车技术人才，解决了当地职业教育滞后的问题。此外，中国企业的本地化生产对当地就业市场产生了积极的外溢效应。例如，在匈牙利塞格德，比亚迪工厂员工的平均月工资达到 1 800~2 000 欧元，高于当地其他知名工厂，显著激励了该地区的汽车产业人才集聚，促进了劳动力供给的活跃和经济发展。

即使在已具备成熟人才培养体系和汽车生产体系的地区，中国新能源汽车的本地化生产也通过带动当地零部件供应商，推动了产业链升级和技术外溢。例如，比亚迪在泰国生产的零部件本土化率已达 40%，未来有望提升至 90% 以上，带动当地零部件企业如 AAPICO、泰国高峰集团等扩大业务，预计未来 5 年相关企业销售额将增长 30%。华朔科技、南京泉峰等零配件公司则为欧洲带来了高低压电机内外壳、电机端盖、逆变器盖板等零部件生产线。这些技术交流推动了当地产业链的发展，预示着随着中国企业的全球化布局，涵盖多个地区的新能源汽车全球生产体系将实现从技术到生产能力的全面提升。

作为“一带一路”倡议的重要参与国，埃及在中埃经贸合作深化的背景下，吸引了众多中国车企通过与当地企业合作实现本地化生产。例如，长安汽车与埃及 SIG 集团合作，北汽集团与埃及国际汽车集团合作，上汽集团与埃及曼苏尔集团合作，实现了部分车型的本地化生产。这不仅满足了当地市场对新能源汽车的需求，降低了生产和物流成本，还提升了产品的本地化程度，增强了中国车企在当地市场的竞争力。同时，中国车企的本地化生产带动了当地零部件供应商的发展，新工厂的建设和运营创造了大量就业机会，并通过技术培训提升了当地工人的技能水平，促进了埃及汽车产业链的升级和工业化水平的提升。这一发展离不开埃及政府对汽车电动化转型的政策支持，以及中埃两国经贸合作不断深化的良好局面。这一合作模式最终实现了中国车企、埃及消费者与埃及汽车产业的共赢。

中国新能源汽车出口趋势

出口总趋势

图 5-6 展示了中国新能源汽车季度出口金额的变化趋势。从 2017 年第一季度到 2024 年第二季度，我国新能源汽车出口金额呈现出显著的增长态势。在 2017 年至 2020 年期间，新能源汽车出口额保持在较低水平，增长相对平稳。自 2021 年起，新能源汽车出口额开始出现明显的增长，并在 2022 年后呈现出明显的增速上升趋势，2024 年第二季度达到峰值，出口金额达到 588 亿元。这一趋势反映了中国新能源汽车产业的国际竞争力日益增强，技术进步和产能扩大为出口提供了支撑。同时，海外市场对新能源汽车的需求增长也是推动出口快速增长的重要因素。2024 年前两个季度整体的出口金额显著高于前几年的水平，表明中国新能源汽车出口市场依然充满活力，

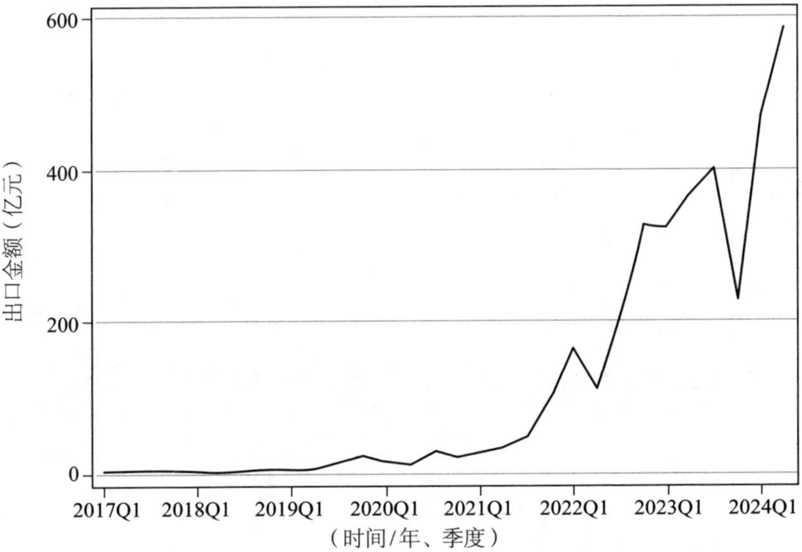

图 5-6　中国新能源汽车季度总出口额变化趋势

数据来源：中国海关总署。

并将在未来继续发挥重要作用。

出口车型

图 5–7 展示了 2017 年第一季度至 2024 年第二季度中国不同类型新能源汽车的季度出口金额变化趋势，包括混合动力客车、纯电动客车、非插电式混合动力乘用车、插电式混合动力乘用车及纯电动乘用车。图 5–7 显示，在中国新能源汽车的出口中，纯电动乘用车占据主导地位，其出口金额在 2021 年后增长迅速，并在 2024 年第二季度达到接近 400 亿元的峰值。同时，插电式混合动力乘用车对中国新能源汽车的出口也具有显著贡献，其出口金额自 2021 年起稳步增长，2022 年增速明显加快，2023 年后表现尤为突出。相比之下，非插电式混合动力乘用车的出口金额虽然也有增长，但增速较为缓慢，整体金额较低；纯电动客车的出口金额有波动，尽管在部分季度有短期上

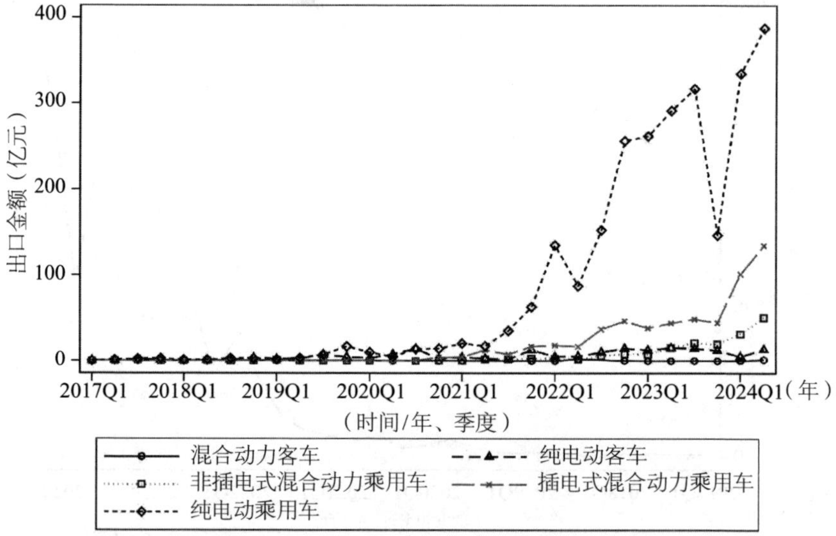

图 5–7　中国不同类型新能源汽车季度总出口额变化趋势

数据来源：中国海关总署。

升，但整体未呈现出持续增长趋势；而混合动力客车的出口金额始终保持在较低水平，未出现显著波动。总体来看，中国新能源汽车的出口结构目前仍处于动态调整的阶段，纯电动乘用车凭借其技术优势和市场需求的快速扩张，成为出口增长的主要驱动力，而插电式混合动力乘用车则作为传统燃油车的另一种替代品，为市场提供了更加多元的选择。未来，随着国际市场对新能源车辆需求的进一步提升，尤其是各国政府不断推进对传统燃油车的禁令，不同类型新能源汽车的出口有望实现进一步增长。

出口区域

图 5–8 展示了 2021 年与 2023 年中国新能源汽车出口的市场分布情况，分别列出了前十大贸易伙伴国以及其他国家和地区的占比变化。在 2021 年这一中国新能源汽车出口开始快速增长的时点，中国新能源汽车主要出口到欧洲国家。具体而言，比利时、法国、挪威、英国是中国新能源汽车出口的主要市场，分别占中国新能源汽车出口总额的 30.5%、7.6%、6.8%、5.8%，合计占比超过一半。除此之外，卡塔尔、泰国和以色列是中国在亚洲的主要出口地，对它们的出口占中国总出口额的 11.2%。

经过 2 年的迅猛发展，到 2023 年，中国新能源汽车的出口结构发生了显著变化，出口市场更加多元。尽管欧洲仍然是中国新能源汽车最大的出口地区，但是其占比降至 30% 左右。具体而言，比利时仍然是中国最大的出口市场，但其占比已经降至 16.3%，对其他欧洲国家（英国、荷兰、西班牙）的出口总额仅占总出口的 15% 左右。而中国新能源汽车在亚洲市场快速扩张，对泰国和以色列的出口占比超过 14%，对乌兹别克斯坦和吉尔吉斯斯坦这两个新晋大市场的出口占比超过 8%。此外，澳大利亚和巴西这两个市场也表现出显著的增长态势。

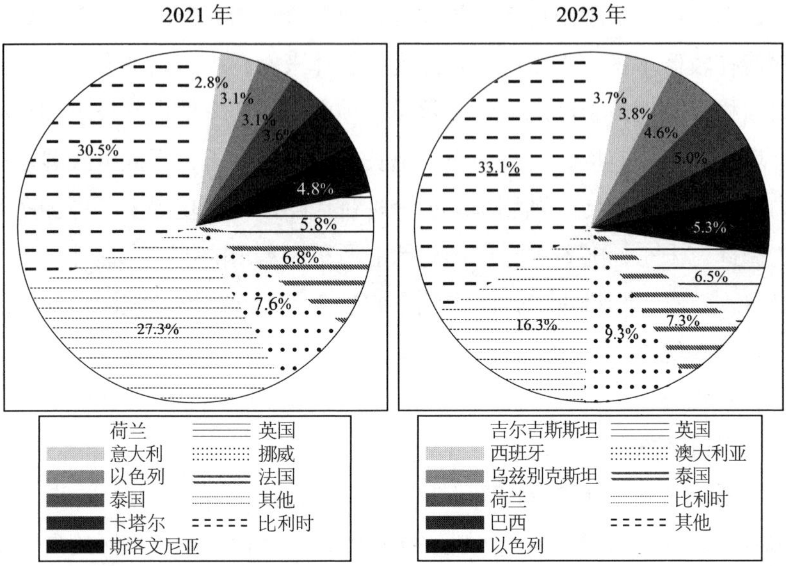

图 5-8 中国新能源汽车出口分布：占比前十国及其他国家（2021 年，2023 年）

数据来源：中国海关总署。

总体来看，2021 年至 2023 年，中国新能源汽车的出口市场呈现出从高度集中向多元化发展的趋势，欧洲以外的国家的市场份额显著提升，表明中国新能源汽车在不同区域的竞争力和接受度逐步增强。

出口车企

图 5-9 展示了 2021 年至 2024 年（截至 9 月）中国新能源乘用汽车出口量排名前五厂商的变化情况。可以看出，上海汽车工业（集团）总公司在这一期间始终占据出口主导地位，尤其在 2023 年达到峰值，出口量超过 20 万辆，截至 2024 年 9 月仍维持高水平。而吉利控股集团和比亚迪汽车近年来表现尤为抢眼，二者新能源汽车的出口量在 2021 年和 2022 年相对平稳，在 2023 年和 2024 年快速增长，截至 2024 年 9 月均超过 15 万辆，与上海汽车工业（集团）总公司形成竞

争格局。相比之下，长城汽车股份有限公司、合众新能源汽车、小鹏汽车等其他车企的出口量虽然也在 2023 年和 2024 年有一定增长，但整体仍处于较低水平，与前三名的差距显著。总体来看，上海汽车工业（集团）总公司、吉利控股集团、比亚迪汽车引领了我国新能源汽车出口市场的快速扩张，市场竞争格局逐渐显现出三强争霸的态势。

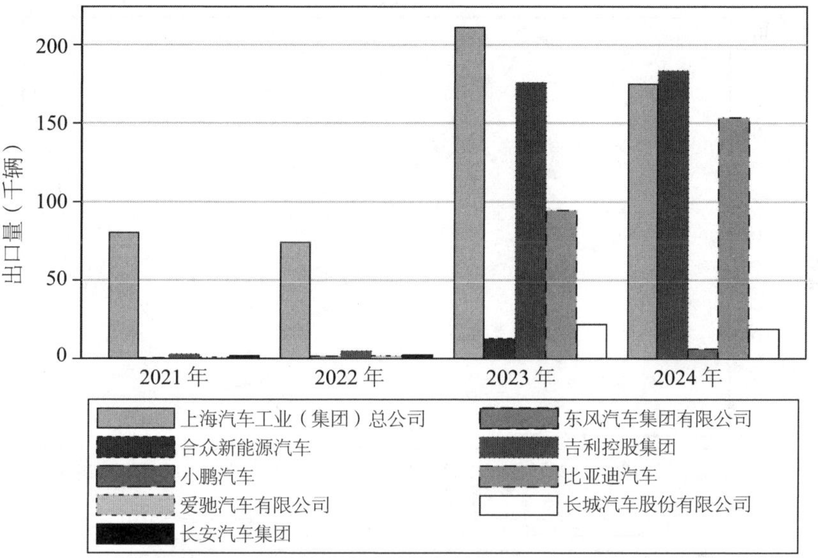

图 5-9　中国新能源乘用汽车出口量排名前五车企（2021—2024 年）

数据来源：车百在线。

出口共建“一带一路”国家

图 5-10 展示了我国新能源汽车自 2017 年第一季度以来对与我国签订了共建“一带一路”合作文件的国家和其他国家的出口金额。在国家积极推动“一带一路”建设的背景下，我国对共建“一带一路”国家的出口金额快速增长，在 2024 年第二季度达到一个高峰。并且，对比我国对其他国家出口总额的变化，可以看出，随着共建“一带一路”的不断推进，我国对共建“一带一路”国家出口的增速高于对其他国家出口的增速。从 2023 年第三季度起，对共建“一带一路”国

家的新能源汽车出口总额已经超过对世界上其他国家的出口总额。这从侧面反映出“一带一路”倡议在促进国际贸易和经济增长方面发挥了重要作用。整体来看，我国对共建“一带一路”国家的出口金额展现出了强劲的增长势头，这不仅反映了我国新能源汽车的出口优势，也预示着未来在这些市场仍有着广阔的发展前景和市场需求。

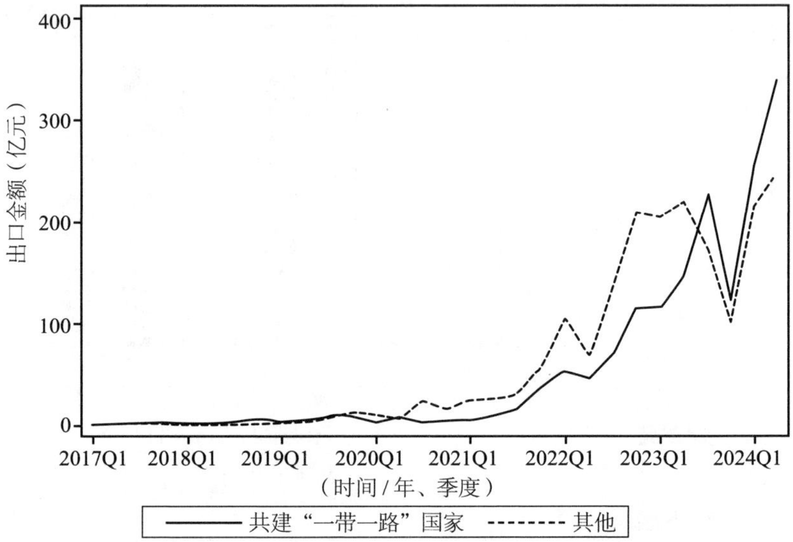

图 5-10 中国新能源汽车向共建“一带一路”国家与其他国家季度出口额的变化趋势

数据来源：中国海关总署。

图 5-11 展示了 2021 年与 2023 年中国新能源汽车对各大洲共建“一带一路”国家出口额的分布情况，可以看出中国新能源汽车在各大洲共建“一带一路”国家的出口额呈现出不同的变化趋势。

在 2021 年，共建“一带一路”国家中，亚欧国家是中国新能源汽车的主要出口市场。具体而言，亚洲市场占据了中国新能源汽车在共建“一带一路”国家出口额的半壁江山，占比达到 57.9%；欧洲市场紧随其后，占 32.6%；而拉丁美洲、非洲和大洋洲的占比相对较

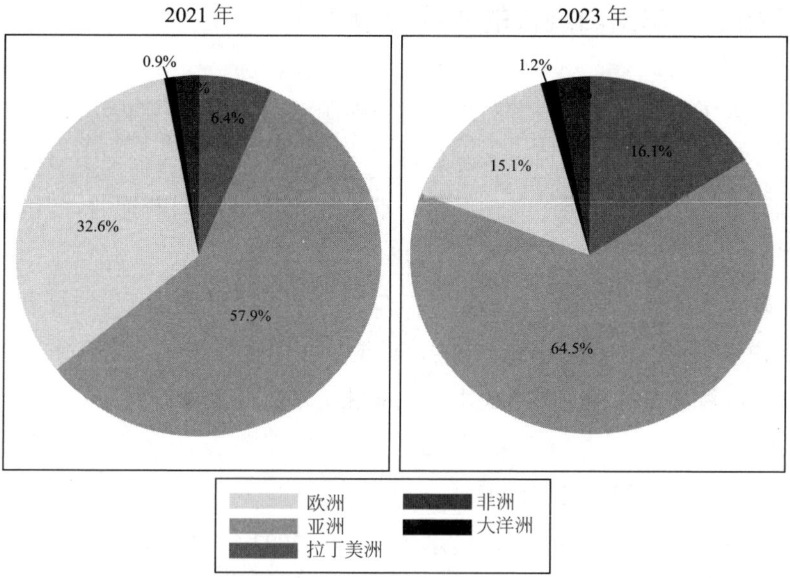

图 5-11　中国新能源汽车向共建“一带一路”国家出口额的分布
（2021 年，2023 年）

数据来源：中国海关总署。

小，具有较大的挖掘潜力。到 2023 年，欧洲市场的出口额占比下降至 15.1%，而其他市场的出口额占比均有一定提高。具体而言，亚洲市场的占比增长至 64.5%；拉丁美洲和大洋洲的占比分别达到 16.1% 和 3.1%；而非洲的占比虽然增长至 1.2%，但整体占比仍然较小。这反映出随着“一带一路”倡议的不断推行，各区域国家与我国的经济贸易往来不断加深，我国对欧洲市场的依赖程度相对降低。

总体来看，中国新能源汽车在共建“一带一路”国家的出口额在亚洲市场持续增长，显示出强劲的市场需求和发展潜力。拉丁美洲和非洲市场也呈现出积极的增长态势，而欧洲市场虽然占比下降，但仍然是中国新能源汽车出口的重要地区。这些变化不仅反映了全球新能源汽车市场的动态变化，也预示着中国新能源汽车行业在国际市场上的竞争力和影响力正在不断增强。

新能源汽车出口规模的主要影响因素

为了进一步探究我国对外出口新能源汽车的重要影响因素，助力未来新能源汽车的出口，本部分将展示新能源汽车出口额与出口目标国特征的相关性分析。具体而言，本研究囊括的出口目标国特征包括当地的经济发展情况（以人均 GDP 和人口来衡量）、新能源汽车相关的政策因素（以政府对传统燃油汽车的禁令和对新能源汽车的最惠国关税来衡量）、充电基础设施的建设情况（以充电桩数量来衡量）以及新能源汽车的相对燃料成本（以电油价格比例来衡量）。

目标国的经济发展情况

图 5–12、图 5–13 分别展示了 2017—2023 年中国新能源汽车累积出口额与各国人均 GDP、人口数之间的关系，二者在很大程度上决定了该国新能源汽车市场的大小。图 5–12 呈现出一定的正相关趋势，表明人均 GDP 越高的国家，我国对其出口的新能源汽车总额越高。但同时，很多国家，无论其人均 GDP 高还是低，从中国进口新能源汽车的总额都很少。这表明，尽管较富裕国家有较高的消费能力，但是新能源汽车出口并不仅仅依赖于人均 GDP 这一单一因素，可能还受到如政策支持、配套基础设施建设等其他因素的影响。同时，这也从侧面反映出中国新能源汽车出口的市场分布相对分散，未来我国新能源汽车出口市场还有很大的增长潜力。类似地，图 5–13 表明，我国新能源汽车出口市场较为分散，对各国新能源汽车的出口额并未与东道国人口数呈现显著的正相关关系。

具体来看，2017—2023 年中国出口新能源汽车较多的国家，大部分人口体量相对较小，可以将它们归纳为以下几个区域。

一是欧洲。欧洲是中国新能源汽车出口的最大市场之一，尤其是比利时、英国、西班牙、德国、荷兰、挪威等国家。一方面，欧洲国家对

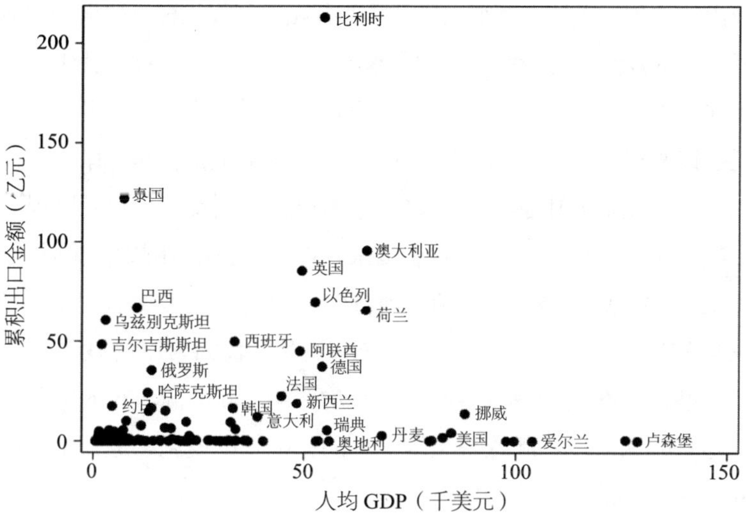

图 5-12　中国对各国新能源汽车累积出口额（2017—2023 年）与各国人均 GDP（2023 年）

数据来源：中国海关总署，世界银行。

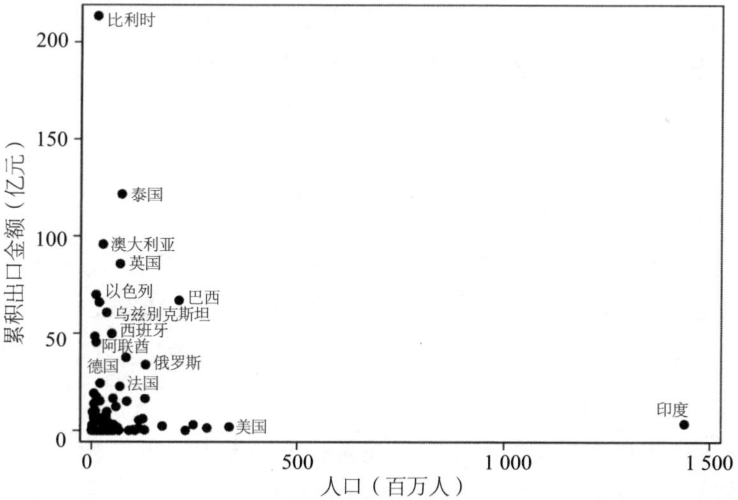

图 5-13　中国对各国新能源汽车累积出口额（2017—2023 年）与各国总人口（2023 年）

数据来源：中国海关总署，世界银行。

绿色出行的政策支持力度很大，如购车补贴、税收优惠、严格的排放标准等，都导致欧洲对绿色交通的需求不断增长。另一方面，我国上海汽车工业（集团）总公司、吉利控股集团、比亚迪汽车等新能源汽车制造商通过技术和成本优势，逐步赢得了这些市场的消费者的青睐。

二是东南亚和中亚。泰国这一东南亚国家以及乌兹别克斯坦、吉尔吉斯斯坦、哈萨克斯坦等中亚国家，近年来也逐渐成为我国新能源汽车的主要出口市场。东南亚和中亚地区由于与我国地理距离较近，贸易成本较低，在贸易和经济合作方面保持较为紧密的联系，加之我国一些车企在当地设有生产基地，均有助于新能源汽车的出口。此外，这些国家正在不断改善当地配套的充电基础设施，进一步推动了对新能源汽车的需求。

三是中东地区。中东的一些国家，如以色列和阿联酋，也开始投资建设充电基础设施，逐步引进中国的新能源汽车以减少对石油的过度依赖。

此外，随着比亚迪等中国品牌在国际市场的推广和认知度的提升，巴西这一拉丁美洲国家以及澳大利亚这一大洋洲国家也从我国进口了较多新能源汽车。

目标国的贸易政策

图 5-14 展示了 2017—2023 年我国对各国新能源汽车的累积出口额与该国对新能源汽车的平均最惠国关税率（对 HS 6 位码层面最惠国关税率的简单平均值）之间的关系，揭示了各国实行的贸易保护政策对我国出口的显著影响。可以看出，我国对新能源汽车关税率较低国家的出口额普遍较高，尤其是关税率低于 10% 时，出口金额达到最高值。这表明低关税有助于降低新能源汽车的进口成本，提高我国新能源汽车在这些国家的市场竞争力，从而促进出口。相反，随着最惠国关税率的增加，我国新能源汽车在这些国家的市场竞争力被削

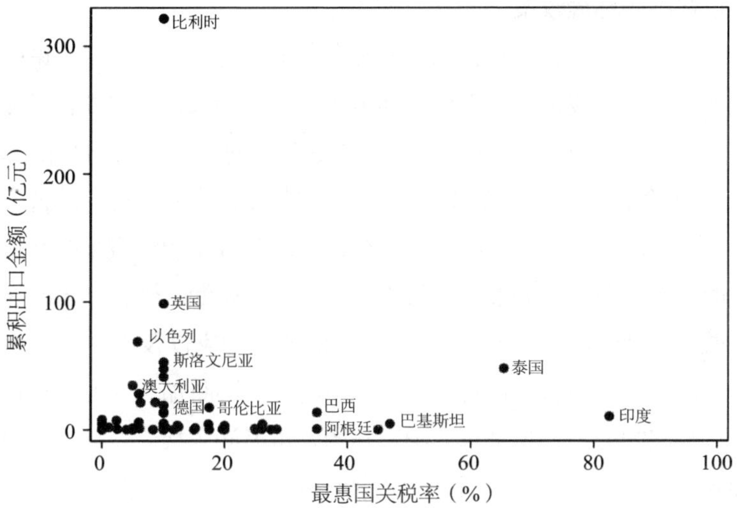

图 5–14　中国对各国新能源汽车累积出口额（2017—2023 年）与各国新能源汽车最惠国关税率（2022 年）

数据来源：中国海关总署，世界贸易组织。

弱，出口金额总体上呈现快速下降的趋势。当然，对于某些高关税国家，我国的出口金额仍然较高，这可能是由于这些国家对新能源汽车有特别的需求，或者我国与这些国家之间有其他贸易协议，并不适用最惠国关税率，使得即使在高关税的情况下，出口仍然得以维持。[①] 总体来看，未来我国新能源汽车想要进一步扩大市场，或许需要与高关税国家进行贸易谈判，争取降低关税和非关税壁垒。此外，也可以通过提高产品质量和技术创新来增强在高关税国家的市场竞争力。

① 2022 年泰国对纯电动乘用车的最惠国关税率为 72.2%，但是我国对其出口金额高达 26.7 亿元。其原因可能在于，一方面，中国与泰国同为东盟自贸区成员，部分车型可能享受优惠关税，不适用最惠国税率；另一方面，泰国政府为了推动新能源汽车发展，提供了大额购车补贴，并鼓励外资车企投资，比亚迪、长城等中国新能源汽车厂商在泰国设厂，这种对外直接投资也会在一定程度上促进双边贸易的发展。

目标国的环境政策

除了关税以外，影响我国新能源汽车出口的另一个重要政策因素就是各国的环境政策。随着全球环境压力不断加剧，各国签署了《巴黎协定》，设定了全球减排的目标。加之技术进步、对可再生能源的利用率持续走高，各国纷纷开始部署新能源相关的产业。在这一背景下，各国政府先后提出燃油车禁令，辅以各种新能源汽车的补贴政策，助力新能源汽车的推行，努力降低汽车对原油的消耗。表 5–3 展示了截至 2025 年 2 月公布燃油车禁令的所有国家以及禁令的公布时间。可以看出，随着全球对能源和环境的关注不断加大，各国也在为此进行相应的努力，越来越多国家开始发布燃油车禁令，其中既包含欧洲各发达国家（除英国外均是欧盟国家），也包含巴西、印度尼西亚这两个发展中国家。

表 5–3　颁布燃油车禁令的国家及时间

国家	发布时间	当前状态（废除时间）	实施范围
荷兰	2016 年	执行	轻型车辆
巴西	2017 年	终止（2022 年）	轻型车辆
以色列	2018 年	执行	轻型车辆
丹麦	2018 年	执行	轻型车辆
爱尔兰	2019 年	宣布	轻型车辆
法国	2019 年	执行	轻型车辆
英国	2020 年	终止（2023 年）	轻型车辆
	2021 年	宣布	中 / 重型车辆
智利	2021 年	执行	轻型车辆
阿根廷	2021 年	宣布	二 / 三轮车、轻型车辆、中 / 重型车辆、公交车
意大利	2021 年	宣布	轻型车辆
新西兰	2021 年	宣布	公交车

（续表）

国家	发布时间	当前状态（废除时间）	实施范围
新加坡	2021 年	执行	轻型车辆
	2021 年	宣布	二 / 三轮车、中 / 重型车辆、公交车
印度尼西亚	2021 年	宣布	轻型车辆
	2021 年	宣布	二 / 三轮车
西班牙	2021 年	执行	轻型车辆
希腊	2022 年	执行	轻型车辆

数据来源：国际能源署。

目标国的充电基础设施

除当地潜在市场大小以及政策因素外，消费者使用新能源汽车的实际成本也是影响新能源汽车需求的一个关键因素。其中，目标国新能源汽车相关的基础设施建设情况，即当地新能源汽车充电站点的数量，会在很大程度上决定消费者使用新能源汽车的便利性和经济性，从而影响其购买意愿。充电基础设施的不完善可能导致里程焦虑、充电成本增加，降低消费者对新能源汽车的接受度；相反，完善的充电网络则能提高新能源汽车的吸引力，有助于市场需求的增加。

图 5-15、图 5-16 分别展示了 2017—2023 年中国新能源汽车累积出口额与各国 2023 年公共充电站点总量、人均公共充电站点数量间的关系。其中，公共充电站点包括公共快速充电站和公共慢速充电站，由于二者数量之间存在很强的正相关关系，此处仅展示（人均）公共充电站总数与我国新能源汽车出口额之间的关系。可以看出，各国的公共充电站数量存在巨大差异，近年来荷兰、法国、德国等欧盟国家以及美国、韩国在新能源汽车充电基础设施建设方面投入较多，其公共充电站数量明显高于其他国家。但同时，公共充电站数量与中国新能源汽车出口金额之间未表现出明显的正相关关系，比利时、泰国、

以色列、澳大利亚、英国等国家尽管公共充电站数量相对较少，但我国对其出口的新能源汽车金额很高。这是由于新能源汽车出口金额不仅受到市场需求的影响，还与政策支持、贸易关系等多种因素有关。

考虑到各国潜在的市场规模，我们进一步分析了新能源汽车出口额与各国人均公共充电站点数量间的关系。比利时和荷兰的人均充电站数量较多，同时我国新能源汽车对这些国家的出口额也较高，这表明新能源汽车出口可能更依赖充电基础设施的普及程度，而不仅仅是充电站的绝对数量。具体来看，比利时充电桩市场建设需求迫切，政策规划明确，目前政府正加强规划公共充电桩的建设，如明确规定新建停车场需安装充电桩，为安装充电桩提供税收减免和补贴。荷兰则是欧洲最大充电桩市场，充电桩运营商和供应商均以本土企业为主，竞争较为激烈，政府支持新能源创新技术发展，有利于新能源汽车的

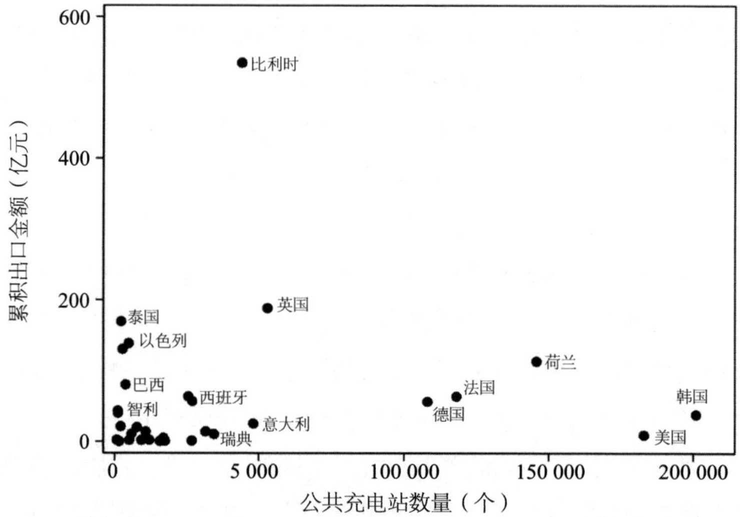

图 5-15 中国对各国新能源汽车累积出口额（2017—2023 年）与各国充电站存量（2023 年）

数据来源：中国海关总署，国际能源署。

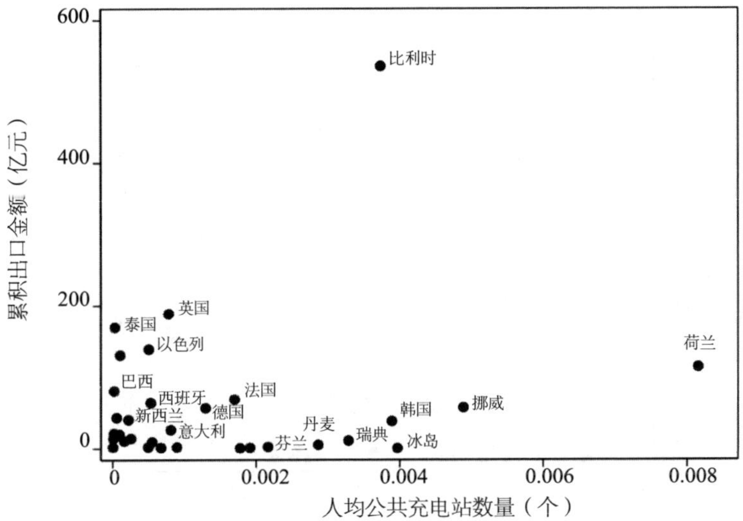

图 5-16　中国对各国新能源汽车累积出口额（2017—2023 年）与各国人均充电站点存量（2023 年）

数据来源：中国海关总署，国际能源署。

普及。而美国和韩国虽然充电站总量数目庞大，但由于人口基数较大，人均充电站数量较低，在一定程度上抑制了新能源汽车的市场渗透。因此，相较于单纯地追求充电站数量的增长，充电基础设施的合理布局和普及程度或许对新能源汽车的推广和出口更具影响力。

我们进一步探究了消费者使用新能源汽车的燃料成本对我国新能源汽车出口的影响。图 5-17 展示了 2017—2023 年中国对各国新能源汽车累积出口额和目标国 2023 年电价与汽油价格比例的关系。可以看出，新能源汽车出口金额与相对电价之间并未表现出明显的线性关系。这表明，相对电价的高低并非决定中国新能源汽车出口额的主要因素。尽管电价和油价的相对水平可能会影响新能源汽车的实际使用成本，相对较低的电力价格有利于提高消费者购买意愿，但这种影响在新能源汽车出口市场上并不具有主导作用。

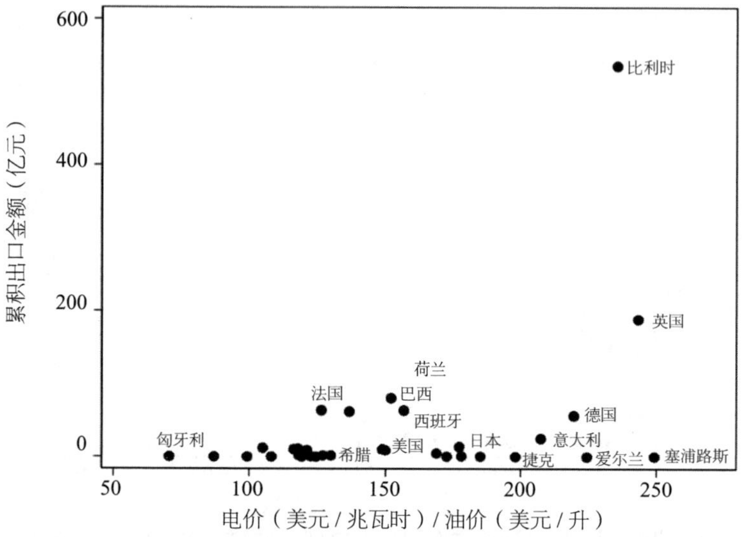

图 5-17　中国对各国新能源汽车累积出口额（2017—2023 年）与各国相对电价（2023 年）

数据来源：中国海关总署，国际能源署。

综上所述，新能源汽车出口受到多种因素的共同影响，包括市场需求、基础设施建设、政策支持、贸易关系等。因此，在评估新能源汽车出口前景时，需要综合考虑多种因素，以获得更为全面的市场判断。

中国与共建“一带一路”国家在绿色产业合作共赢的空间与策略

本文以新能源汽车产业为案例，探讨了中国新兴绿色产业与共建“一带一路”国家在发展绿色低碳产业方面实现合作共赢的潜力。首先，基于我国自身产业发展情况，我国新能源汽车产业“走出去”具有高度的紧迫性和必要性。这一必要性主要源于国内市场日益加剧的

“内卷”式竞争压力以及产能利用不足的问题。企业在产业升级过程中通过超前布局、降本增效来提升竞争力，导致市场竞争加剧，而国内市场需求难以完全消化产能。因此，拓展海外市场成为缓解产能与市场规模不匹配矛盾、降低价格战与企业淘汰赛风险的有效路径。同时，由于不同国家在新能源汽车产业发展阶段和能力上存在差异，我国车企需根据目标市场的具体情况制定相应的出海策略。

成熟市场：本地化生产与技术合作

对于欧美等汽车制造能力成熟、产业基础完善的市场，中国新能源汽车企业若直接出口价廉质优的成品，可能会面临东道国的产业保护主义倾向，如设置贸易壁垒、提高关税或实施技术标准限制等。因此，我国新能源车企可采取直接投资、与当地车企合资等战略联盟方式，在目标市场设立生产基地，以规避关税壁垒、创造本地就业机会，并获取当地政策支持。

从已有的出海经验来看，本地化生产有以下优点：能降低生产与物流成本，提高产品在当地市场的竞争力；通过与当地企业的技术合作，可以更好地结合本地需求开发定制化产品，增强市场适应性；优化全球供应链，通过跨国布局原材料采购、零部件制造和整车组装，降低生产成本，提高市场竞争力。合作模式有助于东道国企业与中国车企形成协同发展关系，促进当地产业升级，并实现互利共赢。例如，在埃及，中国新能源汽车企业的本地化生产带动了当地零部件供应商的发展，新工厂的建设与运营创造了大量就业机会，并通过技术培训提升了本地工人的技能水平，推动了埃及汽车产业链升级和工业化发展。在此过程中，对当地新能源技术人才的培养也促进了该地区相关产业人才的供给，为产业长远发展奠定了基础。

在海外投资本地化生产的过程中，需要重点考虑以下因素：

一是双边经贸关系的稳定性。若中国与目标市场国家保持良好的经贸往来，将有助于减少贸易壁垒和政策不确定性。优先选择已通过整车出口进入当地市场，并对市场环境、消费者需求及政策体系有所了解的国家，以此为基础进一步推进本地化生产模式，深化产业合作，提高市场适应性。

二是东道国对绿色产业的政策支持。关注目标国家政府是否对新能源汽车产业发展提供明确的政策支持，包括购车补贴、税收减免、基础设施建设激励等。同时，评估该国绿色交通的发展规划，确保新能源汽车产业的发展路径清晰，具备长期政策支撑。

三是本地产业基础。目标市场应具备一定的汽车制造基础和完善的上游零部件供应链，以支撑新能源汽车的本地化生产。如果当地产业链尚不完善，企业需评估是否可以通过供应链投资或与本地企业合作，以保障生产效率和成本竞争力。

四是法律法规环境。当地应具备健全的法律法规体系，涵盖外资企业投资保护、知识产权保障、税收及劳动法规等，以降低企业投资风险。同时，企业需深入了解当地的投资审批流程和合规要求，确保生产运营符合当地法律框架，避免政策风险。

五是金融支持体系。海外投资涉及较大的资本投入，我国需完善对中国企业“走出去”的金融保障机制，如提供出口信贷、海外投资保险、融资支持等，以降低企业出海的财务风险。此外，企业也可探索与本地银行、投资机构合作，开辟多元化融资渠道，提高投资效率。

工业基础薄弱市场：整车出口与基础设施建设

对于共建“一带一路”国家中汽车工业基础相对薄弱者，我国新能源车企可以采取整车出口模式进入当地市场。这一模式不仅能为当地提供价廉质优的新能源汽车产品，推动目标市场交通运输领域的低碳化转型，提高清洁能源产品的市场渗透率，同时也能有效缓解我国新能源汽车企业在国内的竞争压力，且规避欧美市场贸易壁垒带来的不利影响。

在实施整车出口策略时，需重点关注目标市场的以下因素：

一是市场购买力。确保目标市场具备足够的新能源汽车消费潜力，包括消费者的支付能力、购车意愿以及对新能源汽车的接受度。深入分析当地经济水平和消费习惯，有助于精准定位目标客户群，提高产品竞争力。

二是双边经贸关系。中国与出口目标国的经贸往来，以及当地的关税政策、贸易协定和投资环境，将对新能源汽车的出口策略产生重要影响。合理评估双边贸易关系，有助于车企规避潜在的贸易壁垒，充分利用优惠政策，更顺畅地和稳定地进入当地市场。

三是目标国本身的竞争环境。为了规避国内市场的激烈竞争，车企可以优先选择新能源汽车渗透率尚低、本土车企实力相对薄弱且当地消费者对海外品牌持开放和欢迎态度的国家进行出口布局。这样有助于在竞争相对较小的环境下占据市场份额，提升品牌影响力。

四是当地政策支持。目标市场是否具备针对新能源汽车的明确且持续的优惠补贴政策，将直接影响新能源汽车的市场接受度和销量。支持措施包括购车补贴、消费税减免、停车费和道路使用费优惠等。此外，若当地政府提供金融扶持政策，如新能源汽车购置的低息贷款等方案，将进一步降低消费者的购车门槛。

五是基础设施建设。新能源汽车的普及离不开完善的充电基础设施。如果目标市场的充电桩建设滞后，将制约新能源汽车的推广速度。因此，中国车企可以借助自身在充电网络建设方面的经验，与当地政府和企业合作，共同推动充电设施布局，并向其出口优质高效的充电设备，以提升新能源汽车的使用便利性，助力市场培育和长远发展。

中国与共建“一带一路”国家在新能源汽车产业的合作共赢，不仅是中国新能源汽车产业全球化布局的关键环节，更是对全球绿色低碳交通发展和应对气候变化的积极贡献。在这一过程中，本地化生产模式能够有效降低关税壁垒，减少物流及生产成本，从而增强企业在目标市场的竞争力。同时，全球化布局有助于优化供应链配置，降低原材料和零部件成本，进一步提升新能源汽车产业的整体竞争优势。对于尚未具备新能源汽车制造能力的国家，中国可提供产业链配套支持，出口质优价廉的汽车产品，推动当地新能源汽车市场的发展，并在全球新能源产业转型中发挥更大作用。此外，中国还可以向目标国家分享新能源产业政策制定经验，提供技术合作支持，帮助其构建符合本国国情的新能源发展规划，从而建立可持续的长效合作机制。

通过这些举措，中国新能源汽车企业不仅能够顺利进入共建“一带一路”国家市场，拓展全球业务版图，还能助力当地推进绿色低碳转型，加速全球清洁能源技术和基础设施的普及。最终，这种深度合作将推动全球新能源产业的协同发展，为全球应对气候变化和实现可持续发展贡献中国力量。

第 6 章

通过工业园区推动发展中国家工业化——新结构经济学视角下的“一带一路”国际实践[1]

[1] 本章作者为于佳。

"一带一路"倡议自2013年提出以来硕果颇丰，很多项目极大改善了当地和所在国的交通与能源基础设施，在所在国的社会经济发展进程中具有重要意义。然而，"一带一路"着重基础设施建设，没有对发展中国家特别是非洲国家"去工业化"的问题给出有效的解决方案，也使得部分基础设施没有得到充分利用。同时，逆全球化的趋势、气候变化带来的影响，也给"一带一路"发展中国家带来了更大的挑战。本章以新结构经济学理论为指导，基于增长甄别和因势利导框架（GIFF），研究如何抓住"一带一路"进入2.0建设新阶段的机遇，根据各国比较优势，通过园区建设推动发展中国家的工业化。

"一带一路"发展中国家面临的风险与挑战

部分"一带一路"发展中国家面临的"去工业化"挑战

近几十年来，部分"一带一路"发展中国家未能实现工业化阶段的提升，在人均收入水平较低时就出现制造业份额持续下降的趋势，制造业比重偏低。撒哈拉以南非洲国家是过早去工业化的最典型也最突出的地区。非洲大陆拥有丰富的自然资源，但是基础设施建设不足，工业化程度落后，一些最基本的工业产品都需要进口。20世纪60年代非洲国家纷纷取得独立，开始发展部分劳动密集型制造业，产品主要销售于本国市场。20世纪60年代到70年代，非洲国家的经济增长率和经济规模与东亚地区大体相当。但是，在第二次石油危机之后，东亚地区与非洲之间的经济差距逐步拉大。从20世纪80年代到 90 年代，非洲国家在国际金融组织支持下普遍进行了“结构调整计划”（Structural Adjustment Programs），以“华盛顿共识”为理论指导，推动贸易自由化、国有企业的私有化并削减公共福利开支和补贴。在此期间，联合国还专门通过决议，自 1990 年起每年的 11 月 20 日是“非洲工业化日”，以期推动非洲工业化进程。然而，从 1981 年到 2012 年的 30 余年间，撒哈拉以南非洲国家制造业增加值占国内生产总值的比例从 18.0% 下降到 9.8%，此后有所回升，2023 年制造业比例为 11.5%。

回顾欧美发达国家的经济发展和结构转型历程，一般在人均国民收入达到 14 000 美元（以 1990 年美元计，大约相当于 2018 年的 22 000 美元）开始“去工业化”过程，也就是说，制造业增加值在国家 GDP 中的比例开始从高点下降，服务业逐步占据主导地位。但是在非洲，人均 GDP 仅仅为 700 美元时制造业增加值占比就达到了峰值，过早地进入了去工业化进程（Rodrik，2016）。

发展中国家出现“去工业化”的主要原因

“一带一路”发展中国家，特别是撒哈拉以南非洲国家工业化进程不顺利，甚至出现了去工业化的现象，其直接原因是在全球化的过程中，这些国家的劳动密集型制造业缺乏竞争力，无法与进口产品竞争，导致本土工厂关门或者转移。而且，一些自然资源丰富的发展中国家患上“荷兰病”（Dutch disease），过分依赖能源、矿业，导致经济结构脆弱和单一，绝大多数出口产品为附加值较低的资源型产品。一旦自然资源产品价格暴跌，整个国家经济就遭受沉重打击而难以恢复元气。IMF、世界银行等国际金融组织基于“华盛顿共识”框架为非洲国家开出的政策处方（贸易自由 + 私有化 + 减少政府开支）不仅没有取得预期的成果，反而导致百业凋零，陷入恶性循环，事实上进一步加剧了一些发展中国家的去工业化进程。

“去工业化”在其他地区的发展中国家也同样存在。举例来说，阿根廷是拉丁美洲受“华盛顿共识”影响最大的国家，率先在拉美实施“华盛顿共识”所提出的市场开放及私有化政策，进行了大规模的新自由主义经济改革，采取了开放市场、拍卖国有企业等一系列措施，对本国金融、贸易等领域实行全面对外开放。当时阿根廷所有行业的重要企业几乎全部私有化，其中部分被外国资本所控制。政府的作用被弱化，失去了调控经济的能力。阿根廷实施“华盛顿共识”的这一系列政策之后，虽然成功地压低了通货膨胀，但国家制造业增加值一直在急剧下降。阿根廷在“去工业化”之后又回到了农业时代，2021 年阿根廷 81.8% 的出口是初级产品。在阿根廷出口的 10 种主要产品中，只有 2 种是工业产品——多功能货车和生物柴油（源自豆油），分别排名第 4 位和第 8 位。前 10 名中其他产品类别主要是面粉、豆油、玉米和葡萄酒（OEC，2022）。

此外，2020 年的新冠疫情和 2022 年的俄乌冲突对全球产业链造成了巨大冲击，其影响不是短期和局部的。虽然成本与效益仍是全球产业链布局的主导因素，但安全因素也成为产业链布局的一个重要考量。因此全球产业链重心将越来越靠近本国和本地区最大的市场，靠近产业体系最完备的地方，靠近创新能力最强、人力资本最充裕的地方，靠近政治环境稳定、政府执行力强的地方。全球产业链的区域化、多元化有所加速，可能形成东亚、北美和欧洲三个相互连接的区域产业链。这样，“一带一路”发展中国家，特别是非洲国家面临进一步被边缘化的风险，去工业化的问题势必更加严重。举例来说，南非汽车制造业因欧美车企将供应链转向东欧和东南亚，面临订单萎缩的风险。2024 年通用汽车关闭伊丽莎白港工厂，导致数千人失业。同时，非洲本土纺织业受孟加拉国、越南低价竞争的冲击，肯尼亚纺织厂倒闭率已超 30%。

新结构经济学视角下发展中国家的工业化路径

新结构经济学的基本观点

新结构经济学的理论框架由三大基石组成。一是要素禀赋：在新古典理性选择的范式下，新结构经济学从国家的禀赋结构约束出发，将最优产业结构内生化，考察经济增长过程中的各种结构变化过程。二是有效市场：市场在新结构经济学中的作用是确保准确的价格机制，以实现最优资源配置结构。三是有为政府：政府在产业结构变迁中应做到因势利导，帮助企业克服外部性及协调问题。

新结构经济学认为，一个国家的经济发展是其作为经济基础的产业、技术不断升级，和作为上层建筑的制度安排不断完善的结构变迁过程。以此作为切入点，强调在这个过程中既需要“有效的市场”在资源配置上起决定性作用，也需要“有为的政府”来克服结构变迁过程中必然存在的市场失灵，以弥补市场发育不足的缺陷。不将政策的着力点聚焦于发展中国家“缺什么”（如与发达国家相同的先进产业）和“什么做得不好”（如发达国家完善的市场体制、民主体制等），而强调发展中国家“有什么”（即要素禀赋）和“能做好什么”（即比较优势）等方面的结构性差异，以及不同发展阶段的政府在甄别各自增长动力和集中有限资源、消除瓶颈制约因素等方面的重要性。

新结构经济学提出了具有可操作性的“增长甄别与因势利导框架”（Growth Identification and Facilitation Framework，GIFF），给出了政策实践的六个具体步骤，即选择正确的目标—消除约束—吸引全球投资者—支持成功自我发现的私营企业扩大规模—依靠工业园区的力量创造快速成功—向符合比较优势的产业提供有限激励，从而为发展中国家追求经济增长的政策制定提供参考（专栏 1）。

专栏 1　“增长甄别与因势利导”六步骤框架

新结构经济学主张，政府应发挥因势利导作用，促进产业的潜在比较优势变成竞争优势。所谓潜在比较优势，是指这个产业的要素生产成本在国内、国际市场上具有优势，这种成本优势是由要素禀赋结构，即比较优势决定的。但是，由于软、硬基础设施尚未完善，这个产业的交易成本过高，在国内、国际市场尚无竞争力。政府的作用就在于鼓励先行企业进入潜在比较优势产业，并帮助其降低交易费用，使潜在比较优势变为现实竞争优势。对此，新结构经济学提出了一个“增长甄别与因势利导”六步骤框架。

第一，对过去二三十年经济发展较快且人均收入比自己高 1~2 倍的其他经济体的各种可贸易产品和服务做出甄别。选取产品和服务在国内、国际市场上有需求，而自己生产成本较低，因而具有潜在比较优势的产业。

第二，分析本地企业在上述产业中的哪些产业比较活跃，查找可能阻碍它们提升产品质量、降低交易费用的障碍，以及阻碍企业进入的基础设施或制度环境障碍。政府可以采取政策措施消除这些障碍，以帮助产业做大做强。

第三，对本地企业尚未进入的新产业，政府可以到上述第一步确认的经济体中招商引资，鼓励国外企业前来投资，并消除这些新产业发展的软、硬障碍，培育新的增长点。

第四，充分利用本地的资源禀赋或全球范围内的技术突破带来的机遇，密切关注本地企业展现出获利能力的新产业，帮助这些星星之火成为燎原之势。

第五，在基础设施落后、企业经营环境不佳的地方，政府可以设立经济特区或产业园区，改善基础设施和经营环境，鼓励企业前来投资于具有潜在比较优势的产业。建立产业园区或特区还有利于促进产业集群的形成，提高产业竞争力。

第六，给予目标产业的先行企业一定时限的税收优惠或信贷担保，以补偿其风险。根据这样的步骤甄选出来的目标产业符合当地比较优势，企业具有自生能力。

来源：北京大学新结构经济学研究院，https://www.nse.pku.edu.cn/docs/20200429101645942353.pdf。

在实践应用中，根据发展中国家现有产业与国际前沿技术的差距以及新技术的特性，新结构经济学提出了一个可以直接应用的“五类产业因势利导方法”，以指导不同类型产业的产业政策制定。

第一种类型——追赶型。例如中国的部分装备制造业。中国是世界装备制造业大国，德国也是世界装备制造业大国。中国制造的装备在成本上虽然具有优势，但在技术水平和质量上还低于德国，仍处于追赶阶段。

第二种类型——领先型。这种产业已经在国际上处于相对领先地位，比如我国的高铁以及家电产业中的电视机、电冰箱、洗衣机、空调机等，已经具备全球最先进的技术水平。

第三种类型——转进型。这类产业是建立在曾经符合自身比较优势的基础上的，例如我国的纺织服装产业。但是随着经济的发展，这类产业逐渐失去比较优势，国际竞争力正在丧失，需要转移到更具备相应比较优势的国家和地区。

第四种类型——换道超车型。这类产业往往完全是新的产业，例如互联网平台、移动通信等。从要素禀赋的结构来看，这类产业周期短，主要以人力资本投入为主，中国与发达国家并没有明显的比较劣势，可以与发达国家直接竞争，甚至换道超车。中国拥有巨大的国内市场，新发明、新创造出来的产品或技术在国内可以迅速获得规模化的应用场景。同时，中国是各种部件制造业配套最齐全的国家，可以满足相关的互联网平台的硬件产品需要，所以中国在换道超车型产业上的创新也具备比较优势。

第五种类型——战略型。这类产业的创新方式与换道超车型产业的方式正好相反，虽然也需要很高的人力资本投入，但研发周期需要 10 年甚至 20 年以上，需要大量的金融和物质资本的支持。如果单纯从当前要素禀赋所决定的比较优势来看，中国在这方面还不具有比较优势，但是涉及国防安全的产品无法从国外购入，没有它就无法保障国防安全。所以，在这种情况下，中国必须支持这类产业的发展。

针对“一带一路”发展中国家的现状而言，在目前和未来一段时间内主要是发展“追赶型产业”。一方面可以根据现有产业和国外发达国家相同产业的技术差距来识别这类产业，帮助国内已经进入这些产业的企业克服其在并购、设立研发中心或购买专利等引进、消化与吸收技术上的瓶颈与障碍，另一方面也可以分析后发国家从发达国家进口的产品，从中选择适合当地生产的产品，然后以招商引资或培育当地企业的方式来发展该产业。与此同时，中国面临许多“转进型产业”，即已经失掉比较优势的产业，或者还有比较优势，但是产能有富余的产业。政府可以协助这类产业向“微笑曲线”两端（高增值的技术专利和品牌服务）延伸，帮助其“抱团”转移至符合自身比较优势的地区。

根据新结构经济学的分析，以非洲为例，其工业化的发展需要解决自身的五重短板：（1）有技能的人力资源不足；（2）基础设施较差；（3）供应链不全；（4）国内市场较小；（5）治理体制低效。

第一是技能短板。非洲国家是全球人口增长最快的地区，教育水平也在逐步改善。但是，一些国家教育体系的一个明显特征是为公共部门提供服务，而忽略了工业企业的需求。例如，在高等院校，技能和培训集中在人文科学、行政管理等方面，而科学、工程、建筑等专业的培训相对不足。因此，虽然非洲不缺乏人力资源，但是其知识和技能结构很难适应现代制造业的需求。埃塞俄比亚曾通过建设工业园区（如东方工业园）吸引纺织和制鞋企业，但企业普遍面临技术工人短缺问题。世界银行报告指出，撒哈拉以南非洲仅约 5% 的劳动力接受过正规职业教育（远低于东南亚的 20%）。

第二，基础设施短板导致生产成本偏高。一些非洲国家在发展关键基础设施（道路、电力、供水、互联网）方面薄弱而且进展缓慢。以电力为例，不仅成本昂贵而且供应短缺，撒哈拉以南非洲只有三分之一的人可以用上电；生产企业一年中有四分之一时间遭遇断电，47% 的企业不得不自备电源。尼日利亚纺织企业平均每周停电 10 小时以上，被迫依赖柴油发电机（成本高达 0.35 美元 / 千瓦时，是电网电价的 3 倍），直接推高生产成本。刚果（金）的铜钴矿产区因公路年久失修，矿石运输至港口需耗时 2 周（智利同类运输仅需 3 天），物流成本占出口价值的 30% 以上。非洲开发银行统计显示，非洲基础设施缺口每年造成 GDP 损失 2%，工业生产率下降 40%。

第三，供应链不全。许多非洲国家拥有自然资源，却没有完整的生产供应链，不能生产高增值的制成品满足国内外市场需求。例如，南非虽是非洲汽车制造中心（占非洲总产量 60%），但本土供应链严重依赖进口。福特南非工厂的发动机缸体、电子元件等核心部件需从德国、中国进口，本土采购率不足 30%。2020 年新冠疫情导致全球物流中断时，南非多家车企因零部件断供被迫停产 2 个月，损失超 5 亿美元。

第四，由于许多非洲国家市场有限（中小国家）或者需求不足（收入较低），制造业仅以本国为目标市场，难以达到规模效应。例如卢旺达政府推动“Made in Rwanda”（卢旺达制造）计划，但国内市场天花板明显，全国约 1 400 万人口，人均 GDP 略超过 1 000 美元，本土食品加工企业难以通过内需实现规模经济。而东非共同体

（EAC）内部关税和非关税壁垒导致卢旺达产品进入肯尼亚、坦桑尼亚的成本增加了 20%，限制了市场扩张。

第五，治理能力短板。许多非洲国家的政府部门效率较低，相关政策变动频繁，公共服务能力不足，并存在普遍的腐败现象，不能为私营部门和投资者提供平等竞争的商业环境。透明国际（Transparency International）发布的 2023 年全球清廉指数（Corruption Perceptions Index，CPI）中，撒哈拉以南非洲地区的平均得分持续低于全球平均水平。

工业园区是“一带一路”发展中国家工业化发展的可行路径

仍然以非洲为例，2013 年中国“一带一路”倡议的提出，为非洲的工业化进程提供了新的动力。非洲国家要抓住这个历史机遇，需要克服基础设施普遍不足、营商环境欠佳、国际买家对其制造业产品缺乏信心的三重挑战，其工业化的过程也将经历以下三个步骤：

第一，只有选择符合比较优势的产业、要素生产成本才能在国际上有竞争力；

第二，只有集中有限资源把经济区 / 工业园建好，并配有一站式的服务，建立局部有利环境，才能够在基础设施和营商环境普遍不好的情况下，使交易费用够低；

第三，只有把现在已经为国际买家生产产品的外国企业招来，国际买家才会有信心给在非洲的企业下订单，产品才能出口，企业在非洲才能达到规模经济。

要实现成功的工业化，需从劳动密集型产业出发。但目前许多发展中国家的整体投资环境和基础设施条件普遍较差，无法助力当地的工业化发展目标，而建立工业园区可以有效促进区域内基础设施发展，启动工业化的进程。借用中国“集中力量办大事”的经验，在园区内做好道路、港口等基础设施建设，保证电力供应，并由政府提供一站式服务，降低交易成本，同时为当地带来就业机会。工业园区还可以作为“实验室”试用新的定价、财政或劳动政策，期望这些工业园区或者经济特区的成功逐渐辐射到邻近区域和相关领域上，增加税收、外汇，使得政府有资源改善基础设施和营商环境。

创建基础设施良好的工业园区这一战略已被证明是吸引投资者的一个非常有效的方法。作为一个功能强大的平台，工业园区要吸引有实力的企业入园投资，而这些企业不能仅着眼于非洲本地的市场，更重要的是要扩大国际市场，这样才有可能实现规模化，同时国际买家才会有信心。根据中国的经验，吸引外商投资需要“一把手”参与招商，增强投资企业到一个新的、尚未工业化的国家来投资的信心。工业园区可为当地和外部企业建立联系，成为促进出口增长战略成功的助推器。同时，引进技术、管理，逐步建立起供应链，增加外商的联系，使得本国企业也能进入这些出口产业，起到星火燎原的作用。

近年来，中国国内经济宏观层面去产能、去库存的压力不断增大，企业微观层面劳动力和原材料成本持续提升。在国内加快经济结构战略性调整、工业部门提质升级和比较优势产业梯次转移的大背景下，建设境外园区可有效支持中国制造业平抑成本攀升，拓展海外市场，延长产品生命周期。同时，非洲已具备园区发展的基础条件，资源禀赋、比较优势和市场优势突出。非洲拥有丰富的自然资源，可开展原材料加工产业园，同时现有超 13 亿人口，有大量富余的年轻劳动力，与我国改革开放之初的状况接近，而目前的工资水平仅为我国的十分之一到四分之一，适合发展劳动密集型产业和消费品制造业。而且，作为不发达地区，非洲享有发达国家和新兴经济体的免关税与优惠出口待遇，适合发展出口导向型产业。

从 2011 年开始，作为世界银行首席经济学家的林毅夫教授利用

GIFF 框架，积极推动埃塞俄比亚等非洲国家通过建立工业园区或经济特区等一系列经济发展方案，消除软硬基础设施的约束和增长瓶颈，采用一站式服务改善软的制度环境，通过招商引资来发展具有潜在比较优势的产业，取得了立竿见影的效果，在一定程度上改变了人们对于非洲那些落后的，尤其是内陆国家基本上不可能成为现代化制造业的加工出口基地的普遍看法，为非洲和其他发展中国家增加就业、减少贫困、推动产业升级及多样化、实现包容性可持续的工业化现代化提供了一条崭新的路径。

在总结埃塞俄比亚成功经验的基础上，北京大学新结构经济学研究院的国际智库开始为其他一些国家（例如贝宁、乌兹别克斯坦，见专栏 2）提供一揽子咨政建议，具体内容包括：（1）选定该国具有比较优势的产业；（2）和该国政府一起规划建设工业园；（3）协助项目所在地国家针对有国际订单的中国企业招商引资。

专栏 2　新结构经济学在贝宁、乌兹别克斯坦应用案例简述

贝宁

2016 年，贝宁新任总统塔隆开启改革，力求借鉴中国发展模式振兴经济。2016 年底，林毅夫教授受邀访问贝宁探讨国家发展思路。北京大学新结构经济学研究院与贝宁财政部签订合作协议，为贝宁通过工业园区实现经济结构转型提供政策咨询。

当时贝宁制造业占 GDP 比重仅为 20%，制成品出口占比 6%，生产力水平较低。研究院采用 GIFF 分析工具，提出五个优先步骤：选择制造业转移目标，克服投资约束，创造快速成功，设立经济特区，吸引国际买家。然而，贝宁面临电力供应不足、交通不便和棉花供应不稳定等问题，尤其是电力供应问题被视作主要挑战。

在潜在比较优势方面，棉花和腰果是贝宁的重要产业。棉花

出口占总出口的33%~45.6%，但纺织业发展落后，附加值低；贝宁是世界第四大腰果生产国，但囿于能源供应短缺，并没有与之相关的农产品加工行业。基于劳动力充足、成本低以及出口欧美优惠的关税等优势，研究院在多次一线调研，并与相关产业投资人深入沟通后，甄别出短期内不依赖于能源供应，又可以创造大量就业机会的行业——假发生产。该产业不仅在非洲市场潜力巨大，同时不依赖于能源供应，且可以创造大量就业机会和出口收入。基于调研，研究院建议贝宁政府采取多项措施：总统亲自参与招商引资，成立投资贸易促进署，优先发展假发行业，并配备好满足生产需求的厂房等相应的基础设施。同时，研究院还协助贝宁政府出台了经济特区法，为后续设立经济特区、改善营商环境奠定了扎实的基础。

乌兹别克斯坦

2018年，林毅夫教授受乌兹别克斯坦政府邀请担任经济顾问，并与该国开发性金融机构Aloqabank签署合作协议，旨在通过吸引中国制鞋企业转移生产基地，助力乌兹别克斯坦实现经济结构转型。研究团队首先对中国三大鞋业集群（东莞、晋江、成都）进行调研，总结了中国制鞋业的成功经验，包括克服基础设施不足、供应链不完善等挑战，并通过不同政策路径实现集群发展。

乌兹别克斯坦的比较优势包括丰富的年轻劳动力、高质量皮革资源以及低廉的能源成本。然而，该国也面临基础设施不足、软性环境待改善、缺乏先行者企业和国际买家信心不足等制约因素。研究团队建议以经济特区为基础平台，实施有效的投资促进，逐步建立本地供应链和产业集群，并通过政策反馈机制优化决策。

具体政策建议包括发展高品质皮革加工、加强产业规划和区域协调、改善商业环境、吸引先行者和国际买家、争取优惠关税待遇，以及调整经济特区政策以产生集群效应等。尽管 2020 年疫情延缓了投资进程，但乌兹别克斯坦已在多个自由经济区取得进展，包括已完成制鞋工厂和相关基础设施的配套建设，已具备立即启动生产的前提条件。

在实地考察、投资者访谈，以及多方共同参与的一线调研工作的基础上，我们发现非洲工业园区普遍存在五个方面的主要问题，严重影响了工业园区充分发挥其应有的作用。

第一，国家整体投资环境差，影响了工业园区的“小环境”对投资者的吸引力。整体的投资环境问题包含土地属性、行政体制和法律体系缺乏透明度，不同政府更迭造成的政策变化和社会不稳定因素，国家的公共服务类软硬件基础设施不足，以及腐败现象。

第二，工业园区缺乏整体和长远规划。一些非洲国家工业园区选址主要考虑当地区域、部族利益平衡，而不是充分考虑市场定位、交通物流、产业链供应等因素，导致部分园区成为“孤岛”，或面临多个园区的无序竞争。

第三，产业链缺失。工业园区并非独立存在，需要通过产业链和价值链与当地企业形成紧密联系。园区制造业竞争力不仅是劳动力价格这个单一要素决定的，更重要的是产业链的完整性。目前非洲很多国家工业化发展还远远达不到拥有研发设计、原料供应、配件制造、物流配送完备产业链体系的要求，入园投资企业的部分关键配件仍需进口，因而产品失去了竞争性。

第四，产业园区不具盈利的商业模式，不仅面临融资难、融资贵的问题，更面临招商难、留商难的问题。工业园区基础设施建设的投资周期长，短期收益低，园区收入主要来自土地开发收益、基础设施运营收益、房地产开发收益、产业投资收益。虽然通过园区建设，可以带动区域综合发展及土地升值（正外部性），但开发企业无法享受这部分溢出效益，需政府协调合理补偿园区投资者，而很多非洲国家政府往往没有意愿或能力给予补偿。

第五，管理和技术不足。首先是非洲国家的教育水平有限，缺乏具有国际合作经验和专业知识的管理人才，而有能力的人员往往流动性很大。同时，非洲国家职业教育短缺，产业链不完整，本土化技术工人严重不足。另一方面，来非洲投资的中方投资者本身也缺乏国际化的管理和技术人才，限制了工业园区的发展。

在为政府和园区建设提供政策建议的过程中，我们归纳出非洲国家园区建设遇到的主要问题，分析各利益相关方的主要诉求，以便对症下药针对主要问题提出具体的解决方案。在非洲国家的工业园区建设中，涉及的利益相关方主要是：（1）政府（包括中央、地方政府部门）；（2）工业园区的投资、运营方（可以是政府或国际投资者）；（3）入园国际企业、投资者；（4）工业园区内企业的本地雇员、劳动力；（5）支持园区和入园企业的金融机构；（6）工业园区的本地供应商；（7）国际市场（买家，可以是园区的投资者）。作为协助政府招商引资的智库团队，我们首先需要进行 GROW 分析，理清上述利益相关方的主要目标和利益诉求（goal），各自所处的现实环境（reality），解决问题的各种方案和模式（options）以及担忧与风险（worries），有针对性地提出“多赢”的解决方案（见表 6–1）。

表 6–1　新结构经济学国际智库 GROW 分析工具

	目标和利益诉求（goal）	现实环境（reality）	方案和模式（options）	担忧与风险（worries）
园区落地国	以工业园区为起点，推动可持续的包容式发展（工业化+就业）	现有资源、地理环境评估，与周边国家和发展水平相类似的国家相比哪些行业具有比较优势	进行相关立法，提供“一站式”服务；通过税收优惠、园区土地廉租吸引国际投资，创造就业，增加税收	国家整体投资环境差，工业园区优惠条件不足以吸引国际投资者

（续表）

	目标和利益诉求（goal）	现实环境（reality）	方案和模式（options）	担忧与风险（worries）
入园国际企业（投资者）	以营利为目的，利用低廉的劳动力成本实现产能转移，保持并扩大国际市场	现有生产地的政策环境、市场条件、供应链、劳动生产率和物流成本是否将导致竞争力的丧失	• 产能转移到周边国家还是一步到位转移到非洲国家 • 面对中国市场还是国际市场 • 在非洲生产可享受发达国家零关税政策	• 政府政策不具连贯性，执行力不足，效率低，存在腐败现象 • 基础设施（交通运输、供水、供电）不足 • 缺乏国际化人才，风险掌控能力差，融资困难，外汇汇出受限制 • 国际市场对产品的认可度低 • 与工会（工人群体）的关系，罢工风险
园区投资、经营者	配合政府政策，吸引投资企业入园，扩大就业	• 园区的选址是否交通便利、基础设施完备、产业链完善，劳动力供应是否充足 • 与本国其他工业园区的竞争	园区本身需要有可行的商务模式运行，不单纯依靠政府补贴	园区建设缺乏资金，基础设施投入难以获得回报
落地国民众，社区，园区企业的雇员、劳动力	追求更高收入的就业机会，知识技能获取，未来职业发展	园区就业的劳动保护，薪酬条件是否高于其他领域	工人获取知识技能和经验之后可以选择其他薪酬更高的就业	民众担忧落地企业带来环境污染
国际开发金融机构、商业银行	• 开发性银行以长期资金支持非洲国家的工业化和发展 • 商业银行以营利为目的，以资金支持有实力的企业和高回报的项目	评估落地国的政治、经济现状及比较优势，评估园区企业和产品的发展潜力	• 主权担保、非主权业务 • 使用股权、贷款、担保等多种金融工具 • 支持园区内绿色项目，避免环境污染	• 政府政策不连贯影响开发性银行的主权业务 • 商业银行、开发性金融机构非主权业务风险与国际投资者的业绩绑定

（续表）

	目标和利益诉求（goal）	现实环境（reality）	方案和模式（options）	担忧与风险（worries）
本地企业和供应商	以营利为目的，以园区内国际投资者为客户，扩大产品销售市场	•本地资源、产品成本优势 •对本地体制、法规熟悉	通过与园区国际投资者合作走向国际市场，提升技术管理水平	供应链不全，成本（包括物流）高，不能满足园区落地企业的需求
工业园区产品的国际买家	以营利为目的，满足市场需求	评估消费者的需求，产品的品牌偏好，价格弹性	决定从其他地区还是从非洲采购，追求高性价比的产品供应	产品质量不能满足品牌要求，供货不及时

从表 6–1 分析可见，工业园区 7 个相关方的目标诉求、所处现实环境、发展选项和所面临的风险程度各有不同，利益多有交织，但也不乏矛盾之处，不乏“先有鸡还是先有蛋”的困境。我们需要找出“最大公约数”，只有“多赢”才能保证工业园区的可持续性，最终提高国家的工业化水平。其中，在各个相关方中，国际企业和投资者所面临的“担忧与风险”最多，程度也最高，但与其他利益相关方总体上是“一损俱损，一荣俱荣”的关系，因此应该成为政府和各方的“重点关注对象”。

“一带一路”建设需要第三方市场合作

第三方市场合作是指中国企业与有关国家企业共同在发展中国家第三方市场开展经济合作，主要是中国与发达国家合作开发发展中国家市场，将中国的优势产能、发达国家的先进技术和广大发展中国家的发展需求有效对接，强调优势互补，照顾第三国需求，实现互利多赢，产生 1+1+1 ＞ 3 的效果。通过与发达国家在第三国开展合作，有利于引导发达国家参与“一带一路”建设，降低中国企业进入部分共建“一带一路”国家的投资风险，消减少数国外人士对“一带一路”项目透明度、资金来源、投资回报的疑虑，为扎实推进“一带一路”建设营造良好环境。在“一带一路”建设中，中国参与第三方市场合作实践主要是与发达国家在发展中国家开展，这已成为中国与发达国家合作的新亮点。截至 2022 年底，中国已与澳大利亚、奥地利、比利时、加拿大、法国、意大利、日本、荷兰、葡萄牙、韩国、新加坡、西班牙、瑞士和英国等 14 个国家建立了第三方市场合作机制，共同为企业搭建合作平台，提供公共服务。

专栏 3　中法第三方市场合作的领域

2015 年 6 月，中国国务院总理访问法国，与法方签署了第三方市场合作声明，鼓励和支持两国企业在第三方市场开展或加强合作。

中法第三方市场合作的主要领域包括基础设施和能源，推动两国企业在第三方市场开展环境友好型产业合作，鼓励双方企业为欧洲、非洲和亚洲地区互联互通及私营部门的发展提供支持。在应对气候变化方面，中法加强可再生能源、提高能效、灾害预警、防灾减灾等领域在第三国，特别是发展中国家的合作。

中法两国企业在第三方合作中，遵循平等协商、互利共赢的原则，促进互联互通，支持区域一体化，充分尊重有关国家和地区自身特点、发展需要和经济发展战略及目标。中法第三方合作项目坚持“三国共同选择，第三国同意，第三国参与，第三国受益”，提高本地化程度，充分利用各自在生产、技术和资金等方面的优势进行互补，开展合作。

中法开展第三方市场合作以企业为主体、市场为导向，遵守东道国法律和政策，符合相关国家规划的发展重点，基于经济可行性、社会及环境可持续性，坚持互惠互利、协商一致、市场规则和公平竞争。从双方比较优势看，法国企业在先进制造、环保、工程建设等行业具有独特优势；中国企业在基础设施建设、能源、装备制造、互联网等领域积累了丰富经验。双方企业具有各自优势和较强互补性，开展第三方市场合作潜力较大。

埃塞俄比亚哈瓦萨工业园就是一个多方合作的典型例子。该工业园由世界银行以及中国工业园区专家协助埃塞俄比亚政府规划，采用国际环保标准打造，是其国际买家伙伴 PVH 集团[①]认可的政府主导样板园区。哈瓦萨园区由中国土木工程集团有限公司承建，2016 年 7 月竣工，第一批企业进驻，并于 2017 年成功实现第一批产品出口。已经入驻的公司包括印度 Arvind 公司、Best Co.Pvt 有限公司、Hirdaramani 服装有限公司、Hela 服装集团、PVH 集团、Quadrant 服装集团、联业制衣有限公司、无锡金茂有限公司、永欣集团（Indochine International）、雅加达布萨那制衣集团、江苏金岛国际贸易有限公司、Chargeurs 时尚科技公司等。截至 2020 年，入园企业达到 50 多家，雇用 2 万多名当地员工，企业大部分为 PVH 的供货和配套企业，产品包括梭织衬衫、梭织裤、运动服、休闲服和摩托车服、内衣、合成上衣、袜装、女装（衬衫、连衣裙、短裙等）。由于哈瓦萨园区招商引资渠道的特殊性，该园区在运营初期就基本形成了纺织服装集群的雏形，这与其他国家的制造业园区极为不同。哈瓦萨园区从设计之初就实施较为严格的环保标准，确保园区企业生产过程产生的废水尽可能得到回收和再利用，是非洲第一个可持续纺织服装工业园。作为埃塞俄比亚产业园区的样板项目，哈瓦萨园区与当地城市化紧密结合，包括与哈瓦萨大学形成紧密的产学研链条，打造成为整合完备产业链、对当地社会和环境负责的国际样板园区。

① 美国 PVH（Philips-Van-Heusen）集团是经营男装、女装、童装以及鞋类产品的服装集团，创建于 1881 年，始创业务是衬衫，年销售额达 80 亿美元以上，为全球第二大服装集团。

2018 年 3 月 20 日美国《外交官》杂志网站刊登《中国在非洲——为什么西方应该停止抱怨，开始接触》一文（Morgan，2018），以哈瓦萨工业园为例指出，如果没有中国在埃塞俄比亚各地修建的铁路、公路和发电站，PVH 和其他全球投资者不可能在这里经营他们的企业，并且创造成千上万的制造业岗位。文章指出，有令人鼓舞的迹象表明，中国和西方在当地并没有相互指责，而是能够共同努力。究其原因，中国的大部分资金流向了基础设施，但西方援助者更青睐“软件”，这种差异使中西能够互补，而不是竞争。

展望：“一带一路”2.0 建设合作共赢的新思路

在新的国际经济背景下，中国推动构建以国内大循环为主体、国内国际双循环相互促进的新发展格局，将在“一带一路”建设的新阶段为发展中国家带来更多的“中国机遇”。

在根据 GIFF 框架分析落地国比较优势的基础上，以 GROW 工具分析各个利益相关方的主要诉求与症结，特别是国际投资者面临的风险和挑战，我们提出以下四点应对思路和方案。

第一，在推动“一带一路”发展中国家工业园区建设过程中，综合考虑上游（基础设施）、中游（制造业）、下游（服务业）的连接，推动企业建立“基础设施 + 制造业 + 服务业”的市场化一揽子模式。投资基础设施项目必须考虑制造业、服务业的市场潜力，而投资制造业、服务业项目以及园区建设也需要考虑电力供应、交通运力和产业供应链。与工业园区“基础设施 + 制造业 + 服务业”的一揽子投资模式相配合，国内的政策性银行、商业银行以及丝路基金、南南基金等金融机构组成“一带一路”银团，设计服务于抱团出海的国企、民企，制定一揽子的融资方案，降低融资成本和风险，以绿色金融推动在非洲工业园区投资项目的设计、实施和运营，遵守社会、环境的高标准，杜绝输出高污染、高排放的产能。同时，建议我国政府相关部门以“一揽子”的投资规划和“一带一路”银团为谈判筹码，与落地国政府进行政策对话，促使当地政府建立完善的法律法规体系，建立“一站式”服务，保障投资优惠政策的透明性和连续性，降低政府更迭的影响。

第二，中国企业在园区建设和项目投资上要借力国际多边开发银行（世界银行、新开发银行、非洲开发银行和非洲区域性的发展银行如东非开发银行、西非开发银行等）的支持和资金，包括申请多边国际金融组织的贷款、股权、担保。以非洲开发银行为例，该银行制定了非洲工业化战略，主要包括6个方面。（1）推动行之有效的产业政策：以政策性贷款和预算支持以及技术援助帮助非洲国家政府设计产业政策，成立PPP机构，协调政府各部门职能，推动并监督PPP项目的实施。（2）带动基础设施与工业项目的融资：非洲开发银行将逐步增加对工业项目的投资，带动1.5倍的合作融资。（3）支持有效的非洲本土资本市场：未来10年，非洲开发银行将在非洲支持20个资本市场。（4）推动企业发展：非洲开发银行将在未来10年内增加面向中小企业的转贷资金，并以技术援助支持创新平台。（5）推动战略合作伙伴关系：为非洲企业与国际投资者提供对接平台。（6）打造有效的工业集群：根据各地的实际情况，在每一个非洲次区域（北非、中部非洲、东非、西非、南部非洲）率先支持一项工业集群发展，目标是在非洲打造35项有竞争性的工业集群。

第三，在“一带一路”发展中国家工业园区建设中推动与第三国合作，尤其是争取与欧美发达国家的国际品牌和买家公司投资园区落地。相比其他地区，非洲不是地理政治的热点，因此在这一地区的回旋余地较大。特别是在这一地区，欧洲国家在政治经济体制方面的影响很大，而中国的贸易和投资规模较大，有潜力在这一地区联手欧洲国家助力非洲国家的经济结构转型，共同分担风险，分享投资收益，为全球供应链安全注入新生力量，不断夯实供应链确定性。

第四，绿色应该是中国与“一带一路”发展中国家合作的底色，工业园区的建设也应该基于当地可再生能源的优势，通过绿色技术的应用，开展绿色园区建设，不仅可以满足园区能源的供应，还可以在园区内生产制造可再生能源产品。而绿色人才也是推进绿色发展的关键因素。无论是规模化的可再生能源制造业落地，还是“小而美”的直接惠民项目，其实都应该包括“授人以渔”的内涵，加强中国与“一带一路”发展中国家在绿色人才培养方面的合作与交流。学术机构可以通过绿色发展政策的深入研究，提出切实可行的政策建议，参与绿色发展项目的规划和实施，培养具备绿色理念和技能的专业人才，为全球可持续发展和生态友好型全球现代化贡献力量。

参考文献

于佳，2024. 绿色“一带一路”建设：新结构经济学国际实践手册[M]. 北京：北京大学出版社 .

林毅夫，2016. 华盛顿共识的重新审视——新结构经济学视角 [R/OL].（2016-11-07）[2025-07-14]. https://www.nsd.pku.edu.cn/attachments/4a8b55c7a33442bda596a7d785dada50.pdf.

FAROLE T, 2011. Special Economic Zones in Africa: Comparing Performance and Learning from Global Experiences[M]. Washington, DC:World Bank Publications.

LIN J, 2017. Industrial Policies for Avoiding the Middle-Income Trap:A New Structural Economics Perspective[J]. Journal of Chinese Economic and Business Studies,15(1):1-14.

MORGAN P, 2018.Why the West Needs to Stop Complaining and

Start Engaging China in Africa[R/OL]. (2018-03-20) [2025-07-14]. https://thediplomat.com/2018/03/why-the-west-needs-to-stop-complaining-and-start-engaging-china-in-africa/.

OEC (Observatory of Economic Complexity), 2022. Argentina[DB/OL]. (2022-12-31) [2023-01-19]. https://oec.world/en/profile/country/arg.

RODRIK D, 2016. Premature Deindustrialization[J].Journal of Economic Growth,21:1-33.

第 7 章

“一带一路”基础设施投资：经济地理与工业化视角下的全球布局[1]

[1] 本章作者为王敏。

1978—2023年，我国GDP年均增速高达9%，人均GDP从156美元增长到1.27万美元，经济发展成就前所未有。但在历经40多年高速增长后，中国经济面临新挑战。历史经验表明，成功实现工业化的经济体在经历高速城市化和工业化的发展阶段后，经济增速将逐年下降直至与发达经济体的增速趋同。在可预计的未来，中国经济增速将在2030年前维持在4%~5%的水平，在2030—2040年进入3%~4%的区间（姚洋，等，2020）。此外，中国经济发展遭遇要素成本瓶颈。2014年以来，我国16~59岁适龄劳动力人口持续加速下滑，劳动力成本不断上升；为解决历史欠账，进而扭转高投入、高消耗、高污染的粗放型经济发展方式，中国政府亦不断加强环保、安全生产和消防等生产领域的管制和执法，企业合规成本急剧攀升。而更为突出的是，随着中国制造业产业和技术的不断升级，中国出口产业与发达经济体产业从早期的互补进入替代阶段，导致中国与发达经济体（尤其是美国）的贸易冲突加剧。

放眼未来，中国经济发展面临向上和向下两头“突围”，以摆脱要素成本和贸易冲突桎梏的机遇：资本和技术密集型产业以及高端劳动密集型产业不断通过产品创新和品质提升“向上突围”，推动我国经济结构高质量的转型升级；中低端劳动密集型产业则“向下突围”，向东南亚、中南美洲和非洲等尚具备相当劳动力成本优势的“一带一路”地区进行产业转移，寻求生产资源在全球范围内配置优化的同时，也分散地缘冲突带来的贸易风险。早在2013年，中国政府便提出“一带一路”倡议，通过跨境基础设施建设，促进沿线国家的互联互通和经济一体化。如第1章所讨论的，“一带一路”倡议自提出以来获得了全球发展中国家的广泛欢迎。然而，这一倡议也面临挑战，如基础设施投资的成本高、回报周期长以及部分国家的债务风险等。本文旨在通过分析全球产业集聚和转移、农业国工业化的一般规律，探讨如何优化“一带一路”倡议下基础设施投资的地点和时点选择，以提高投资收益，降低投资风险，从而保障倡议的长期可持续发展。

“一带一路”倡议的成就和挑战

世界银行在2019年发布的研究报告表明“一带一路”交通基础设施的投资建设产生了非常可观的经济效应：平均缩短沿线经济体（全球所有国家之间）8.5%（3%）的交通运输时间；增加沿线经济体（全球）2.8%~9.7%（1.7%~6.2%）的贸易额；增加沿线经济体7.6%的外商直接投资；增加沿线经济体（全球）1.2%~3.4%（0.7%~2.9%）的实际收入；另外，“一带一路”交通项目有助于760万人口摆脱极端贫困和3 200万人口摆脱中度贫穷（世界银行集团，2019）。除交通基础设施外，“一带一路”倡议的投资领域还包括能源电力、港口、境外经贸合作区和产业园等其他基础设施。跟交通基础设施一样，这些基础设施投资对沿线经济体以及全球经济增长的贡献也不可小觑。

但以基础设施投资为基础的“一带一路”倡议也面临挑战。基础设施的回报周期较长，其投资却需要一次性的高额成本投入。“一带一路”国家多是中低收入经济体，人均收入和公共财政水平较低，往往需要通过外部融资来解决投资资金问题。而在2011—2020年，全球主要经济体恰恰经历了新一轮公共债务快速增长的周期：全球低收入和中等收入经济体外债占国民收入的比重分别从2010年的17%和21.4%增长到2021年的50.9%和28.3%。[①] 根据世界银行《2024年国际债务报告》，全球已陷入主权债务危机和正面临主权债务高风险困境的中

① 数据来源：世界银行WDI数据库。

低收入经济体数量占比分别从 2015 年的 6% 和 21% 增长到 2023 年的 16% 和 38%。事实上，全球发展中国家的债务问题在 2018 年已开始凸显，并在 2020 年新冠疫情冲击下出现赞比亚、斯里兰卡、厄瓜多尔等多个中低收入经济体的主权债务违约。在此背景下，“一带一路”倡议下的基础设施投资难以避免地遭遇部分被投资国的债务风险问题，而我国对外承包工程合同金额的年均增速也从 2013—2017 年的 11.2% 下降到 2018—2023 年的 0.1%。[①] 若只考虑疫情前的 2018—2019 年，中国对外承包工程合同金额的两年平均增速为−0.61%。

“一带一路”国家大都处于工业化发展早期。对于这些国家而言，良好的基础设施是吸引外商投资、发展工业的先决条件。因此，这些国家通过外部融资推进国内基础设施的建设以促进工业化发展的做法值得肯定。但是，基础设施的投资建设也面临成本收益的平衡。尤其是对于低收入国家而言，由于财政预算收入有限，谨慎的基础设施投资非常关键。如果一个经济体通过外部融资投资建设的基础设施能成功吸引外商投资，促进国内工业化发展，那么该投资就能产生良好的收益，进而通过成功的经济发展解决债务问题。但由于赶超心理，后发国家也容易在短期内通过外部融资大规模推进国内基础设施投资建设，且产生建设标准超前、资金投入过高、项目建设缺乏选址和优先顺序的科学决策等问题，导致这些投资不但难以像预期那样有效吸引外商投资，促进本地经济发展，反而使政府在短期内背负上高额的债务成本，甚至酿成更为严重的债务危机。

以 2023 年人均收入仅为 1 272 美元的低收入国家埃塞俄比亚为例。为推动工业化发展，该国自 2014 年起通过欧洲债券市场和世界银行优惠贷款等外部融资，短短几年内在全国新建了 16 个高标准的国有工业园区。这些工业园区不但建设标准高，且在一次性完成大部

---

① 数据来源：《中国统计年鉴 2024》。

分乃至所有厂房和设施的建设后再统一招商引资。但除哈瓦萨、宝利莱米等少数工业园，不少工业园区在建成后面临招商引资难、园区内厂房多年空置的困境。与此同时，利用中国进出口银行贷款等外部融资，埃塞俄比亚还投资建设了非洲最大的水力发电设施复兴大坝（总耗资约 50 亿美元）、撒哈拉以南非洲第一条城市轻轨亚的斯亚贝巴轻轨（总耗资 4.75 亿美元）、非洲第一条跨国标准轨电气化铁路亚吉铁路（总耗资约 40 亿美元）等一系列大规模、高标准的基础设施。政府主导的大规模基础设施投资导致政府公共债务持续高企，外债占埃塞俄比亚国民收入的比重从 2008 年的 10.5% 快速上升到 2018 年的 35.57%。[①] 而这些基础设施投资并没有在短期内推动埃塞俄比亚工业化的快速发展，国内制造业 GDP 占比长期徘徊在 5% 左右[②]。在经历了新冠疫情和国内战争冲突后，埃塞俄比亚政府于 2023 年底宣布部分主权债务违约。

“一带一路”倡议以基础设施投资建设为基础，但从生产的角度，基础设施是一项投入要素，其最终需求来自所在国的产业和经济发展需要。此外，从长远来看，只要经济能保持增长，政府就能有持续稳健的财政收入，类似埃塞俄比亚那样适当超前的基础设施投资以及由此产生的债务在未来都能被消化掉，而不至于成为浪费。因此，“一带一路”倡议下的基础设施投资风险的高低最终依赖于被投资国能否成功实现工业化和长期增长。但是，经济活动和产业的地理空间分布及发展有其一般规律。下文分析表明，遵循这些经济规律，选择科学合理的地点和时点进行基础设施投资，就有可能保持较高的投资收益率和较低的投资风险。否则，被投资国和外部融资机构就容易因基础设施成本过高、收益过低而蒙受损失。

---

① 数据来源：世界银行 WDI 数据库。

② 数据来源：世界银行 WDI 数据库。

全球经济地理的发展规律和趋势

在过去十几年间，全球不少类似埃塞俄比亚这样的中低收入经济体积极投资建设基础设施，以为建设了工业园、交通和能源电力等基础设施，便能吸引外资企业投资，发展本地工业。往往被忽略的是，基础设施虽然是工业化和经济发展的必要条件，但在一定程度上也是经济发展的“果”，而不是“因”。对于一个地区而言，只有当经济活动有可能或已经向该地区集聚从而产生对基础设施的需求时，该地区才需要投资建设工业园等基础设施便于产业项目落地，进而抓住经济发展机会。地理空间上足够的经济密度同样也是支撑基础设施投资的必要条件。否则，缺乏需求的基础设施不但导致投资成本高于收益，而且有可能闲置。但是，经济活动在地理空间上的集聚有其自身规律。在财政收入有限的条件下，一个地区或一个国家的基础设施投资的地理空间分布也当顺应经济集聚规律并面向市场需求进行决策选择。否则，偏离需求不切实际地追求基础设施的大规模、高标准建设，只会带来浪费以及沉重的债务负担。因此，从投资风险的角度考虑，“一带一路”倡议下的全球基础设施投资同样也应遵循经济活动的地理空间分布规律。

经济集聚和转移规律

据工业革命以来各国的发展经验，无论是从一个国家内部还是从全球视角来看，人类经济活动在地理空间上都是高度集聚的。早在 1890 年，马歇尔就发现，生产类似产品及其上下游产业链上相关产品的企业有在地理空间上集聚的特征，并提出“产业区”的概念。马歇尔认为形成产业区的根本原因是，产业集聚所形成的外部规模经济能有效降低市场交易成本，促进分工深化和技术外溢，进而提升产业区内所有企业的市场竞争力。20 世纪 80 年代末发展出来的新经济地理学则进一步利用企业生产规模报酬递增和不完全竞争理论解释并研究产业经济活动的空间集聚及区域增长的动力（Krugman，1991；Krugman et al.，1995；Venables，1996）。对应于马歇尔的外部规模经济，新经济地理学意义上的规模报酬递增相当于内部规模经济，即现代化工业生产本身具备较强的规模经济，且在内部规模经济力量的驱动下，生产活动越集聚、规模越大，企业产品成本则越低，从而在市场上越有价格竞争力。在垄断竞争条件下，这些特征必然在地理空间上导致生产活动的集聚和专业化分工。总结来说，现代化生产的内部规模经济和外部规模经济共同导致了经济活动在地理空间上的集聚。

世界银行发布的《2009 年世界发展报告：重塑世界经济地理》总结了新经济地理学的主要理论发现和全球经济活动地理分布的一般规律：（1）随着经济增长，经济活动在地理空间上不断向中心区域和增长极集聚，并表现出越增长越集聚、越集聚越增长的发展规律；（2）经济活动在地理空间上的分布始终是不平衡的，但人们的生活水平最终会趋同；（3）经济发展在地理空间上存在"邻居"效应，即随着经济增长和经济活动的持续集聚，中心区域的劳动力、土地等要素成本不断上升，附加值较低、劳动密集型的低端制造业开始缺乏比较优势，最终引发经济活动的外溢（产业转移），但这种外溢（产业转移）仅流向周边地区。

上述三个经济地理规律不但适用于一个国家内部，也适用于全球产业和经济活动分布。以全球经济集聚最为显著的国家之一日本为例。日本最大的都市圈（东京都市圈）面积仅为日本国土面积的3.6%，却容纳了日本近 30% 的人口（约 3 800 万人），产出了 40% 的

GDP。[①] 在美国、英国、法国和韩国等其他高收入国家，经济最发达城市（纽约、伦敦、巴黎和首尔）都市圈的 GDP 占所在国 GDP 的比重分别高达 10%、23%、31% 和 49.8%。[②] 不仅在一个国家内部，经济活动在全球范围内也高度集聚在几个区域中心。世界银行 2009 年的报告发现，欧盟、北美和东亚 GDP 的全球占比在 1980 年是 70%，到了 2000 年提高到 83%。在 1980—2000 年，世界的经济活动不断向这几个区域中心集聚 。

全球经济活动的集聚趋势

由于“一带一路”倡议意在通过全球中低收入经济体的基础设施投资推动所在国的工业化，我们也有必要了解全球经济活动和制造业产业的集聚与转移情况。考虑到“一带一路”倡议下的基础设施投资对象主要为中低收入经济体，因此本文将全球经济体分为低收入经济体、中等收入经济体和高收入经济体这三组，进而利用世界银行 WDI 数据考察全球经济活动在这三类经济体的分布情况。

我们首先在图 7-1 展示了 1960—2023 年全球低收入经济体、中等收入经济体和高收入经济体的 GDP 全球占比[③]。一个最为显著的事实是，在过去这 60 多年间，在很长一段时间内，全球 GDP 在这三

---

① 东京都市圈人口数据来自联合国出版的《2016 年的世界城市》(*The World's Cities in 2016*)，东京都市圈 GDP 和日本 GDP 数据为 2021 年统计数据。

② 2023 年纽约都市圈的 GDP 为 2.3 万亿美元，数据来自美国联邦储备经济数据库（Federal Reserve Economic Data）。2022 年大伦敦的 GDP 为 5 192 亿英镑，数据来自英国国家统计局。2023 年大巴黎地区 GDP 占比数据来自巴黎大区投资促进局、巴黎大区工商会、巴黎大区研究院联合发布的《巴黎大区 2023 年资料与数据》。2022 年首尔都市圈（包括首尔特别市、京畿道和仁川广域市）合计名义 GDP 为 268.4 万亿韩元，数据来自韩国统计厅。

③ 数据来源：世界银行 WDI 数据库。

类经济体的分布几乎没有变化，但从 2003 年开始，中等收入经济体的 GDP 占比开始快速上升，高收入经济体的 GDP 占比则开始快速下降。中等收入经济体和高收入经济体的 GDP 全球占比分别从 2003 年的 16.2% 和 83.2% 变为 2023 年的 34.7% 和 64.3%。此外，全球经济活动在这三类经济体的分布是高度不平衡的。2023 年，低收入经济体、中等收入经济体和高收入经济体在全球的人口占比分别为 9.1%、73.1% 和 17.4%，但在当年的 GDP 占比则分别是 0.62%、34.7% 和 64.3%。考虑 2003 年之前长达半个世纪的情况，即全球 80% 以上的 GDP 长期集中在人口占比不到 20% 的高收入经济体，全球经济活动的分布在历史上更加不平衡。

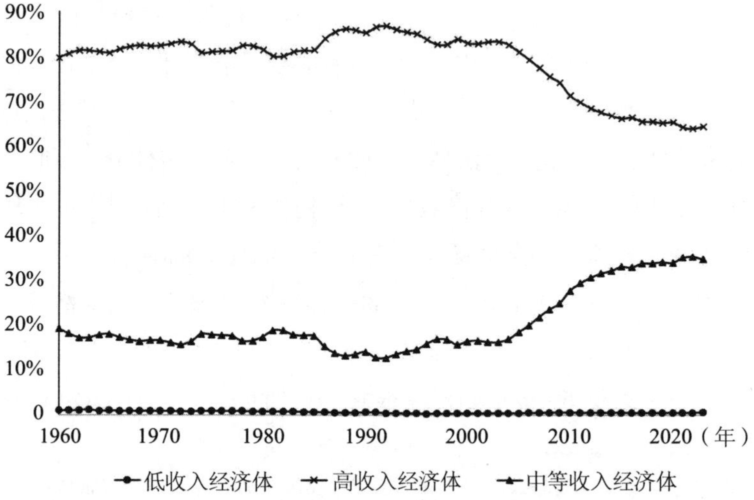

图 7-1　1960—2023 年三类经济体 GDP 全球占比

图 7-1 的数据表明低收入经济体似乎一直陷在贫困陷阱中，而中等收入经济体则在 21 世纪开始追赶。但如果把中等收入经济体分成中国和中国以外的中等收入经济体，我们可以更清楚地了解全球经济活动在过去 60 多年的分布变化。图 7-2 展示了 1960—2023 年中国和中国以外其他中等收入经济体的 GDP 全球占比。一个明显的事实是，

在这 60 多年间，中国以外的中等收入经济体的 GDP 全球占比波动起伏，但总体变化不大；而中国的 GDP 全球占比则在 1990 年开始快速并持续上升，从 1990 年的 1.6% 增长到 2021 年的峰值 18.2%，随后回落到 2023 年的 16.8%。目前中国的 GDP 几乎与全球其他所有中等收入经济体的 GDP 总量相当。图 7–2 的数据表明，图 7–1 所展示的 21 世纪中等收入经济体的快速追赶主要是由中国经济在这段时间的高速增长所驱动。显然，中国在 2001 年加入 WTO 融入全球产业链和全球市场是中国经济腾飞进而改变全球经济分布的关键因素。这也表明了国际贸易对后发国家经济增长的重要性。

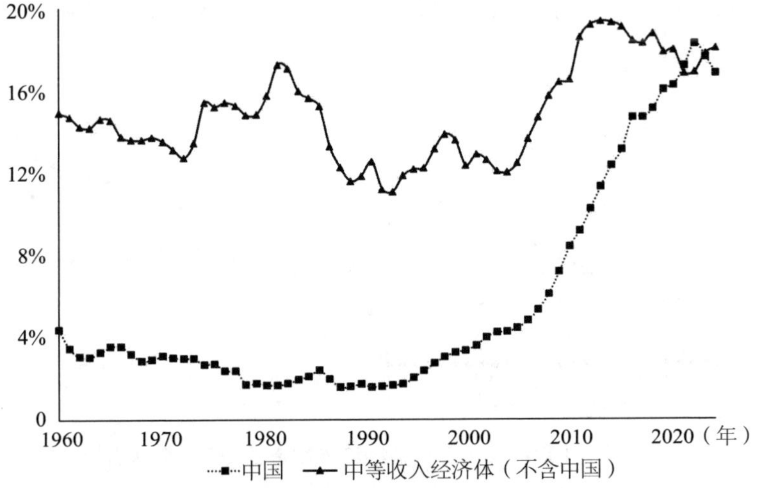

图 7–2　1960—2023 年中国和中国以外中等收入经济体 GDP 全球占比

工业化是全球中低收入经济体经济增长的最重要引擎。图 7–3 进一步展示了不同经济体的制造业 GDP 全球占比的时间趋势图。由于数据缺失，图 7–3 中的左图和右图的起始年份分别为 1996 年和 2004 年。[①] 但比较图 7–3 和图 7–1、图 7–2，很容易看到各个经济体的制

① 在 WDI 数据库中，中国制造业 GDP 的数据起始年份是 2004 年。

造业 GDP 全球占比的变化趋势与各经济体的 GDP 全球占比变化趋势大体一致。其中，中国制造业 GDP 的全球占比从 2004 年的 8.6% 增长到 2021 年的峰值 30.5%，并在之后回落到 2023 年的 28.8%。显然，中国制造业在 21 世纪的快速发展改变了过去数十年间全球制造业的版图。此外，值得指出的是，全球制造业在中国的集聚程度远高于全球 GDP 在中国的集聚程度。以 2023 年数据为例，高收入经济体的 GDP 全球占比（64.3%）要高于其制造业的 GDP 全球占比（52.3%），除中国以外的其他中等收入经济体的这两个数据基本相当（均在 18% 左右），而中国的制造业 GDP 全球占比（28.8%）远高于中国的 GDP 全球占比（16.8%）。这也表明中国经济在全球比重的上升很大程度上是由工业化所推动。

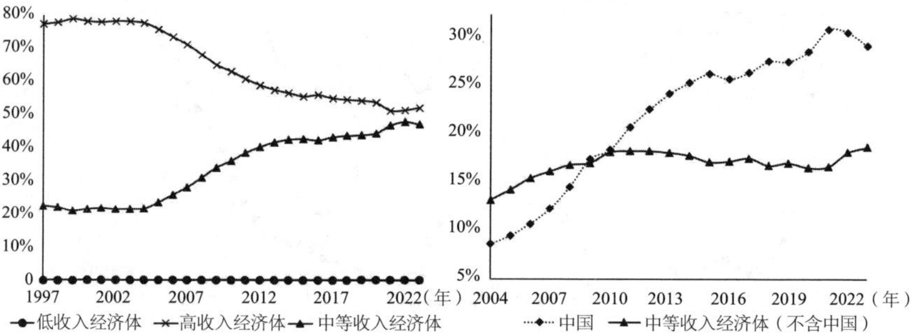

图 7-3 1997—2023 年各经济体制造业 GDP 全球占比

综合以上讨论，我们大体可以对全球经济活动在过去半个多世纪的分布变化做出以下总结。1960 年以来，全球经济活动在低收入经济体、中等收入经济体和高收入经济体的分布在很长一段时间内保持稳定，且全球经济活动和制造业主要集聚在高收入经济体。但是，进入 21 世纪后，由于中国工业化的快速推进，中国经济总量和制造业 GDP 占比在全球快速上升，成为过去 60 多年改变全球经济和制造业版图的最重要力量。正如前文所讨论的经济集聚规律，在过去这 20

年，随着中国经济的快速增长，全球经济活动和制造业产业不断向中国集聚。由于中国人口规模庞大（相当于全球所有高收入经济体人口总和），产生了非常大的规模经济，集聚所产生的经济增长和对全球经济版图的影响极其惊人。

全球经济活动的转移趋势

但随着中国经济的增长和经济活动的持续集聚，国内劳动力、土地等要素成本不断上升，与发达经济体的产业竞争和贸易冲突在近些年也开始加剧。这两个因素使得中国部分已经缺乏比较优势的劳动密集型产业早在 10 多年前就开始外移，也最终使得中国经济活动和制造业 GDP 全球占比在经历了近 30 年的持续增长后于 2022 年之后首次出现连续下降。

如前文所讨论的，当经济活动集聚到一定程度开始往外溢出时，“邻居”效应开始发挥作用。事实上，中国在 20 世纪八九十年代工业化早期主要承接的是来自地理上的“邻居”——日本和亚洲四小龙的产业转移。这一轮从中国向外的产业转移，“邻居”效应依然发挥作用。根据世界银行的地区分类，我们可以把全球除中国以外的中低收入经济体分为以下 6 个地区：东亚和太平洋地区（不含中国）、南亚、欧洲和中亚、拉丁美洲和加勒比地区、撒哈拉以南非洲、中东和北非。如果考虑“一带一路”倡议提出后 10 年间上述 6 个地区中低收入经济体的 GDP 全球占比变化情况，我们可以发现一个重要事实。在 2014—2023 年，只有南亚、东亚和太平洋（不含中国）这两个地区的中低收入经济体的 GDP 全球占比是上升的，且分别上升 0.97% 和 0.27%，其他 4 个地区的中低收入经济体 GDP 全球占比则是下降的。南亚、东亚和太平洋这两个地区恰恰都是中国地理上的“邻居”，而且劳动力成本较低，在劳动密集型产品的生产制造上具备比较优势。这也与中国制造业企业出海首选东南亚和南亚地区的实际情况是一致的。

但是，如果考虑2018年中美贸易冲突以来的情况，全球经济活动的外溢则又有了新的形势变化。2018—2023年，除南亚、东亚和太平洋这两个中国近邻地区，欧洲和中亚、拉丁美洲和加勒比这两个地区中低收入经济体的GDP全球占比也是上升的。如果把这段时期这4个地区中低收入经济体GDP全球占比增加值从高到低排序，则分别为欧洲和中亚（0.31%）、南亚（0.17%）、拉丁美洲和加勒比地区（0.12%）、东亚和太平洋地区（0.02%）。如果考虑中国GDP全球占比出现持续下降的这个时间段（2022—2023年），全球经济活动外溢的新变化则更加突出。在这两年，依旧只有上述4个地区的中低收入经济体GDP全球占比是上升的，但2023年相比于2021年的GDP全球占比的增加值从高到低排序分别为拉丁美洲和加勒比地区（0.93%）、欧洲和中亚（0.29%）、东亚和太平洋地区（0.09%）、南亚（0.06%），其中，拉丁美洲和加勒比地区的增长和集聚表现尤为惊人。显然，2018年以来，尤其是2021年以来，拉丁美洲和加勒比、欧洲和中亚这两个地区的中低收入经济体越来越成为全球重要的产业转移目的地，而这两个地区恰恰是全球最发达经济体——北美和欧盟在地理上的近邻。“邻居”效应继续发挥作用。但与南亚、东亚和太平洋这两个地区所不同的是，拉美和加勒比、欧洲和中亚这两个地区更多是受益于近些年全球贸易和地缘政治冲突的影响而获得了地理近邻的经济外溢。

综上所述，在过去半个多世纪，全球经济地理最显著的变化是中国实行改革开放、加入全球产业链，全球经济活动和制造业产业不断向中国集聚，进而重塑了全球经济和产业的地理空间分布。但是，随着中国经济的持续增长和劳动力人口的下降，中国国内劳动力成本不断上升，劳动密集型制造业开始失去比较优势，相关经济活动和产业开始往周边劳动力成本尚低的南亚、东亚和太平洋地区的中低收入经济体转移。以上是由成本和经济因素驱动的产业转移与经济活动外溢。但是，中国经济的持续增长也促使中国产业不断升级，使得中国与欧美发达经济体的产业从早年的互补进入竞争阶段，例如新能源汽车、光伏、动力电池、芯片等。这就使得中国和发达经济体的贸易冲突不断加剧，再叠加中美地缘政治冲突，催生了欧美的“近岸制造”。虽然相比南亚、东亚和太平洋地区，拉丁美洲和加勒比、欧洲和中亚这两个地区的劳动力成本优势并不突出，但由于邻近欧美发达经济体，它们也在近几年获得了全球经济活动的集聚。

显然，当全球经济活动向中国持续集聚到一定程度并开始往外溢出时，两种力量——劳动力成本和贸易冲突——共同决定了溢出的方向和区域。考虑到上述两个因素在未来很长时间内持续存在，那么在可预见的未来，从全球来看，上述 4 个地区的中低收入经济体更有可能成为未来全球范围内经济快速增长、经济活动持续集聚的地区，对良好基础设施的需求也相对旺盛。而由于经济的快速增长，这些地区中低收入经济体的财政状况也会比较好，对基础设施的支付能力也较强。因此，从以上角度看，“一带一路”倡议下的基础设施投资应紧随全球经济活动的走向，进行投资目的地的谨慎选择。

最后，需要指出的是，为了分析的简便，本文把全球中低收入经济体分为 6 大区域。但是，即便在同一区域，不同国家的表现也不尽一样。因此，从具体的投资地选择上，要从更细的国别层面进行斟酌。例如，在南亚地区，中低收入经济体的 GDP 全球占比上升主要是由印度和孟加拉国这两个国家所推动；相比之下，斯里兰卡和巴基斯坦这两个国家的 GDP 全球占比在前文所讨论的任何一个时间段都是下降的。因此，中国在斯里兰卡和巴基斯坦投资的港口、能源、交通、产业园等基础设施虽然对于中国有重要的地缘战略意义，但也会面临一定的债务风险。事实上，斯里兰卡在 2022 年 5 月已经出现主权债务违约。而由于国内恐怖袭击和安全问题长期难以得到解决，巴基斯坦投资数百亿美元的“中巴经济走廊”也面临招商引资的困难。

因此，“一带一路”倡议下的基础设施投资如何平衡国家战略和债务风险，以及在对中国有重要战略意义的基础设施项目中采取什么样的融资方式（援助或债务融资），仍是亟待深入探讨的问题。

农业国工业化的一般规律

“一带一路”倡议是希望通过基础设施投资，推动被投资国的工业化和经济发展。但如前文所讨论的埃塞俄比亚，不少后发国家为促进本国工业发展，在基础设施的投资上容易激进，在短期内不切实际地追求基础设施一步到位的大规模、高标准建设。即便这些国家能凭借未来经济的持续增长消化这些基础设施投资，但由于基础设施一次性高额固定成本投资的特性，建设规模过大，建设标准超前、过高，不但在短期内产生一定的浪费，也使得政府过早背负过高的债务，进而产生流动性危机和主权债务违约风险。

继续以埃塞俄比亚为例。前文所提到的通过外部融资建设的16个国有工业园，不但在短短数年间全面铺开，一次性完成所有或大部分地块和厂房建设，而且从实地调研情况来看，园区厂房建设标准远高于中国在同等发展阶段的工业园区（即便跟中国当前大多数工业园区建设标准相比也毫不逊色）。亚的斯亚贝巴轻轨由于缺乏车辆和零部件，不但开通班数有限，无助于改善当地交通，而且长期亏损严重。亚吉铁路采用电气化方案，而不是成本较低的内燃机方案，使得投资建设成本大幅度提升。如果在当前的发展阶段，埃塞俄比亚政府能根据招商引资节奏对工业园进行逐步滚动开发，亚吉铁路按低成本的内燃机方案进行建设，放弃亚的斯亚贝巴轻轨的建设，埃塞俄比亚的基础设施投资就会有相对比较好的收益，债务风险问题也会在很大程度上得到缓解。

事实上，农业国工业化无法一蹴而就，而且存在一般化的发展路径和规律。从中国的发展经验来看，中国总体而言是随着工业化进程的推进，逐步增加和升级基础设施的投资，而不是在发展早期就寻求大规模、高标准的基础设施投资。前文已经从全球经济集聚和转移的角度探讨了“一带一路”倡议下基础设施投资的目的地选择问题。而基于以上讨论，根据工业化的发展规律，在不同的发展阶段进行相适应的基础设施投资，或者说基础设施投资的时点问题，可能也是“一带一路”项目需要重点考虑的。

农业国工业化的四个发展阶段

早在 20 世纪 60 年代，日本经济学家赤松要（Akamatsu，1962）基于日本的工业化发展经验，提出了农业国工业化和产业发展的雁行模式。其中，基于产业生命周期，赤松要提出了农业国工业化的四个主要发展阶段。

在第一个发展阶段，后发农业国的工业基础几乎为零，在国际市场上主要出口农产品或矿产品，进口工业消费品。此时，这些农业国与发达国家的经济结构高度互补，与发达国家的国际关系和贸易往来也开始发生，本土传统手工业被进口工业消费品替代。

在第二个发展阶段，由于后发国家在劳动力成本、原材料和国内市场有一定比较优势，国内企业开始进口资本品和中间品，生产和替代之前进口的工业消费品，例如中国 20 世纪八九十年代的加工贸易。后发国的工业化开始起步。在这个阶段，后发国家往往实施国内产业保护和进口替代政策，例如对需要国产替代的进口消费品设置高进口关税，对国内工业生产需要的资本品和中间品设置低进口关税等。此外，在这个阶段，随着工业化进程的推进和经济的增长，国内储蓄和资本开始不断积累，国内能源电力和交通运输等基础设施也开始不断发展以支撑工业化。

在经过第二个阶段工业制造能力的长时间积累后，后发国家在国产工业消费品上实现了相当的进口替代，且产品质量在国际市场上逐渐具备竞争力。此时，农业国的工业化开始进入第三个阶段，即出口工业消费品，开始生产资本品。这个阶段也可以被称为出口导向阶段。此时，后发国家的制造业从原来的消费品制造向上游的中间品和资本品延伸，国内产业链不断完善。

当后发国家完成上述三个发展阶段，则进入工业化的最后一个发展阶段：出口资本品，并（从相对不发达经济体）进口消费品。在这个阶段，该国的工业化进程基本完成。但由于与发达经济体的产业结构不断趋同，该后发国家与发达国家的贸易冲突将不断加剧。

基于上述四个工业化发展阶段，赤松要进一步总结了发展中国家在追赶发达经济体的过程中相关产业发展的两种特征：一个产业的发展表现为先进口产品，后自主生产（进口替代），最终实现产品出口（出口替代）这样一个连续的过程；同一产业内新产品和新产业的发展则表现出从消费品升级到资本品，从简单技术升级到复杂技术这样一个过程。在一国内部，上述两个特征不断循环推进，就像一组雁群的“V 形”飞行模式。20 世纪 60 年代以后，大量的实证研究都证实了产业跨国转移的雁行模式，例如制造业产业从日本向新加坡、韩国以及后来的中国进行转移的过程（Chiang，2008；Hiley，1999；Kojima，2000；Ozawa，2001）。

以上四个发展阶段以及雁行模式构成了农业国工业化的一般发展规律。但其背后的理论逻辑是，随着经济增长，后发国家的比较优势不断发生变化，进而使得国内产业和产品结构随之持续调整。在工业化早期，后发国家的产业以农业为主，人均收入普遍较低（矿产资源丰富的国家除外，例如中东国家）。这也就意味着这些国家的劳动力、土地等要素成本较低，在生产劳动密集型的工业消费品上有比较优势。因此，农业国的工业化基本上是从进口资本品和中间品、生产劳动密集型的工业消费品开始。但随着经济增长，劳动力成本越来越高，国内的资本积累越来越多，后发国家的比较优势产业逐步从劳动密集型产业转向资本密集型产业，从而最终实现对中间品与资本品的进口替代和出口，完成工业化历程。以下，我们以中国为例对此展开讨论。

中国的工业化

从上述雁行模式中，我们可以看到农业国的工业化进程是随着国内生产比较优势的演变而逐步向前推进的。而最能反映一个经济体比较优势的是其参与国际贸易和分工的情况。一般而言，进口和出口占比较高的产品分别是这个经济体缺乏和具备比较优势的产品。反之亦然。因此，我们利用联合国的全球国际贸易数据库 COMTRADE 对中国在 1992—2023 年的国际贸易和工业化展开讨论。[①] 该数据库提供原材料、消费品、中间品和资本品四大类商品的国际贸易数据统计。其中，原材料是未经过加工或仅经过初步加工、用于生产其他商品的初级产品，如矿石、木材、棉花、天然橡胶等，基本上属于资源密集型产品；消费品则是用于满足个人或家庭最终消费的商品，如食品、饮料、服装、家电、汽车等，大部分属于劳动密集型产品；中间品是在生产过程中被用于制造其他商品，但本身不是最终产品的商品，如零部件、原材料的半成品等；资本品是用于生产其他商品的耐用品，如机器设备、厂房、运输工具等。中间品和资本品基本上属于资本密集型产品，但资本品的资本密集属性要高于中间品。基于 COMTRADE 数据库，图 7-4 和图 7-5 展示了 1992—2023 年上述四大类商品在中国进口总额和出口总额中的比重。

① 该数据提供的中国国际贸易数据最早到 1992 年。

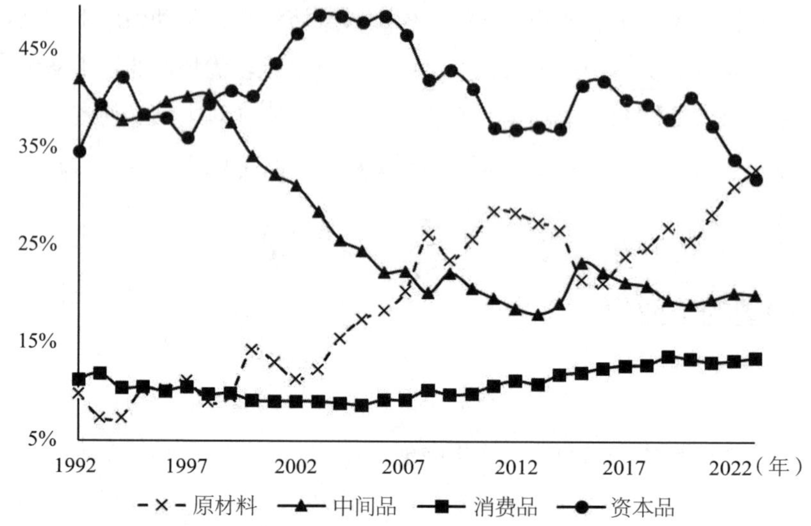

图 7-4　1992—2023 年中国四类商品进口金额占比

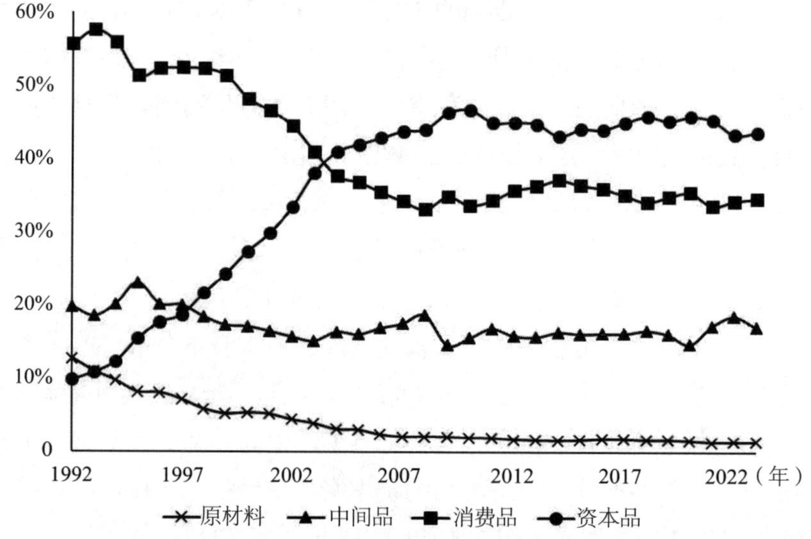

图 7-5　1992—2023 年中国四类商品出口金额占比

首先，从图 7-4 和图 7-5 我们可以看到，在有数据的最早年份 1992 年，中国的国际贸易模式主要表现为进口中间品和资本品，出口消费品。1992 年，中国的中间品和资本品进口占比分别为 42.4% 和 34.9%，两者相加接近 80%，远高于其他两类商品；中国的消费品出口占比 55.6%，也远高于其他三类商品。以上数据表明，在 20 世纪 90 年代初，中国尚处于工业化发展早期，人均收入水平和劳动力工资水平较低，劳动密集型产品消费品的生产在世界范围内有比较优势，发展出“两头在外”的来料加工贸易模式，即进口中间品和资本品，生产和出口最终消费品。中国在当时已经进入前文所讨论的工业化发展的第三阶段。

其次，更为重要的是，在过去 30 年间，随着中国工业化的快速推进，中国的国际贸易产品结构也发生了翻天覆地的变化。从图 7–4 可以看到，在 1992—2023 年，原材料进口占比持续上升，中间品进口占比从 1999 年开始持续下降，资本品进口占比经历了先上升后下降的趋势，消费品进口占比则经历了先下降后上升的趋势。资本品进口占比的最高值和消费品进口占比的最低值基本上出现在 2005 年前后。而从图 7–5 的出口数据来看，在 1992—2023 年，中国原材料和消费品的出口占比持续下降，中间品的出口占比变化总体不大，而唯独资本品的出口占比持续上升并在 2004 年超过中间品成为中国最大的出口产品类别，持续至今。

综合以上讨论，我们大致可以判断在 2005 年前后，中国制造的比较优势从原来的劳动密集型产品逐渐转向资本密集型产品。此时，中国不但通过国内资本品的生产替代进口资本品，导致此后进口资本品占比的持续下降，也大规模出口资本品。另外，消费品的进口占比也从这个时间节点开始持续上升。可以说在 2005 年左右，中国工业化进入了前文所讨论的第四个发展阶段。事实上，学术界曾有大量的研究证据表明，中国的劳动力市场也正是在 2005 年左右出现了“刘易斯拐点”，使得中国逐渐失去劳动力成本的比较优势（Cai et al.，2008；Cai et al.，2011；Zhang et al.，2011；Liu，2015）。

最后，图 7–6 进一步展示了中国对外投资的数据。[①] 图 7–6 非常清楚地展示了中国企业对外投资的快速增长也是始于 2005 年左右。这可能也表明当国内劳动密集型产业失去比较优势时，中国制造业企业开始出海投资。以上数据和讨论都一致表明，中国过去 30 多年的工业化进程基本上也遵循了农业国工业化的一般规律，并在 2005 年左右发生了转折性变化。而正如赤松要雁行模式所预测的，当中国工业化进入第四个发展阶段导致其制造业产业结构跟发达国家趋同时，中国与全球发达国家的贸易冲突也开始不断加剧。

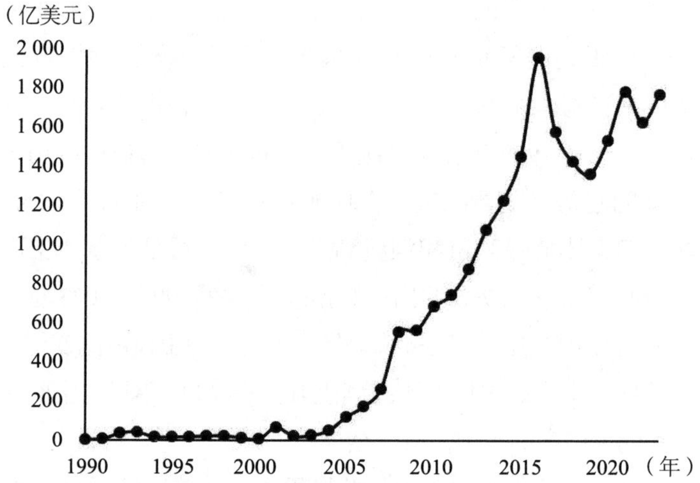

图 7–6　1990—2023 年中国年对外投资流量金额

启示

以上讨论表明，农业国工业化有其一般性规律。因此，当全球特定地区中低收入经济体承接新一轮产业转移开始工业化进程时，大体

① 数据来源：联合国贸易和发展会议数据库。

也会遵循上述发展规律。如前所述，即便一个经济体有可能成为未来经济活动集聚的地区，但过早的大规模建设高标准基础设施也会带来一系列问题。因此，“一带一路”倡议下的基础设施投资不但要选择合适的地点，也要选择合适的时点。

以中国的高速公路建设为例。中国大规模投资高速公路始于亚洲金融危机发生期间的 1998 年。中国高速公路总里程在 1997 年底只有 0.48 万千米。而在 1998 年，中国一年新增高速公路里程 0.39 万千米，中国高速公路总里程在随后的 20 多年时间内持续高速增长。1998—2023 年，中国平均每年新增 0.69 万千米高速公路。相比之下，1991—1997 年，中国平均每年新增高速公路只有 0.1 万千米。截至 2023 年底，中国共有 18.36 万千米的高速公路。

而如前所述，在 1998 年，中国大致处于工业化发展的第三个阶段，已经积累了相当的工业基础。从图 7–4 和图 7–5 可以看到，此时的中国尚处在进口中间品和资本品、出口消费品的加工贸易阶段，但简单的加工贸易基本接近尾声，且已经开始在国内生产资本品并进行一定数量的出口（虽然资本品出口占比还远低于消费品）。此外，此时的中国马上要进入对进口中间品进行持续国产替代的阶段：中间品进口占比从 1998 年 41% 的高点持续且快速下降到 2008 年的 20% 左右，之后基本维持在这个水平。如果说消费品、中间品和资本品分别处在一个产业链的下游、中游和上游的话，那么 1998 年的中国已经在下游劳动密集型消费品上具备了较为成熟的制造能力和一定的全球竞争力，并开始向产业链中上游拓展。

因此，基于工业化发展的一般规律和中国经验，如果中国要在“一带一路”合作框架下对某个经济体大规模、高标准的基础设施投资建设提供融资，可能较为稳妥的时间节点是该经济体已经积累了多年的加工贸易和工业消费品出口的生产制造能力，也已经开始生产中间品和资本品，且在中间品的生产制造上表现出一定的竞争力和进口替代能力。在此之前，更适宜通过小规模的发展援助或优惠贷款，优先解决“有无”问题，即基本交通、能源等关键基础设施的初步供给，为后续更高质量的基础设施建设打下基础。事实上，在中国1998年大规模投资建设高速公路之前，中国已经有127万千米的普通公路，包括国道、省道、县道等。相比于高速公路，这些普通公路存在路面质量差、车道数量少、设计时速低等多方面的缺点，但建设和维护成本都要远低于高速公路。更重要的是，这些低成本的普通公路在当时也提供了较为完善的公路网，解决了中国经济发展所需交通运输的“有无”问题。由此可见，基础设施发展的节奏应与产业发展阶段相匹配，分阶段稳步推进更有助于实现可持续的发展目标。

总结和讨论

自中国政府在2013年提出“一带一路”倡议以来，通过中国进出口银行和国家开发银行等中国境内金融机构提供的融资和中国基建企业的建设和运营能力，中国与全球发展中国家合作兴建了大量基础设施。这些基础设施投资项目不仅促进了当地的经济发展，还提升了区域互联互通水平，为全球经济合作提供了更广阔的空间。但“一带一路”倡议的提出也遭遇了全球发展中国家主权债务的上升期，使得在部分主权债务问题较为严峻的国家，中国提供的基础设施建设融资遭遇一定的债务风险。理论上，经济发展所产生的对基础设施的需求，决定了基础设施投资的收益和回报；而后者则进一步决定了基础设施投资的债务风险。因此，“一带一路”倡议下基础设施投资的地点和时点考量变得尤为关键。本文试图基于经济活动集聚和转移的一般规律以及农业国工业化的一般规律，分析和讨论“一带一路”倡议下的基础设施投资地点和时点的选择问题。

首先，在地点的选择上，“一带一路”倡议下的基础设施投资和中国融资应优先选择那些未来有可能集聚经济活动的区域和经济体。由于中国劳动力等要素成本的上升以及中国与发达国家贸易冲突的加剧，全球开始新一轮的产业转移。本文分析表明，由于产业转移的“邻居”效应，东亚和太平洋地区、南亚、欧洲和中亚、拉丁美洲和加勒比地区的中低收入经济体是目前以及可预见的未来最有可能集聚经济活动和产业的地区。但即便在上述区域内部，不同经济体的表现也不一样。在具体的选择上，一个较好的指标就是看过去 5 年甚至 10 年该经济体的 GDP 全球占比的变化情况。一个经济体 GDP 全球占比的变化是诸多因素共同作用的结果。如果一个经济体 GDP 全球占比持续上升，这就表明这个经济体的政局相对比较稳定、营商环境良好、生产制造有一定的比较优势等。否则，经济活动不会向该经济体集聚。

其次，本文的分析表明，承接这一轮全球产业转移的中低收入经济体的工业化有其一般发展规律。随着经济增长和比较优势的变化，这些经济体的产业结构将不断调整和发展。而在不同的工业化发展阶段，经济体对基础设施的需求不尽相同。这也很大程度上决定了基础设施投资的收益和风险。本文分析表明，“一带一路”倡议下的基础设施投资和中国融资应在目标经济体积累了一定的工业基础、在消费品的出口上表现强劲、制造产业开始往中上游发展的时点，进行积极和大规模的合作。

最后，需要强调的是，对于尚未具备较强工业制造能力和出口竞争力的经济体，在“一带一路”倡议下推动基础设施合作依然具有重要意义。这些经济体通常处于经济发展的初级阶段，人均收入较低，基础设施短缺问题突出，对交通、电力、水利等基础设施的现实需求更为迫切。因此，基础设施投资不仅具有显著的民生和发展意义，也有助于为其未来工业化奠定基础。然而，对于中国政府和企业而言，在这类经济体开展投资合作时，应更加审慎地选择项目类型和投资规模，重点聚焦于与其发展阶段相适应、标准适中、成本可控的基础设施项目，以实现风险可控与合作可持续的有机统一。通过“小而实”“小而美”的项目，逐步建立信任，积累经验，实现与东道国的共同成长，可能是更为务实和低风险的路径。此外，在融资方式上，也可适当减少对主权债务融资的依赖，更多采用无偿援助、混合融资、基金资助等方式支持低收入国家的基础设施建设。这不仅有助于控制“一带一路”相关项目的债务风险，也进一步彰显中国作为负责任发展伙伴的形象，提升中国对外合作的可持续性与包容性。

参考文献

姚洋，杜大伟，黄益平，2020. 中国 2049：走向世界经济强国 [M]. 北京：北京大学出版社 .

世界银行，2009. 2009 年世界发展报告：重塑世界经济地理 [M]. 胡光宇，译 . 北京：清华大学出版社 .

世界银行集团，2019.“一带一路”经济学：交通走廊的机遇与风险 [R/OL].（2019-06-18）[2025-07-14]. https://www.shihang.org/zh/topic/regional-integration/publication/belt-and-road-economics-opportunities-and-risks-of-transport-corridors.

AKAMATSU K, 1962. A Historical Pattern of Economic Growth in Developing Countries[J]. The Developing Economies, (1):3-25.

CAI F, DU Y, 2011. Wage Increases, Wage Convergence, and the Lewis Turning Point in China[J]. China Economic Review, 22(4): 601-610.

CAI F, WANG M Y, 2008. A Counterfactual Analysis on Unlimited Surplus Labor in Rural China[J]. China & World Economy, 16(1): 51-65.

CHIANG H H, 2008. The “Flying Geese Development” Model of the IT

Industry in East Asia[J]. Journal of the Asia Pacific Economy, 13(2): 227-242.

HILEY M, 1999. Industrial Restructuring in ASEAN and the Role of Japanese Foreign Direct Investment[J]. European Business Review, 99(2): 80-90.

KOJIMA K, 2000. The “Flying Geese” Model of Asian Economic Development: Origin, Theoretical Extensions, and Regional Policy Implications[J]. Journal of Asian Economics, 11(4): 375-401.

KRUGMAN P, 1991. Increasing Returns and Economic Geography[J]. Journal of Political Economy, 99(3): 483-499.

KRUGMAN P, VENABLES A J, 1995. Globalization and the Inequality of Nations[J]. Quarterly Journal of Economics, 110(4): 857-880.

LIU D Q, 2015. Has the Chinese Economy Passed the Lewis Turning Point?[J]. Journal of the Asia Pacific Economy, 20(3): 404-422.

OZAWA T, 2001. The “Hidden” Side of the “Flying-Geese” Catch-Up Model: Japan’s Dirigiste Institutional Setup and a Deepening Financial Morass[J]. Journal of Asian Economics, 12(4): 471-491.

VENABLES A J, 1996. Equilibrium Locations of Vertically Linked Industries[J]. International Economic Review, 37(2): 341-359.

World Bank Group,2024.International Debt Report 2024[R/OL]. (2019-06-18)[2025-07-14]. https://openknowledge.worldbank.org/bitstreams/9b3d960c-5f6e-4100-82bc-46d72d4602ad/download.

ZHANG X B, YANG J, WANG S L, 2011. China Has Reached the Lewis Turning Point[J]. China Economic Review, 22(4): 542-554.

第 8 章

推动海外基础设施供给的协同发展——以赞比亚为例[1]

[1] 本章作者为彭聪。

基础设施建设一直被认为是促进经济增长和社会发展的重要动力，尤其是在发展中国家，其改善交通、能源和通信条件的作用尤为突出。然而，实际情况表明，基础设施投资的经济效益并非自动显现。在许多资源型国家，包括赞比亚在内，大规模的基础设施建设并未显著带动经济增长，反而出现了“无增长的城市化”现象。这种现象的核心问题在于，城市化与经济增长脱节，快速的人口流入和城市扩张未能匹配相应的收入提升和产业发展。

赞比亚是非洲第二大铜矿出口国，经济高度依赖矿业。近年来，赞比亚政府通过“连接赞比亚 8000”项目和多功能经济区（MFEZ）的建设，大力改善基础设施，希望以此吸引外资，推动就业，促进经济多样化。然而，研究表明，这些基础设施项目的实施效果有限。道路建设尽管提升了市场可达性，却在实际中加剧了城市拥堵、环境退化和生活水平下降的问题。此外，工业园区作为经济转型的重要载体，其吸引外资和企业入驻的成效也因市场规模有限、政策激励不足以及基础设施协同缺乏而不佳。

这些问题的根本原因在于基础设施供给缺乏协同性和系统性。单一类型的基础设施，例如仅建设道路或电力网络，难以形成对经济的综合推动力。相反，道路、电力、铁路和工业园区等多领域的协同规划，能够有效放大基础设施的经济效益，从而带来更显著的产业和社会变革。例如，对埃塞俄比亚的道路和电力基础设施发展的研究表明，基础设施的协同供给不仅能够增加制造业就业，还能够推动长期的经济结构优化（Moneke，2019）。

本研究以赞比亚为案例，通过实地访谈和数据分析，探索基础设施供给在促进经济发展中的作用与局限。通过对赞比亚江西经济合作区、赞比亚–中国经济贸易合作区和卢萨卡南部多功能经济区的深入访谈，揭示了园区在市场拓展、企业吸引和基础设施协同发展中的具体挑战。此外，通过高分辨率卫星影像和夜间灯光数据的分析，探讨了道路改善对城市化和经济发展的复杂影响。结合城市和空间经济学的最新理论，本研究提出了促进基础设施协同发展的政策建议，为赞比亚乃至其他发展中国家提供经验借鉴。

赞比亚国家基础设施发展的背景

赞比亚是一个内陆国家，位于南部非洲和中非的交汇处，其地理位置赋予了其作为区域交通枢纽的重要潜力。自 1964 年独立以来，赞比亚一直以政治和社会经济稳定著称。首任总统肯尼思·卡翁达提出的口号“一个赞比亚，一个民族”，有效地统一了 70 多个民族，帮助国家在独立后维持了和平。作为最早获得独立的非洲国家之一，赞比亚不仅推动了本国的政治稳定，也为邻国的解放运动提供了支持，对区域和平做出了贡献。

在经济方面，赞比亚是非洲第二大铜矿生产国，同时也拥有丰富的黄金、钴、锰和镍等矿产资源。为了响应全球能源转型的需求，赞比亚政府计划在2031年前将铜产量从每年80万吨提升到300万吨（Chifunda，2024）。这一雄心勃勃的目标要求大幅改善国家的基础设施，以满足铜矿开采、加工和出口所需的物流与能源需求。赞比亚的战略位置和丰富资源使其成为南部非洲发展共同体（SADC）与东部和南部非洲共同市场（COMESA）贸易走廊的重要节点。但由于其内陆国家的特性，赞比亚高度依赖周边 8 个邻国的港口来获取国际市场通道。因此，建设和维护高效的交通基础设施对于提升赞比亚的贸易竞争力至关重要。

历史上，铁路是赞比亚矿产运输的主要方式，但自 20 世纪 90 年代以来，道路运输逐渐取代铁路，成为超过 70% 货物运输的首选方式（Raballand et al.，2012；UNCTAD，2011）。近年来，每年大约有 400 万吨铜通过赞比亚运输，其中 300 万吨来自邻国刚果（金）（Raballand et al.，2012）。这种高强度运输对赞比亚的道路系统造成了巨大压力，再加上雨季洪水和路面质量差等问题，进一步加速了基础设施的恶化。根据赞比亚道路发展局的数据，从2008年到2015年，赞比亚核心路网中约 20% 的路段出现了显著恶化，其国际路面粗糙度指数（IRI）不断升高，表明路况日益恶化（Peng et al.，2024）。

21 世纪初，由于债务减免和铜价上涨，赞比亚的财政状况得以改善。2004 年，赞比亚的债务占 GDP 的比例高达 130%，但通过国际援助，这一比例在 2006 年降至 25%。财政空间的扩大促使政府加大了基础设施投资力度。2011 年，爱国阵线（PF）政府提出了“连接赞比亚 8000”计划，计划以 54.6 亿美元的预算建设和升级 8 200 千米的道路。此外，其他重要项目还包括升级 402 千米城市道路的“卢萨卡城市道路项目（L400）”以及修复 2 000 千米城市道路的“铺设赞比亚 2000 项目”。这些基础设施项目为全国交通条件的改善提供了强有力的支持，同时也试图以此推动区域经济一体化和吸引外资。

然而，尽管这些项目的初衷是推动经济增长，实际实施过程中却面临许多挑战。例如，“连接赞比亚 8000”计划在初期进展顺利，但到 2016 年，由于严重干旱和铜价下跌导致的财政危机，项目进展大幅放缓。据赞比亚道路发展局发布的年度报告，截至 2019 年，该计划仅完成了 830 千米的道路建设。此外，由于资金短缺和施工效率低，“铺设赞比亚 2000 项目”到 2017 年仅完成了 8.5 千米的道路修复。这些基础设施项目的巨额支出使赞比亚的债务占比在 2020 年达到 GDP 的 140%，它成为首批在新冠疫情期间宣布破产的非洲国家之一（Mbewe，2024）。图 8-1 展示了赞比亚的工业产值占 GDP 比例从 1960 年到 2022 年的变化趋势，可以看到大规模修路计划的实施并没有逆转 1990 年实施“华盛顿共识”以来的工业占比下降的趋势。

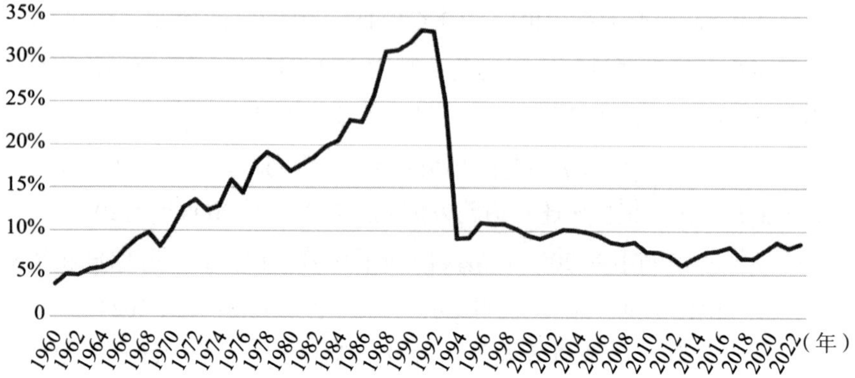

图 8-1 赞比亚工业产值占 GDP 比例（1960—2022 年）

数据来源：世界银行。

赞比亚道路项目的低效率和资金分配问题反映了政策规划和执行中的不足。许多研究表明，基础设施的选址和优先级分配往往被政治动机主导，而非基于成本效益或数据驱动的科学规划。基础设施的高度可见性使其成为执政党吸引选票的重要工具。例如，在肯尼亚和加纳的类似研究中，政治领导人倾向于在选举前增加基础设施投资以巩固选民支持（Burgess et al.，2015；Harding et al.，2014）。此外，地方传统领袖和议员在农村地区道路选址中也具有较大的影响力，这进一步加剧了资源分配缺乏全局战略统筹，无法实施最优化路网方案的问题。

尽管存在诸多问题，赞比亚的基础设施网络在过去 10 年中仍有所扩展。例如，从 2012 年至 2019 年，赞比亚新增了约 2 900 千米的道路，其中城市地区的新增道路长度超过 850 千米，包括“卢萨卡城市道路项目”新增的 662 千米道路，以及“赞比亚城镇道路项目”在铜带省和中央省新增的 145 千米和 43 千米道路。这些项目在一定程度上改善了市场可达性。

赞比亚的经济高度依赖铜矿开采，工业多元化程度有限。为促进经济多元化，赞比亚政府在国际合作伙伴的支持下，于 21 世纪初开始建立工业园区和多功能经济区，旨在通过提供税收减免和改善基础设施等激励措施，营造有利的投资环境。值得注意的多功能经济区包括 2007 年成立的谦比希多功能经济区，专注于采矿及相关产业，以及 2012 年启动的卢萨卡南部多功能经济区，重点发展农业和制药等领域。到 2022 年，赞比亚已将其工业园区扩展到多个领域，旨在促进制造业发展，创造就业机会，并减少对铜矿开采的经济依赖。

道路基础设施与“无增长的城市化”

什么是无增长的城市化

“无增长的城市化”（urbanization without growth）是一个描述性经济现象，指城市在经历快速扩张和人口增长的同时，未能实现显著的经济增长和生活水平改善。这一现象在许多发展中国家普遍存在，尤其是在工业基础薄弱、经济高度依赖初级产品出口的国家。赞比亚就是这一现象的典型案例，其城市化率近年来不断上升，但 GDP 和人均收入增长却停滞不前。作者在 2024 年的论文（Peng et al., 2024）中对赞比亚在这一情景下发展交通基础设施投资回报低的问题进行了详细的研究，并于 2024 年 8 月基于研究的初步发现进行了实地调研验证，以下部分将简要回顾上述研究的分析过程和发现，并结合最新的调研情况拓展分析基础设施协同建设的问题。

实证研究方法与数据来源

该研究采用了基于高分辨率卫星影像的实证分析和基于空间均衡模型的结构方程分析方法。研究旨在探讨赞比亚道路基础设施改善对城市发展、经济增长和环境质量的影响。以下为研究的数据来源与核心方法。

卫星影像数据的创新使用 利用6 000多幅来自Planet Labs的高分辨率卫星影像（2009—2019年），研究团队通过深度学习算法对影像数据进行处理，生成了细化至5米分辨率的建成区面积和道路条件数据。这一方法显著提高了对道路建设和城市扩张变化的观测精度。例如，研究对比了卢萨卡市区2009—2019年的建成区增长情况，人工智能基于5米卫星数据识别的建筑物变化结果与基于亚米级高清卫星数据识别的地表建筑物变化的实际情况高度一致，验证了模型的准确性。相比传统的10米或30米分辨率的全球数据集，这种数据处理手段提供了精度更高的空间细节，便于分析城市化过程中的局部变化。

通过大规模使用人工智能和高清卫星数据，可以在5米的地理精度上精细捕捉赞比亚路网发展变化情况。值得指出的是，在与该国政府的接触和访谈中，该研究发现该国政府部门由于经费不足，没有收集实际的道路铺设时间数据，因此该研究通过人工智能获取的数据对于研究该国交通基础设施发展具有独特的价值。

其他多源数据整合 该研究还整合了多个数据来源，包括：

• 人口与健康调查（DHS）数据：用于评估道路改善对居住条件和健康状况的影响，数据覆盖2007年和2018—2019年。

• 夜间灯光数据：采用NASA（美国国家航空航天局）的Black Marble数据作为经济活动的代理变量。

• 气溶胶光学厚度（AOD）数据：用于衡量道路改善对空气污染的影响，来源于MODIS卫星每日观测。

• 气候与地理变量：如年均降水量、温度变化、与主要河流或湖泊的距离等，以控制自然条件对经济发展的影响。

• 赞比亚统计局数据：包括2015年截面的城市和乡村的经济与人口统计信息，用于验证人工智能生成的经济代理变量的结果。

工具变量法解决内生性问题 道路建设的影响往往受限于内生性

问题，即道路建设可能因预期的经济增长而优先分布于特定区域。为应对这一问题，该研究参考了雷米·杰德瓦布等人的方法（Jedwab et al.，2021），构造了基于远距离道路改善的工具变量。具体而言，通过计算距离目标区域 200 千米以外的道路改善对市场可达性变化的影响，剔除局部经济因素对因变量的干扰，从而更准确地捕捉道路改善的实际效应。

空间均衡模型的应用　该研究构建了基于特雷布·艾伦等人的空间均衡模型（Allen et al.，2018），模拟道路改善对赞比亚全国经济的整体和分布效应。该模型整合了农业和非农业部门，能够分析区域间因道路改善而引发的贸易和人口迁移变化，帮助揭示"无增长的城市化"背后的机制。

实地调研与访谈　基于该研究的初步数据分析和发现，作者和团队于 2024 年 8 月赴赞比亚卢萨卡和铜带省两个地区进行了调研，与 10 个赞比亚政府机构（包括联邦和地方层面）、1 个智库、2 个经济合作园区、1 个大使馆以及 1 个商业协会进行了访谈。[①]

实证结果与解释

该研究通过高分辨率卫星影像、夜间灯光数据、气溶胶光学厚度和人口与健康调查数据，系统分析了道路基础设施改善对赞比亚城市化、生活水平和环境质量的影响。研究发现道路改善在促进人口迁移和空间扩张上的显著作用，但其对收入增长和生活水平改善的效果却不显著，甚至在某些方面出现负面效应。

---

① 作者感谢国际增长中心赞比亚国家办公室团队（IGC Zambia）为此次富有洞察力的讨论提供的支持和协助。

大城市人口增长

研究发现，道路基础设施的改善显著推动了大城市的空间扩张和人口增长。市场可达性每提高 1%，促进建成区面积增加 3.8%。这一结果表明，道路的改善增强了区域中心城市对周边地区的吸引力。这一结果在调研访谈中，也得到了当地受访者的证实。例如，赞比亚国家公路基金署的研究员表示，在卢萨卡和铜带省主要城市，新增道路显著缩短了城市与周边地区之间的通勤时间，吸引了更多人口向这些城市集中（访谈：赞比亚国家公路基金署，2024 年 8 月 16 日）[①]。

城市扩张的模式 根据高分辨率卫星数据，赞比亚主要城市的建成区在 2010 年至 2019 年平均扩张了 15% 以上。然而，这种扩张更多表现为非正式定居点的扩张，而非工业企业就业增长。赞比亚公共政策分析研究所（Zambia Institute for Policy Analysis and Research，ZIPAR）研究显示，这些新增人口往往聚集在城市边缘，形成低收入社区，进一步加剧了城市的社会经济不平等（访谈：ZIPAR，2024 年 8 月 14 日）。

与经济发展的脱节 尽管城市吸引了更多人口，但夜间灯光数据——作为经济活动的代理变量——显示出收入增长并未同步提升。在某些情况下，例如在铜带省的部分城市，夜间灯光亮度甚至有所下降，表明城市化并未带来经济活力的显著提升。这种现象揭示了人口增长与经济增长的脱节，即“无增长的城市化”特征。

生活水平与环境质量变差

研究进一步表明，道路改善虽在一定程度上促进了交通便利，但却导致了城市人均生活水平的下降和环境质量的恶化。这些问题主要

---

① 下文将在括号中列出调研访谈中所得结论的信息获取时间和访谈对象。

集中在以下两个方面。

生活水平的下降　通过分析人口与健康调查数据发现，道路改善区域的平均居住空间和人均房间数量显著减少。市场可达性提高与家庭拥挤程度上升呈正相关，尤其是在大城市的低收入社区。这种现象主要归因于人口流入速度过快，城市住房供给不足。例如，铜带省的城市在道路改善后经历了大量人口涌入，导致居民不得不居住在条件较差的临时住所中（访谈：铜带省部长办公室，2024 年 8 月 15 日）。此外，家庭健康状况的恶化也与道路改善密切相关。数据表明，市场可达性提升与腹泻等水源相关疾病的发病率上升存在关联。

环境质量的退化　气溶胶光学厚度数据显示，道路建设对空气质量的负面影响尤为显著。市场可达性每提高 1%，空气污染水平上升 1.1%，且绿植指数（NDVI）明显下降。聚集在贫民窟的人口的能源主要来自焚烧木炭，而木炭来自城市周边的森林。例如，在恩多拉（Ndola）市附近，改建后的道路促进了木炭运输的便捷性，间接导致了森林砍伐和土地退化（访谈：恩多拉市政厅，2024 年 8 月 15 日）。

为什么修路没有促进经济增长

落后的工业基础

赞比亚的工业基础仍然十分薄弱，这显著限制了道路基础设施在推动经济增长方面的作用。赞比亚的制造业以小规模生产和初级加工为主，而不是大规模工业化运作。这种结构性限制降低了道路改善带来的经济效益。例如，数据显示，即使是在制造业较强的地区，市场可达性改善也未显著推动经济活动或城市扩张。回归分析表明，制造业密集地区与道路基础设施之间的交互效应大多不显著。道路建设更多地促进了原材料（如铜矿）的运输，而非推动工业生产活动。

拥挤的城市

由道路基础设施改善引发的快速城市人口增长，导致赞比亚城市区域面临严重的拥堵问题。这一现象削弱了集聚效应可能带来的经济优势。在卢萨卡和各省省会等城市，更好的道路连通性确实导致了更高的人口密度，但收入和生产率并未同比例增加。拥堵加剧了公共服务和基础设施的压力，导致生活水平下降和环境质量恶化。

根据最优城市规模理论（Au et al.，2006），当城市人口密度超过一定阈值时，拥堵的负面效应会超过集聚效应的收益。赞比亚的城市正是典型例子，人口的涌入并未伴随着住房、公共设施和就业机会的同步改善。这导致道路基础设施效益被城市扩张的低效所削弱。

政府治理与政策缺陷

赞比亚道路基础设施项目的治理存在效率低下和政治化的问题。调查表明，道路建设决策往往受到选举考量的影响，而非以经济优先级为依据。资源经常被分配到政治意义更高的地区，而非经济潜力最大的区域。这种资源错配限制了基础设施投资的效果（访谈：赞比亚财政部，2024 年 8 月 13 日）。

此外，规划和资金管理不足进一步加剧了问题。像“连接赞比亚 8000”项目这样的关键工程，由于缺乏详细的可行性研究和实施进度缓慢，受到了广泛批评。例如，截至 2019 年，该项目计划修建的道路中只有部分完成。类似地，“铺设赞比亚 2000”项目也未能实现既定目标，凸显了项目不完整或执行不力的问题。同时，赞比亚由于大规模基础设施支出而产生的高额债务，限制了政府维护和优化道路网络的能力。腐败和薄弱的执法机制进一步削弱了这些投资的潜在效益。

小节结论：全力发展单一基础设施政策效果差

该部分分析了道路基础设施对“无增长的城市化”现象的影响，揭示了在赞比亚等工业基础薄弱的国家，修路虽然促进了大城市的人口增长，但并未带来显著的经济发展，同时还导致了生活水平下降和环境质量恶化。研究表明，拥挤的城市和有限的政府管理能力进一步限制了道路建设的经济效益。此外，缺乏完善的工业体系使得道路改善更多地服务于现有的农业和消费活动，而未能推动制造业发展和经济结构转型。这表明，仅依靠道路建设等单一政策的快速推进在“无增长的城市化”的情景下无法实现工业发展，需要工业园区等综合政策支持才能实现结构转型。中国在赞比亚的投资如果要取得良好效果，需要考虑到单一基础设施政策效果差的问题。这对于中国在赞比亚投资或者参与建设的经济园区的健康发展的意义尤其重大，下一小节重点关注园区经济等多种基础设施同步发展的问题。

园区经济及基础设施协同发展

产业园区作为基础设施的重要组成部分，与其他基础设施要素如交通网络、能源供应和通信系统相辅相成，共同促进区域经济发展。园区通过提供集中的生产和服务空间，依赖完善的交通、电力、水资源等配套设施来提升运营效率和吸引力。与此同时，园区本身也是产业集聚的核心，通过与交通、物流等设施的协同规划，形成更高效的资源配置和经济活动网络。此外，园区的发展能够创造财政收入和就业机会，反哺基础设施的进一步建设和升级。在国际合作中，园区与基础设施的联动发展不仅优化了投资环境，还提升了区域的经济竞争力。园区和基础设施的融合与协同，是推动区域经济可持续发展的关键。目前赞比亚主要的园区经济都有中国企业的重要贡献，因此作者走访了中国企业在赞比亚参与建设的三个海外园区，包括江西经济合作区、赞比亚–中国经济贸易合作区和卢萨卡南部多功能经济区。尽管这些园区促进了当地经济发展，在推动中赞经贸合作中发挥了重要作用，但这些园区的发展也面临诸多挑战，需要从市场拓展、企业吸引和基础设施协同发展等方面加以应对。其中，前两者需要园区运营企业提供管理能力，而基础设施协同发展则需要从“一带一路”的战略高度设计系统的政策来协调中国相关的政府部门、出海的国有企业和民营企业、民间商会组织等各个方面的力量。否则，上文论述的“无增长的城市化”下的单一基础设施投资低效问题可能会极大降低园区经济的收益。

赞比亚主要经济合作园区的情况介绍

江西经济合作区

江西经济合作区于2019年开始建设，截至2024年8月完成了约四分之一的规划开发。这一园区专注于铜价值链相关行业以及出口导向型制造业，同时兼顾服务国内市场。园区内有来自中国、南非、埃塞俄比亚等国家的投资者，覆盖从变压器制造到电池组装等多个领域。值得注意的是，江西经济合作区对当地的就业和供应链发展产生了积极影响，例如带动了周边供应商的增长，并为当地居民创造了更多就业机会（访谈：江西经济合作区，2024年8月17日）。

赞比亚–中国经济贸易合作区（ZCCZ）

ZCCZ是由中国有色矿业集团有限公司（CNMC）主导建立的园区，包括谦比希园区和卢萨卡园区。作为中赞两国经济合作的重要成果，ZCCZ吸引了大量投资，总额达到25亿美元，支持了约10 000个工作岗位。然而，由于特定优惠政策到期，园区企业从最初的 86 家减少到仅 20 家。尽管如此，园区内的铜加工和湿法冶金等项目仍是赞比亚矿业价值链的重要组成部分（访谈：ZCCZ，2024 年 8 月 15 日）。

卢萨卡南部多功能经济区

卢萨卡南部多功能经济区是赞比亚最早的经济区之一，拥有多样化的产业结构，包括太阳能发电、饮料生产和啤酒酿造等。园区的发展目标包括推动就业增长和提高税收收入，但技术转移和技能培训仍然不足。由于基础设施开发成本高昂和收入不足，该园区的扩展计划面临资金限制（访谈：工业发展公司，2024 年 8 月 16 日）。

园区经济发展的挑战

尽管中国在赞园区在促进赞比亚经济转型方面取得了一定进展，但它们在实际运营中面临诸多挑战，这些挑战主要体现在市场开拓、企业吸引以及基础设施协同发展三个方面。下文首先讨论前两项中一些与政策协同关系不大但反复被受访者提及的关键挑战，然后重点讨论基础设施协同发展方面的挑战。

开拓市场的挑战

内需市场规模有限　赞比亚国内市场规模较小，其经济对矿业出口的高度依赖限制了国内消费市场的扩展能力。例如，江西经济合作区的中国企业需要将产品出口至其他非洲国家或中国，以确保投资收益率（访谈：江西经济合作区，2024 年 8 月 17 日）。此外，卢萨卡南部多功能经济区虽然注重国内消费市场，但受制于经济增速较低，内需市场的潜力尚未完全释放。

区域市场竞争激烈　赞比亚的区域出口市场同样面临来自邻国的

竞争。例如，南非的工业体系相对成熟，刚果（金）的铜矿资源更具成本优势。这种竞争环境迫使园区内企业提升生产效率，降低成本，以在区域市场中保持竞争力（访谈：赞比亚中国商会，2024 年 8 月 12 日）。

政策和法规壁垒 跨境贸易的非关税壁垒也是一个关键问题。例如，铜产品从赞比亚出口至邻国时，往往面临海关手续烦琐、物流成本高等问题。此外，由于政策法规的不确定性，企业对投资回报的长期预期受到一定影响（访谈：赞比亚交通部，2024 年 8 月 13 日）。

吸引企业入驻的挑战

缺乏吸引力的激励机制 虽然中国园区提供了一些税收优惠和出口补贴，但与其他非洲国家相比，赞比亚的优惠政策相对不足。例如，江西园区内企业享受 5 年的设备进口免税期和 10 年的出口利润免税期，但这些激励措施未能完全覆盖企业的初期成本投入（访谈：江西经济合作区，2024 年 8 月 17 日）。

土地成本和税费压力 园区的土地租金和税费构成了企业运营的主要负担之一。例如，ZCCZ 企业需要支付较高的土地税，而园区所在地的电力成本也相对较高。这些因素导致部分企业选择迁往成本更低的地区（访谈：ZCCZ，2024 年 8 月 15 日）。

技能缺口与劳动力质量问题 访谈发现，园区内企业在招聘当地工人时，常常面临技能缺乏和培训难度大的问题。例如，在江西经济合作区，超过一半的工人在培训期间无法通过考核，这导致企业不得不依赖进口劳动力或延长培训周期（访谈：江西经济合作区，2024 年 8 月 17 日）。

基础设施协同发展的挑战

调查发现，中国在赞园区发展的一个重要制约是基础设施的协同发展。

道路设施的局限性　尽管赞比亚近年来通过“连接赞比亚 8000”计划和其他道路项目改善了主干道网络，但区域性物流效率仍然受到多种因素的限制。

• 边境运输的障碍：由于道路设计和通行能力的限制，通往邻国港口（如达累斯萨拉姆、德班和贝拉港口）的关键运输线路面临拥堵问题。此外，在边境检查站，烦琐的通关手续进一步拖延了货物的运输时间，削弱了工业园区对区域市场的物流支持（访谈：赞比亚交通部，2024 年 8 月 13 日）。

• 车辆超载问题：矿产运输车辆的超载现象常导致道路损坏，特别是在卢萨卡–恩多拉等主要矿产运输走廊。赞比亚国家公路基金署指出，道路维护资金严重不足，使得运输瓶颈长期存在（访谈：赞比亚国家公路基金署，2024 年 8 月 16 日）。

铁路基础设施不足　铁路作为大宗货物运输的重要方式，其发展不足对园区物流效率构成重大制约。赞比亚的铁路网络主要由赞比亚铁路公司和坦赞铁路运营，但以下问题显著影响了铁路的运输能力。

• 基础设施老化：铁路线路维护长期不足，导致运输效率低下。例如，坦赞铁路在支持矿产运输方面能力有限，经常因线路和设备老化而发生延误，园区企业更倾向于依赖道路运输（访谈：赞比亚中国商会，2024 年 8 月 12 日）。

• 运营速度慢：铁路运输时间过长，相较于道路运输缺乏竞争力。例如，从铜带省的工业园区运输铜到达累斯萨拉姆港，铁路运输耗时 15~20 天，而道路运输仅需 7~10 天（访谈：ZCCZ，2024 年 8 月 15 日）。

• 安全性与可靠性问题：铁路运输中的货物丢失和盗窃现象也限制了企业对其使用的信心。例如，赞比亚北方铜公司报告称，铁路运输过程中经常发生货物损失问题（访谈：ZCCZ，2024 年 8 月 15 日）。

道路和铁路设施的协同不足 道路与铁路在运输和物流中的功能未能实现有效协同。一方面，道路承担了绝大部分的物流运输负担，造成交通拥堵和设施磨损；另一方面，铁路的潜力未被充分开发，未能在大宗货物运输中分担压力。赞比亚交通部指出，铁路和道路设施在规划和建设时缺乏整体性协调，导致运输网络分散，效率低下（访谈：赞比亚交通部，2024 年 8 月 13 日）。

园区与交通节点的连接问题 工业园区的发展依赖于与交通节点（如港口、铁路站点和机场）的便捷连接。然而，当前园区与这些节点之间的交通网络尚未完善。例如，江西经济合作区的企业表示，尽管园区靠近主干道，但缺乏直接通往铁路站点的连接线，使得货物运输更加依赖道路（访谈：江西经济合作区，2024 年 8 月 17 日）。此外，卢萨卡南部多功能经济区的企业也提到，缺乏高效的多式联运方案，使得出口运输成本居高不下（访谈：工业发展公司，2024 年 8 月 16 日）。

边境物流挑战 作为内陆国家，赞比亚的物流高度依赖与邻国的跨境运输。然而，访谈中多次提到的边境问题严重影响了物流效率。

- 海关流程冗长：赞比亚与邻国的边境口岸缺乏“单一窗口”模式，导致货物清关时间较长。例如，卡宗古拉（Kazungula）边境的货物过境经常因检查效率低下而延误（访谈：赞比亚交通部，2024 年 8 月 13 日）。

- 港口选择有限：尽管贝拉港离赞比亚较近，但港口设施落后和道路状况较差，使得企业更倾向于使用更远但设施更好的达累斯萨拉姆港（访谈：赞比亚中国商会，2024 年 8 月 12 日）。

小节结论：多方面协作推动海外基础设施供给的协同发展

以上部分分析了三个主要园区的建设情况，包括它们在吸引投资、支持当地就业和促进区域发展方面的成功实践。同时探讨了园区发展中的关键挑战，包括市场开拓的困难、吸引企业入驻的障碍以及基础设施与园区协同发展的不足。特别是，高昂的基础设施成本、不稳定的政策支持和技能人才的短缺，限制了园区对外资和本地企业的吸引力。面临这些问题，中国政府与企业对外援助和投资的道路、园区等基础设施的协同发展在推动赞比亚经济多元化和提升产业链附加值方面具有重要的潜力。

基础设施协同供给的理论含义

基础设施协同供给的核心在于通过整合不同类型的基础设施（如道路、铁路、园区、电力）来放大其综合效益。不同类型的基础设施具有互补性。例如，道路可以降低物流成本，降低市场准入门槛，而电力的普及能够促进现代化生产和制造业发展。两者结合能够实现 1+1 ＞ 2 的效果。相反，单一提供某一种基础设施可能无法达到工业发展的效果。例如，对埃塞俄比亚的研究（Moneke，2019）表明，单一的道路建设倾向于推动服务业发展，而使制造业萎缩。但道路与电力协同发展却能够显著提升制造业就业率和生产效率。此外，提供足够的基础设施才可吸引更多外资，带动出口导向型经济发展和区域经济增长。

基础设施协同发展的政策建议

基于调查研究中对中国在赞比亚道路、园区等基础设施建设现状的分析，以及城市与空间经济学的理论，提出以下政策建议以推动基础设施协同发展。

制定综合性基础设施规划　基础设施建设应避免孤立的单一性规划，而应通过综合性规划整合道路、电力、铁路、通信和水资源等要素，从而实现跨部门和跨区域的资源共享与协同效应。通过综合规划，可以更高效地促进就业、推动产业升级以及提升基础设施整体效能。例如，中国在“走出去”战略中，应将道路建设与能源供应、工业园区发展、物流网络等结合起来，实现物流、生产和能源供给的无缝衔接，进而提高整体项目的经济回报率。对于谁来承担协同角色，可以考虑成立潜在的协调机构，例如由某一国家部委牵头，或者设立跨部委的联合工作组协调各方资源。另一种方式是，由运营关键项目的大型企业集团牵头协调，或由主要资金来源方如开发银行或国际投资机构设立专门的服务机构来推动协同管理。

推动区域交通网络一体化 道路与铁路等交通基础设施的协同发展能够显著提升区域物流效率，降低企业运输成本，增强园区吸引力。在赞比亚等内陆国家，区域交通网络一体化尤为重要。建议通过“干线+支线”的模式，完善干线铁路与道路系统，配套建设连接园区与城市中心的支线网络。同时，通过国际协作，促进跨境交通网络的互联互通，强化赞比亚作为南部非洲区域贸易中心的地位。协调区域交通网络建设时，应明确利益相关者的分工与责任，例如引入国际金融机构和多边合作框架支持跨境项目。

强化园区与基础设施的联动发展 工业园区作为基础设施体系的一部分，应与外部基础设施形成有机联系。在规划园区选址时，应优先靠近交通主干线、能源供应点或港口等重要节点，以减少运营成本并提高园区的经济效益。同时，在园区内部建设与产业需求相匹配的配套设施，例如物流仓储中心、电力输送网络和职业技能培训基地，形成服务于特定产业的综合支持体系。政府还应鼓励园区与基础设施项目联合申请资金支持，如通过公私合营模式推动园区及配套设施的建设与运营。

设立跨部门和跨领域的协同机制 基础设施协同发展需要打破部门和领域间的壁垒。建议在国家层面设立跨部门的协同机制，将相关部门纳入协调框架，共同制定和实施基础设施发展计划。同时，可以考虑引入数字化工具如地理信息系统（GIS）以监控基础设施的规划和实施进度，提高协同效率。此外，政府应明确出台针对企业和社会资本的协同激励政策，吸引更多利益相关方参与协同项目。

推动“以点带面”的示范性项目　在赞比亚等发展中国家，通过实施少量高质量的协同发展试点项目，可以树立标杆并发挥带动作用。例如，在赞比亚选取一个重点园区和一条关键交通走廊进行深度协同规划，整合道路、电力和工业发展项目，打造集物流、生产和能源供给于一体的示范性经济枢纽。示范项目的成功经验可以复制到其他区域，同时也为后续协同发展提供政策参考和实践模板。

推进可持续发展导向的协同模式　协同发展的规划和实施应充分考虑可持续性，包括生态保护、碳排放降低以及资源节约。例如，通过优化交通路线和推动园区绿色能源项目（如太阳能和风能），实现经济发展与环境保护的双赢。在项目实施阶段，可以通过加强环境影响评估（EIA）和定期监测，确保项目的长期生态友好性。

结论

尽管交通基础设施通常被视为推动经济发展的催化剂，但本研究结果表明，在工业活动滞后且城市面临严重拥挤的“无增长的城市化”现象严重的国家，这些效益未必能迅速实现。然而，由于缺乏关于道路和经济结果的细粒度数据，此类机制在这一背景下此前未得到实证检验。通过人工智能分析大量高分辨率卫星数据，作者先前的学术研究构建了必要的数据集以进行相关分析，发现赞比亚的道路改善主要推动了人口增长，但未带来相应的收入增长，且使生活水平下降和环境退化的现象加剧。这些结果凸显出，仅仅是道路建设无法作为应对“无增长的城市化”现象的有效发展策略。单纯的道路建设可能会进一步强化对农业的依赖，而非促进工业化发展，尤其是在缺乏产业政策等配套政策的情况下，较低的运输成本通常会让经济体更依赖其比较优势，而在发展中国家，这一比较优势往往是农业而非工业活动。

这些发现强调了对道路和园区等基础设施相关政策进行系统性设计和实施的重要性。本研究建议，在建设大型基础设施项目时，政府应结合产业政策和区域发展策略，避免过度强调快速发展单一基础设施的发展战略。综合性规划、区域网络一体化、园区联动发展以及跨部门协同机制的建立，能够有效提升基础设施协同发展的质量与效率。这不仅能提高项目的整体经济效益，还能为赞比亚及其他发展中国家的经济结构调整和可持续发展提供有力支持。

赞比亚的案例提供了一个重要的教训，即大规模道路建设并非总能自动推动经济增长，而是需要与系统化的配套政策共同实施。只有通过协同的基础设施投资策略和综合性的产业发展规划，更多的发展中国家或许才能够在避免“无增长的城市化”陷阱的同时，实现真正意义上的经济转型和社会进步。

参考文献

ACEMOGLU D, ROBINSON J A, 2012. Why Nations Fail: The Origins of Power, Prosperity, and Poverty[M]. New York: Crown Business.

ALLEN T, ARKOLAKIS C, 2014. Trade and the Topography of the Spatial Economy[J]. Quarterly Journal of Economics, 129(3): 1085-1140.

ALLEN T, ARKOLAKIS C, 2018. Modern Spatial Economics: A Primer[M]//Ing L Y, Yu M J. World Trade Evolution:Growth, Productivity and Employment. London:Routledge:435-472.

AU C C, HENDERSON J V, 2006. Are Chinese Cities too Small?[J]. Review of Economic Studies, 73(3): 549-576.

BURGESS R, JEDWAB R, MIGUEL E, et al., 2015. The Value of Democracy: Evidence from Road Building in Kenya[J]. American Economic Review, 105(6): 1817-1851.

CHIFUNDA E, 2024. National Three(3) Million Tones Copper Production Strategy By 2031[EB/OL].Zambia Ministry of Mines and Minerals Development. (2024-08-30)[2025-07-14].https://www.mmmd.gov.zm/?p=3159.

HARDING R, STASAVAGE D, 2014. What Democracy Does (and Doesn't Do) for Basic Services: School Fees, School Inputs, and African Elections[J]. The Journal of Politics, 76(1): 229-245.

JEDWAB R, STOREYGARD A, 2021. The Average and Heterogeneous Effects of Transportation Investments: Evidence from Sub-Saharan Africa 1960—2010[J]. Journal of the European Economic Association, 20(1):1-38.

MBEWE M, MASILOKWA I, HUMANN T, et al., 2024. The Road to Zambia's 2020 Sovereign Debt Default[R/OL]. Zambian Institute for Policy Analysis and Research, Finance for Development Lab. [2025-07-14]. https://findevlab.org/wp-content/uploads/2023/12/The-Road-to-Zambias-2020-Sovereign-Debt-Default-vf.pdf.

MONEKE N, 2019. Can Big Push Infrastructure Unlock Development? Evidence from Ethiopia[R/OL]. [2025-07-14]. https://niclasmoneke.com/wp-content/uploads/Moneke-JMP-Big_Push_Infrastructure.pdf.

PENG C, WANG Y, CHEN W, 2024. Roads to Development? Urbanization without Growth in Zambia[EB/OL]. [2025-07-14].https://papers.ssrn.com/sol3/papers.cfm?abstract_id=5071793.

RABALLAND G, WHITWORTH A, 2012. Should the Zambian Government Invest in Railways?[R]. Zambia Institute for Policy Analysis and Research, Working Paper No. 3.

UNCTAD, 2011. An Investment Guide to Zambia: Opportunities and Conditions[R/OL]. [2025-07-14]. https://unctad.org/system/files/official-document/diaepcb201008_en.pdf.

第 9 章

劳动力教育驱动“一带一路”发展合作[1]

[1] 本章作者为王进杰。

在“一带一路”倡议框架下，中国正日益重视以人才培养、技术转移和伙伴国家自主能力提升为核心的国际发展合作模式，其目标是培育符合共建“一带一路”国家产业需求的劳动力。作为“一带一路”重要合作伙伴，非洲一方面面临青年人口快速增长和工业化发展的迫切需求，另一方面却遭遇劳动力技能与产业需求严重脱节的社会问题。本文探讨了中国如何通过政府、教育界和产业界的深度协作，助力非洲地区劳动力发展，缓解人才短缺与高失业率的双重挑战，进而推动当地就业和技术升级，并以构建利益共同体的方式开展国际发展合作。文章聚焦中国在非洲进行的职业教育与技术合作、以投资促进技术转移等方面的案例，分析了劳动力教育在非洲国家工业化进程中的关键作用。同时，本文还探讨了当前中国与共建“一带一路”国家在劳动力教育合作中面临的挑战，并提出未来深化合作的建议。

“一带一路”国家发展劳动力教育的重要性

在全球发展范式深度转型的背景下，传统单向援助模式的结构性缺陷愈发凸显。学界与政策界已形成共识：单纯依赖资金输入的发展路径难以适应全球产业链重构与技术革命叠加的新常态，亟须构建“发展共同体”导向的新型合作架构。与单向输入的援助模式不同，发展合作模式强调合作双方在长期的、互利共赢的基础上共同努力，通过技术转移、产业协作以及人力资本的共同提升，推动合作国家的经济和社会的全面发展。在这一过程中，劳动力技能的提升无疑成了一个至关重要的因素。

2021 年，中国国际发展合作进入系统性政策构建新阶段。作为关键举措，中国首次发布以“国际发展合作”命名的政策白皮书《新时代的中国国际发展合作》，又提出全球发展倡议（GDI），系统规划了新时期合作目标与发展愿景。这一概念框架的正式确立，明确了从传统对外援助向现代化国际发展合作的转型升级。白皮书提出的八大政策主张，以技术转移、人才培养和制度能力建设为支柱，推动伙伴国家自主发展能力提升，强调了“发展优先”的核心合作理念。在“一带一路”框架下，中非合作率先将合作重心转向可持续增长模式，正逐步聚焦并构建以职业教育体系建设和劳动力素质提升为支撑的新型发展范式。

在“一带一路”倡议覆盖的150多个国家中，年轻化的人口结构与经济潜力释放之间的发展机制正面临结构性挑战。以非洲大陆为例，其人口总量在2024年突破14亿大关，占全球总人口的18.3%，年龄中位数仅19岁，其中约74%为15~35岁的青少年和年轻人（Galal，2025a），理论上应具备显著的人口红利窗口期。然而，根据OECD的统计，自2010年以来，全球大多数地区的劳动生产率均有所提升，过去曾与非洲处于相似水平的国家和地区，如亚洲部分新兴经济体和部分低收入国家，也在近年来实现了大幅度提升。然而，非洲的劳动生产率却始终未见明显改善，长期处于停滞状态，导致其与其他地区的差距进一步拉大（见图9-1）。

造成非洲劳动生产率低下的主要原因包括以下三点：第一，识字率偏低，制约了劳动力的技能水平与经济适应能力；第二，教育体系与劳动力市场需求错配，导致人才供需脱节；第三，城市贫民窟的扩张加剧了社会经济不平等，进一步限制了生产力的提升。

在识字率方面，2012—2023年，撒哈拉以南非洲的识字率持续低于全球平均水平（见表9-1）。由于识字率低，大量劳动力缺乏基本的读写能力和计算能力，难以掌握现代生产技术和工具，导致工作效率低下。此外，低识字率还限制了劳动力的职业选择和发展空间，许

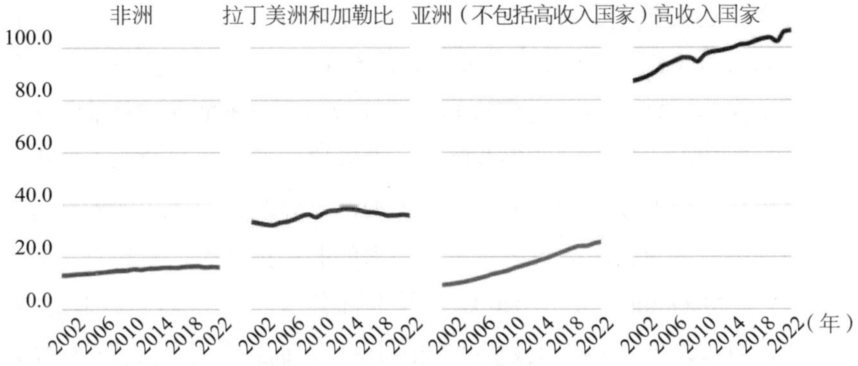

图 9–1　非洲与世界其他地区劳动生产率比较（2002—2022 年）

数据来源：OECD,“Africa’s Development Dynamics 2024: Skills, Jobs and Productivity”, 2024.
注：劳动生产率按购买力平价计算，以 2017 年常量美元 GDP 除以劳动力人口。

多人只能从事低技能、低附加值的工作，进一步抑制了劳动生产率的提升。这种低识字率与低劳动生产率之间的恶性循环在失业率数据中得到了进一步印证。撒哈拉以南非洲的失业率显著高于全球平均水平。例如，2024 年南部非洲的失业率高达 28.65%，北部非洲的失业率为 11.15%，均远高于全球平均 4% 的失业率（Galal，2023）。

表 9–1　2014—2023 年撒哈拉以南非洲及全球成人识字率

	2014年	2015年	2016年	2017年	2018年	2019年	2020年	2021年	2022年	2023年
撒哈拉以南非洲	63%	64%	64%	65%	66%	67%	67%	68%	68%	68%
全球	85%	86%	86%	86%	86%	87%	87%	87%	87%	87%

数据来源：世界银行 WDI 数据库。

在教育与劳动力市场错配方面，虽然普遍认为较高的教育水平能够带来更好的就业机会，但在非洲，教育水平与失业率之间的关系并非如人们所想的那样简单。事实上，情况往往恰恰相反。如图 9–2 所示，在整个非洲大陆，拥有本科及以上高等教育学历的年轻人，其失业率往往高于那些仅接受基础教育的同龄人。例如，在马里，高等教育毕业生的失业率高达 55.6%，而基础教育毕业生的失业率仅为 3.3%。这一现象表明，高等教育不但不能保障就业，甚至在某些情况下还加剧了失业问题。造成这一矛盾的根源在于非洲教育水平与产业发展的不匹配。高等教育培养的知识型人才未必符合当地产业需求，而能够适应市场需求的职业技能与技术教育又极度缺乏（McGrath et al.，2020）。尽管非洲各国拥有数量可观的职业院校，但多数职业院校的教学设备相对落后，而且课程设置依然停留在传统农业和基础行业，无法适应现代工业化进程对技能型人才的需求（Muwaniki et al.，2024）。

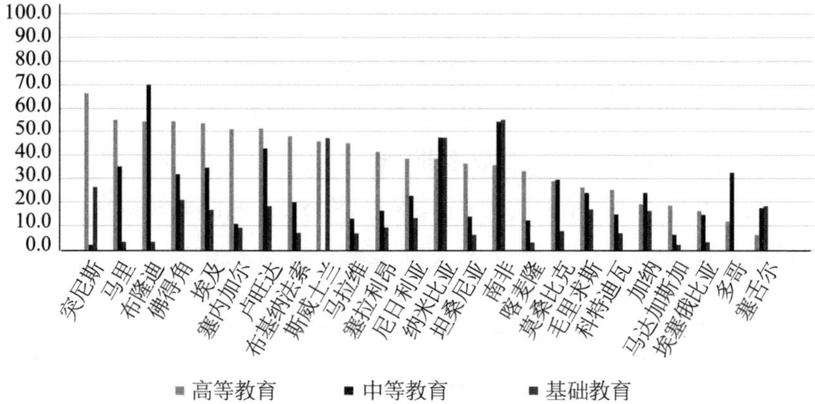

图 9-2 非洲国家青年教育水平对应的失业率（2013—2017 年）

数据来源：Mo Ibrahim Foundation, “Africa’s Youth: Jobs or Migration”，2020.

另外，非洲城市贫民窟的快速扩张正在加剧社会经济不平等，并进一步削弱可持续发展的能力。自 1950 年以来，非洲的城市化率已从 14.5% 上升至 44.0%（Galal，2025b），大量农村青年纷纷涌入城市，期望寻找更好的就业机会。然而，由于许多非洲国家的工业化仍处于初期阶段，城市经济无法提供足够的就业岗位，城市人口的快速增长与经济发展之间出现严重脱节，进一步拉低了整体劳动生产率，加剧了贫困与失业问题。这种失衡不仅未能有效缓解贫困，反而加剧了社会不稳定的风险。研究预测，到 2030 年，肯尼亚的内罗毕、尼日利亚的伊巴丹和南非的德班将成为非洲最大的贫民窟聚集地（Güneralp et al.，2017）。如果这一趋势得不到有效遏制，非洲将面临贫民窟持续扩张、失业率不断攀升的困境，城市生活质量与基础设施承载能力将受到严重挑战，进而对社会稳定和经济发展构成深远威胁。因此，如何在城市化进程中提升产业承载能力，改善就业环境，并加强城市规划和社会治理，将成为非洲未来发展的关键。

拉丁美洲的经验表明，以国家为主导的政策干预和系统性的劳动力培养是应对“超级贫民窟”问题的关键策略之一（Imparato et al.，2003）。有效的政策干预不仅能提升劳动力的技能水平，使年轻人更容易获得符合市场需求的就业机会，从而减少贫困和失业，还能推动产业发展，为经济增长注入活力，进而逐步缓解贫民窟扩张的困境。与此同时，教育和技能培训的普及对于提升劳动生产率至关重要。通过提供符合现代经济需求的职业培训和教育体系，劳动力能够更好地适应不断变化的市场环境，增强就业竞争力，降低社会不稳定的风险。对于非洲而言，借助系统性的人才培养和政策支持，才有望在城市化进程中有效应对贫民窟问题。拉美国家的成功经验提供了重要的借鉴。

中国在劳动力教育方面的经验积累

中国在劳动力教育和劳动力发展方面积累了宝贵的经验，特别是在政策、教育、产业三者协调发展方面有一定经验积累。政策的支持与创新在中国劳动力发展的过程中起到了至关重要的作用。中国政府通过制定一系列劳动力相关政策，推动职业教育的标准化、市场化，并不断改革劳动力市场结构。职业技能鉴定与培训体系的完善，使得劳动力能够获得更为广泛的就业机会和更高的收入水平。在此过程中，政府不仅提供了资金和政策支持，还通过与企业合作，推动技能人才的培训和流动。对于共建“一带一路”国家来说，制定和实施类似的政策可以有效促进劳动力市场的健康发展，特别是技术认证和职业技能提升方面的标准化，将有助于提高劳动力市场的效率和竞争力。

中国在劳动力教育方面的经验主要体现在教育的普及与改革上。自改革开放以来，中国大力推广基础教育，确保劳动力从早期教育到高等教育的普及化。特别是在职业教育和技能培训领域，中国着力提升技术工人的培养，为国家经济的持续发展提供了充足的技能人才。20 世纪 80 年代，随着外资的引入和市场经济体制的逐步建立，中国政府着力建设职业教育体系，以适应产业发展需求。中国职业教育在长期的实践中，逐步形成了中等职业教育、高等职业教育和企业培训相结合的多层次、多元化结构，提供了大量的技术工人和中高层次的产业人才（周凤华，2021）。中国政府在产业发展过程中，始终强调职业教育的配套支持，通过“校企合作”“产教融合”以及财政补贴等政策，鼓励企业参与职业教育，推动产业和教育的协同发展。特别是政府设立了多种职业培训项目，不仅提升了中低技能工人的就业能力，也有效地促进了企业的技术进步与产业升级（高士丁，2024）。中国在教育领域的经验表明，普及化的基础教育和加强职业技术教育是提升劳动力整体素质的关键。共建“一带一路”国家可以参考中国大力发展职业技术教育和劳动力技能培训的经验，适应日益增长的高技能劳动力需求，推动本国劳动力市场的现代化。

另外，劳动力教育与产业配套是促进劳动力发展和劳动力市场转型的重要因素，这两者相互作用，形成一个良性循环，以此推动国家经济结构的优化和劳动力市场的升级。在中国的经济发展过程中，劳动力教育和产业配套的协同推进发挥了关键作用，尤其是在劳动力素质的提升、技能需求的满足以及新兴产业的发展方面。随着经济的高速发展，传统的劳动力需求逐渐从低技能劳动力向高技能、专业化劳动力转型，这对劳动力教育提出了更高的要求。为了应对这一需求，中国加大了对职业教育、技术培训和高等教育的投入，不仅推动了全民教育的普及，而且特别加强了技术工人和专业人才的培养。职业教育的发展使得劳动力能够与产业需求进行更好的对接，尤其是在现代制造业、信息技术、新能源等领域的专业人才培养上取得了显著成果。与此同时，产业发展的需求在很大程度上驱动了劳动力教育的改革和发展。随着中国经济从劳动密集型向技术密集型和资本密集型转型，对技术工人、工程师、管理人员等专业人才的需求大幅增加，劳动力教育也随之从单纯的基础教育向更高水平的职业技能教育和专业技术教育拓展。

中国的经验表明，劳动力教育的成功不仅依赖于教育体系本身的完善，还需要教育体系与产业发展需求的紧密结合。在中国的劳动力市场转型过程中，产业升级是一个重要推动力。特别是在过去几十年，中国从传统的农业经济向现代化工业和服务业经济转型，劳动力市场也随之发生了深刻变化。这一过程中，劳动力市场的需求结构发生了根本性变化，劳动力的技能要求逐渐提高，更多的劳动力需要从事技术含量高、附加值高的工作。这种变化推动了劳动力市场的转型，促使低技能、低收入的劳动力逐渐减少，高技能、高收入的劳动力逐渐成为主力军。

另外，劳动力技能提升不仅仅是简单的知识传授或短期培训，而是一个复杂的系统性过程，需要政府、产业和高等教育机构的深度协同。但在很多共建“一带一路”国家，这三者往往处于割裂状态，缺乏有效协调。发展政策过度集中于产业发展而忽视人才教育体系的构建，将导致技术工人供给与产业需求严重脱节。政策和资源过于集中于教育系统，而未能与产业需求有效结合，也会导致劳动力技能与市场需求的错配。因此，政府、教育界和产业三者之间的需求融合是至关重要的，只有通过深入的合作和协同，才能有效地提升劳动力水平以满足产业发展。例如，韩国在20世纪60年代至80年代的快速经济发展过程中，就成功地实现了政府、产业和高等教育机构之间的密切合作。政府通过制定和实施与产业需求相匹配的政策，推动了产业发展和劳动力技能的提升。同时，韩国的高等院校与企业合作，开展针对性强的职业教育和技能培训，培养了大量适应产业需求的专业技术人才，推动了经济结构的优化和竞争力的提升（Amsden，1989）。

亨利·埃茨科维兹和罗伊特·雷德斯多夫的三螺旋理论（Etzkowitz et al.，1995）揭示了政府、产业和大学之间的协同合作在推动区域竞争力和经济发展中的关键作用。他们的研究表明，这种协同互动不仅是区域创新体系的核心动力，也是培育创新能力与企业家精神的理想环境，可以为区域经济的持续发展和产业升级提供坚实的基础（图9–3）。三螺旋理论的核心观点是，区域经济发展是多方合作与互动的结果，而非单一主体的行为。这一框架强调了政府、企业与学术界之间的协同合作，特别突出了劳动力教育在推动这一合作良性循环中的关键作用。

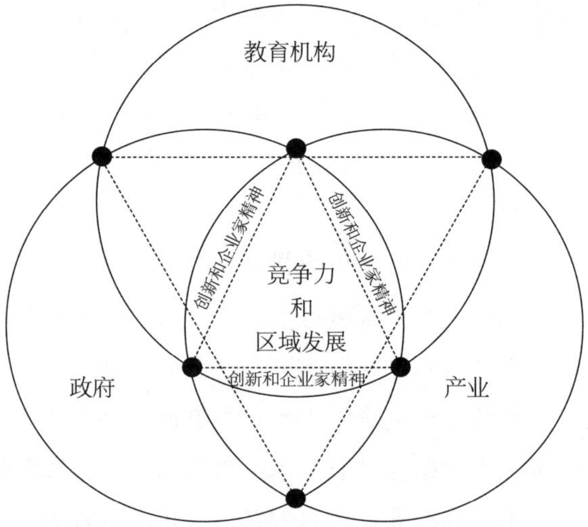

图9–3 政府、教育界、产业界三者协同的三螺旋模型

图片来源：Luis Farinha, João J. Ferreira, “Triangulation of the Triple Helix: A Conceptual Framework”, 2013.

中国助力非洲国家劳动力教育和发展

基于三螺旋理论的分析框架，本小节聚焦三个典型案例——中国对南非的农业技术转移、中国企业在埃塞俄比亚的技术溢出效应以及鲁班工坊，探讨中国如何助力非洲国家开展劳动力教育，并使劳动力发展成为中非合作的核心支点。这三个案例分别代表了不同领域和合作模式下的实践经验，系统展现了跨国技术转移、企业管理经验输出以及职业技术人才培养三方面的协同效应。通过剖析这三类合作模式，本文发现，政府的政策引导与资源配置、企业在技术转移与资本运作中的主动介入，以及教育机构在人才培养与知识传播中的系统投入，三者共同构成了推动中非劳动力教育合作、实现互利共赢的核心动力。

案例一：技术转移与人才培养——中南农业技术示范中心的协同发展实践

作为金砖国家的重要成员，南非在推动多边合作与促进经济繁荣方面，对中国及其他金砖国家具有重要战略意义。自 2009 年起，中国已连续保持南非最大贸易伙伴的地位，双边经贸关系持续深化。除经济合作外，中南两国还建立了涵盖教育、文化、卫生、青年、妇女、智库等多个领域的高层人文交流机制，进一步夯实了双边关系的社会和文化基础。南非学者加思·谢尔顿甚至将当前的中南合作形容为“黄金时代”。在农业技术转移的实践中，一个典型案例是中南农业技术示范中心的建设与运营。该项目自 2007 年完成可行性研究，2009 年正式动工，至 2011 年竣工并投入使用。示范中心依托政府、企业和教育机构三大主体的协同合作，不仅成功推动了农业技术的跨国转移，还显著提升了当地农业生产率，并为贫困群体提供了技能培训，助力可持续发展。该项目的实践经验表明，中南农业合作不仅促进了技术共享，还在提升农业现代化水平和改善民生方面发挥了重要作用。

南非政府在项目的选址、资源配置与政策支持上发挥了决定性作用。南非中部省份自由州省的加里普大坝被选为示范中心的落地地点，这一决策既符合当地农业发展的区域规划，也得益于政府相关部门的强力推动。自由州省农业和农村发展部（FSDARD）、南非农业部以及森林、渔业和环境部在项目启动阶段积极参与，为中南农业技术示范中心提供了政策指导和资源保障。中心举办的多期培训班累计培训学员数百名，其中60%的学员为当地小农户，其余则为推广官员与技术人员。近年来，中南两国政府间更是通过签署《中华人民共和国科学技术部与南非科学创新部关于开展科技减贫合作的谅解备忘录》等文件，进一步明确了双方在联合研发、技术转移及产业示范园共建等方面的合作模式，为项目长期稳健发展提供了坚实的政策后盾。

中国企业在该项目中扮演着技术输出与项目运营的关键角色。中国农业发展集团有限公司作为中方指定的执行机构，通过旗下国际合作开发有限公司全面负责示范中心的建设、运营和管理。在技术合作阶段，中国专家团队不仅将国内成熟的淡水养殖技术带到南非，还针对当地实际情况制定了专门的技术培训方案。例如，在淡水养殖领域，专家团队深入当地渔场，针对池塘水温调控、饲养时间表等关键环节进行现场指导，有效帮助小农户解决了实际生产中的问题。与此同时，在菌草技术转移方面，中国专家自2004年起通过签订技术转让协议，为南非小农户建立了“10平方米菇农场”模式。据统计，这一模式每年可在仅10平方米的土地上生产1.2吨平菇，已在夸祖鲁-纳塔尔省推广开来。当地农户在专家指导下，每月可收获平菇近50公斤，获得利润900多兰特。《南非独立报》数据显示，菌草技术培训中心已为当地创造了 200 多个固定工作岗位，累计培训学员超过 500 人，惠及 1 万多户家庭。这些成果不仅展示了中国企业在技术创新和管理方面的实力，也表明其在项目运营过程中，通过资金、技术和管理经验，为当地农业现代化和扶贫开发提供了重要支撑。

在教育和人力资本提升方面，中南农业技术示范中心充分体现了产学研结合的理念，致力于通过系统的技术培训和知识传播，实现农业技术的长效转移。中心与中国淡水鱼类研究中心密切合作，派遣水生专家为南非农户、推广官员以及技术人员提供全方位的培训服务。培训内容既包括理论知识讲解，也涵盖实地操作指导，充分利用现场示范和课堂教学相结合的方式，使受训人员能在短期内掌握关键技术。与此同时，该中心还与当地高等院校合作，定期开设专题讲座和实地考察课程，将最新的农业技术和管理理念引入课堂。这种多层次、多渠道的培训机制，不仅提升了南非农业从业者的技术水平和管理能力，也为当地培养了一批具备现代农业知识的技术骨干。长期来看，这种教育和培训机制为当地农业持续发展提供了强有力的人力资本支撑，同时也为中南双方在农业科研与人才培养领域的进一步合作奠定了基础。

如表 9–2 所示，中南农业技术示范中心以政府、企业和教育为核心的三方协同模式，实现了需求导向的分工与互补。政府部门通过政策支持、资源配置和项目选址，为项目营造了良好的外部环境；中国企业则凭借先进技术、资金实力和项目管理经验，实现了农业技术的有效转移和成果转化；而教育领域的系统培训和人才培养确保了技术的长期传承与持续创新。三者相互协同，优势互补，使得项目不仅显著提升了南非农业生产率，改善了农民收入水平，还在减贫、能力建设和可持续发展方面取得了实质性进展。

表 9-2 政府、产业、教育三方协同促进农业技术转移

领域	具体做法	协同作用体现
政府	1. 政策支持：南非政府战略支持 2. 资源配置：基础设施资源保障 3. 项目统筹：推动项目落地	•政策与教育协同：政府确保项目合法性与可持续性 •需求对接：政策明确技术转移方向，引导产业与教育机构聚焦实际需求
产业	1. 技术输出：制定本土化技术方案 2. 运营管理：负责建设与运营 3. 实践指导：专家团队现场示范	•技术转化协同：落地技术项目，提供实践场景与案例 •就业创造：直接创造就业，农户增收
教育	1. 系统培训：开展理论 + 实践培训 2. 产学研结合：开设讲座与实地课程 3. 知识传播：建立长效培训机制	•教育与产业协同：为企业提供人力资源 •技术传承：保障技术迭代与长期应用

案例二：从就业到创业——中国企业在埃塞俄比亚的技术溢出与产业链共生路径

在非洲国家，吸引外商直接投资以推动工业化进程已成为一项日益重要的战略议题。外商直接投资不仅为当地创造了大量就业机会，其技术溢出效应和知识转移也成为提升非洲劳动力素质的关键渠道之一。2016—2020 年，中国对非投资总额达 706 亿美元，直接创造了超过 17 万个就业岗位，这一数字分别是美国和法国的 3 倍、英国的 4 倍（Olander, 2021）。根据中国非洲研究倡议（CARI）的最新统计，自 2013 年以来，中国已超越美国，成为非洲最大的外商直接投资来源国（CARI，2021）。研究表明，中国对非洲的直接投资流入与非洲经济增长率之间存在显著的正相关关系（Ayomitunde et al.，2019）。

合理的产业政策不仅是吸引外商直接投资的有利条件，而且能够为外商和本土企业创造协同发展空间。以埃塞俄比亚为例，该国通过实施聚焦劳动密集型产业的战略规划，在推动经济结构转型方面取得了阶段性成效。政府以基础设施先行策略为抓手，系统性推进电力网络扩建、铁路干线建设及工业园区开发，同时将纺织、服装、皮革、农产品加工等具有比较优势的轻工业确立为核心发展领域。这一战略转型显著优化了工业发展环境：2010—2018 年，埃塞俄比亚 GDP 年均增长率达 10%，劳动密集型产业出口额增长超过 200%，成功吸引中国、土耳其等国的制造业投资，形成以东方工业园为代表的产业集群（World Bank，2024）。然而，该国的产业升级仍面临结构性挑战，如制造业与农业部门的生产效率持续低迷，设备现代化率不足 30%。政策执行也存在断层，尽管在中央层面制订了增长与转型计划，但地方政府的资源调配能力薄弱，导致产业园区配套物流体系滞后，企业运营成本居高不下。2020 年后，武装冲突引发的安全风险、汇率波动及治理能力短板，更是致使外资流入量骤减，部分中国企业开始向非洲其他国家或者东南亚转移。虽然埃塞俄比亚的经济近些年发展势头放缓，但是每年超过 5% 的 GDP 增长在整个非洲大陆仍是发展的亮点，其产业政策框架在非洲工业化进程中具有标杆意义。

中国企业在埃塞俄比亚的实践表明，跨国企业不仅是政府产业政策与本土人才培育的纽带，更是技术转移的核心枢纽。通过对埃塞俄比亚的基础设施、通信和制造业等领域的深度参与，中国企业以“技术载体”和“教育导向”双重角色，重塑了当地人力资本积累的路径（邹雨君，等，2022）。以东方工业园为例，园区内某纺织服装企业通过“三阶段递进式”技能培训模式——基础技能培训（如设备操作规范）、管理能力提升（如团队建设）和创新思维培养（如本土化图样设计方案）——将技术溢出效应嵌入日常运营。该企业主反馈，参与此类培训的埃塞俄比亚员工在第一年内技能评级提升率达 40%，使传统农民在 3~6 个月内转型为产业工人。员工在岗期间年均积累 120 小时学习经验，最终有 3%~5% 的资深员工（平均工龄 3.8 年）依托习得的技术能力（如纺织印染方法）和商业知识（如掌握销售渠道）开启独立或者联合创业。他们创立的本地企业降低采购成本，而且这些创业者往往选择在园区周边建厂，从而形成了产业链共生生态，完成了从“干中学”到“学中创”的劳动力逐步升级的发展路径。当问及是否担心优秀员工流失时，园区内中国企业主们的共识是，员工流动不可避免，但恰恰是员工流动催化了产业集群的形成。大部分当地创业者选择留在原产业链内发展，当离职员工成为他们的供应商、客户甚至竞争者时，这种良性压力反而促进了当地企业家精神的发展和整个产业链的升级与优化。

我们课题组对埃塞俄比亚首都亚的斯亚贝巴及周边地区 124 位本地企业家的调研也揭示了类似结果。研究发现，44% 的本地企业家具有外资企业工作背景，其中 54% 曾就职于中国企业；而在以“成为企业家”为创业动机的群体中，83% 拥有外企从业经历，这一比例显著高于其他创业动因群体（如生存型创业者的 40%）。更关键的是，曾在外资企业工作的创业者展现出更强的技术吸纳倾向，其业务中数字化工具使用率（68%）比非外企背景创业者（32%）高出一倍多，研究还发现外企工作经历与企业主接纳新技术意愿有着强相关性。尽管不能简单将接纳技术转移意愿归因于外企经历本身，但中国企业的“干中学”机制（如驻埃塞俄比亚的一家中国布匹厂推行的“1 名中方工程师 +3 名当地学徒”师徒制）有效填补了当地职业教育的断层，使当地员工在掌握硬技能（如纺织印染工艺）的同时，习得运营、管理、成本控制等软实力，为其创业提供基础。如表 9–3 所示，中国企业技术溢出的独特之处在于形成了“就业–学习–创业”的闭环传导机制。这一现象表明，中国企业的技术溢出不仅仅是设备或技术的转移，更是政府政策与劳动力教育之间的重要桥梁。

表 9–3　政府、产业、教育三方协同促进技术溢出与产业链共生路径

领域	具体做法	协同作用体现
政府	1. 产业政策制定：埃塞俄比亚政府制定产业政策 2. 基础设施先行：系统性推进工业园区开发 3. 战略方向引导：中央政策明确优先产业	• 政策与产业协同：政府通过基础设施和政策框架吸引外资 • 需求匹配：发展劳动密集型产业，创造就业并带动本土产业链升级
产业	1. 技术溢出与培训：中国企业推行“三阶段递进式”技能培训 2. 产业链共生：员工离职创业后形成周边配套企业，构建产业链共生生态 3.“干中学”机制：采用师徒制，填补职业教育断层	• 技术与教育协同：企业为教育体系补充实践内容；员工创业后反哺产业链，形成技术扩散网络 • 就业–创业闭环：技术溢出从就业延伸至创业，形成“干中学→学中创”的劳动力升级路径
教育	1. 实践导向的技能传递：中国企业培训机制，传统农民 3~6 个月转型为产业工人 2. 创业能力培育：外企工作经历与员工创业关联度高 3. 知识内化与扩散：创业者依托外企习得的技术，建立本土企业	• 人力资本与政策协同：教育成果支持政府产业升级目标，同时依赖政策提供的产业集群环境 • 教育促进技术传承链条：企业培训填补职业教育空白，创业者扩散技术，形成“外企培训→本土创业→技术再应用”的循环

案例三：鲁班工坊与中文工坊——中国职业教育出海的非洲实践

随着中国企业出海步伐的加快，企业海外用工数量和规模不断扩大，中国职业教育出海成为一种必然。鲁班工坊就是一个典型的例子。鲁班工坊以中国历史上著名的工匠人物鲁班命名，致力于通过行业驱动，在海外培养各行业领域中的技术工人。中国 2016 年开始在境外建设鲁班工坊，至 2025 年 7 月，中国已在全球 30 个国家和地区建设了 34 个鲁班工坊。其中，中国在非洲 15 个国家设立了 17 个鲁班工坊（见表 9–4），通过分享中国的技术与职业教育经验，满足当

地产业的需求，创造了至少 80 万个就业机会。鲁班工坊为非洲国家批量培养支撑当地经济社会持续发展的技术骨干和领军人才，涵盖中职、高职、本科三个教育文凭层次，涉及新能源、工业机器人、大数据、云计算、铁道运营、物联网、人工智能等学科门类和细分专业。同时，鲁班工坊还开发了数十个国际化专业教学标准，并被纳入这些国家的国民教育体系。

表 9-4 非洲鲁班工坊名称及中方院校建设单位（17 所）

项目名称	中方院校建设单位
埃及鲁班工坊（艾因夏姆斯大学）	天津轻工职业技术学院 天津交通职业学院
埃及鲁班工坊（开罗高级维修技术学校）	天津轻工职业技术学院 天津交通职业学院
贝宁鲁班工坊	宁波职业技术学院（现宁波职业技术大学）
吉布提鲁班工坊	天津铁道职业技术学院
加蓬鲁班工坊	成都航空职业技术学院（现成都航空职业技术大学）
肯尼亚鲁班工坊（肯尼亚马查科斯大学）	天津城市职业学院
肯尼亚鲁班工坊（肯尼亚铁路培训学院）	陕西铁路工程职业技术学院
卢旺达鲁班工坊	金华职业技术学院（现金华职业技术大学）
马达加斯加鲁班工坊	天津机电职业技术学院 天津市机电工业学校
马里鲁班工坊	天津医学高等专科学校 天津市红星职业中等专业学校
摩洛哥鲁班工坊	天津商务职业学院
南非鲁班工坊	天津职业大学
尼日利亚鲁班工坊	天津铁道职业技术学院
乌干达鲁班工坊	天津工业职业学院
埃塞俄比亚鲁班工坊	天津职业技术师范大学
赞比亚鲁班工坊	乐山职业技术学院
科特迪瓦鲁班工坊	天津城市职业学院

2020 年，中国教育部等 9 个部门联合印发的《职业教育提质培优行动计划（2020—2023 年）》提出推进“中文 + 职业技能”项目，助力中国职业教育“走出去”。在这样的背景下，2021 年，教育部中外语言交流合作中心正式启动了中文工坊项目。中文工坊是“中文 + 职业技能”的特色项目，是中文教育与职业教育融合发展的产物，为中文与职业技术的有效衔接提供了平台，致力于发挥中文为职业教育赋能、职业教育助力中文海外传播的双向作用，不断促进国际中文教育和职业教育协同“走出去”。截至 2023 年 11 月 30 日，非洲共有 6 个国家联合中方合作院校建设了 10 所中文工坊（表 9–5）。从国家分布来看，刚果（金）的数量较多，共有 5 所中文工坊；从中方合作机构来看，参与建设最多的是来自山东的院校；从职业类型来看，矿业类的中文工坊数量最多（刘振平，等，2024）。

表 9–5　非洲中文工坊名单

国家	中文工坊名称	中方合作机构名称
刚果（金）	科米卡矿业简易股份有限公司中文工坊	山东理工职业学院
	华刚矿业股份有限公司中文工坊	昆明冶金高等专科学校
	拉米卡股份有限公司中文工坊	山东商务职业学院
	迪兹瓦矿业股份有限公司中文工坊	淄博职业学院（现淄博职业技术大学）
	TFM 矿业中文工坊	枣庄科技职业学院
几内亚	中国铝业有限公司中文工坊	滨州职业学院
尼日利亚	中材国际有限公司中文工坊	江西应用技术职业学院
喀麦隆	天元建设集团中文工坊	临沂职业学院
卢旺达	中国商城集团中文工坊	金华职业技术学院（现金华职业技术大学）
摩洛哥	中资企业协会中文工坊	北京第二外国语学院

政策环境和制度保障在跨国职业教育合作中起着基础性作用。非洲各国政府普遍面临着产业转型、就业结构调整和技术能力不足等问题，为此，这些国家在引进外部资源、技术和人才时，往往依赖于政府的积极干预和政策支持。如坦桑尼亚、乌干达等多个非洲国家主动将“鲁班工坊”项目纳入其国民教育体系和产业发展规划，体现了政府对于外来技术和职业教育模式的认可与需求。同时，中国政府通过《职业教育提质培优行动计划（2020—2023 年）》等规划，为中方教育机构“走出去”提供了明确的政策导向和资金保障。政府在跨国合作中的角色主要体现在搭建政策桥梁、协调多方利益及形成长效合作机制上，其在“鲁班工坊”项目中的积极介入，为项目的长期可持续性奠定了制度基础，并在一定程度上降低了技术转移过程中的制度摩擦和不确定性风险。

鲁班工坊作为职业教育的桥梁，在中国企业的支持下，通过校企合作、实训基地建设、技能竞赛推广等方式，助推了非洲职业教育的创新发展。在吉布提，非洲首家鲁班工坊于 2019 年成立，并迅速成为轨道交通人才培养的重要基地。当地学员在鲁班工坊接受了系统的铁路工程培训，包括轨道检修、列车调度、电力维护等核心技能。依托鲁班工坊提供的先进教学设施和企业主导的实践训练，学员们很快掌握了铁路运营所需的专业技能，并顺利进入亚吉铁路工作。中国企业不仅是鲁班工坊的资金和设备提供方，更通过工程师的实训指导，使培训内容与企业用工需求高度匹配，为吉布提铁路建设和运营提供了稳定的人才储备。

类似的合作模式在多个非洲国家推广，并针对各国产业需求提供定制化人才培养方案。在埃及，鲁班工坊专注于汽车维修领域，为当地提供系统的发动机拆卸、检查、维修和组装培训，以缓解当地汽车制造与维修行业技术人才短缺的问题。在调研中我们发现，在摩洛哥，鲁班工坊则瞄准跨境电商行业，结合中国企业在全球电商市场的经验，帮助当地青年掌握电子商务运营技能，促进摩洛哥企业更好地融入国际市场；在南非，鲁班工坊依托中国企业的技术支持，重点培养物联网和 3D 打印技术人才，助力南非科技产业升级。这些鲁班工坊不仅传授技术知识，更重要的是通过企业的深度参与，使学员在学习过程中直接接触行业前沿技术和市场需求，实现职业教育与产业发展的精准对接。

除了院校合作，中国企业还通过职业技能竞赛的方式推动技能培训的落地和推广。以非洲职业技能挑战赛为例，这一赛事由中国航空技术国际控股有限公司（中航国际）与肯尼亚教育部联合举办，截至 2024 年 8 月初已连续举办 8 届，吸引了来自 10 个国家的 300 余所大中专院校、近 1 300 名选手参赛（周�，2024）。赛事不仅为非洲青年提供了展示技能的舞台，也成为中非企业与职业院校深化合作的重要平台。比赛获胜的选手往往能获得在中国企业的实习或就业机会，形成从技能培训到就业的完整闭环。这一模式的推广，使职业技能教育更加贴合市场需求，也增强了非洲年轻人的就业竞争力。

鲁班工坊与中文工坊的实践经验，充分展现了中国职业教育“走出去”模式在非洲的可行性。如表 9–6 所示，在政策引领下，政府搭建合作平台，推动职业教育纳入双边发展战略，为职业教育国际化提供制度保障；在企业协同中，中国企业不仅是投资者和雇主，更是职业教育的深度参与者，通过提供技术支持、实训资源和就业渠道，使职业教育与市场需求精准对接；在教育赋能方面，院校依托鲁班工坊和中文工坊，提供先进的教学体系和职业技能培训，使学员具备国际化的专业素养和就业竞争力。这种“政策 + 企业 + 教育”三方联动的闭环人才培养机制，推动了中国职业教育出海非洲，不仅为非洲本地产业发展奠定了坚实的人力资本基础，更为中非共赢发展贡献坚实的人才支撑。

表 9-6　政府、产业、教育三方协同促进中国职业教育出海

领域	具体做法	协同作用体现
政府	1. 政策支持与制度保障：某些非洲国家政府将中国职业教育体系纳入国民教育体系 2. 战略合作框架搭建：中非政府联合搭建职业教育合作平台 3. 政策导向与资金保障：中国教育部等 9 个部门为职业教育出海提供政策和资金保障	•政策与教育协同：非洲政府通过政策认可外来职业教育模式，中国政府提供资金和制度保障，共同降低跨国合作风险 •需求对接与资源整合：非洲产业转型需求与中方职业教育资源精准对接，形成互补优势
产业	1. 技术输出与资源支持：中国企业提供资金、设备和技术支持，主导实训基地建设 2. 产教融合实践：企业联合院校举办职业技能竞赛，形成“培训-就业”闭环 3. 市场需求驱动：中国企业参与课程设计，将行业前沿技术融入教学	•产业与教育协同：企业提供真实生产场景和实训资源，弥补非洲职业教育实践短板；教育成果反哺企业用工需求 •就业-产业链条延伸：企业通过竞赛和实习吸纳优秀学员，形成“技能培训—就业—产业发展”的循环
教育	1. 国际化课程开发：开发国际化专业教学标准；推动“中文＋职业技能”融合 2. 多层次人才培养：覆盖中职、高职、本科的职业教育体系，培养技术骨干和领军人才 3. 实践能力提升：通过实训基地、技能竞赛强化动手能力，学员技能对接岗位需求	•教育与政策协同：教育机构依托政府政策支持，将中国职教标准本土化 •教育与产业协同：院校通过企业合作引入先进技术，培养具备国际竞争力的技术人才

劳动力教育的挑战及政策建议

尽管中国与共建“一带一路”国家通过加强劳动力教育和发展开展了广泛的国际合作，取得了显著成效，但随着全球经济格局的变化和各国发展需求的多样化，未来的合作仍充满挑战。尤其是文化差异、全球经济不确定性、政治法律环境以及人才流动等因素，都可能对中国和共建“一带一路”国家的劳动力教育与发展合作产生深远影响。

首先，文化差异和合作模式的适应性问题，始终是中国与共建“一带一路”国家劳动力教育合作面临的重要挑战。不同国家在教育体系、语言、社会文化以及教育理念上存在显著差异，这使得合作的效果和推进速度受到制约。许多共建“一带一路”国家的教育体系相对传统且高度集中，教育内容和方式与中国的现代化教育体系存在较大差异。例如，中国注重高技能人才的培养和科技创新，而许多发展中国家更侧重基础教育和理论教学，这带来合作时在课程设置、教学方法以及师资培训方面的适配性问题。这些差异可能影响教育项目的实施效果，偏离预先设定的教育目标。此外，许多国家的文化和社会环境较为保守，尤其在传统教育体系较为根深蒂固的地区，现代技术和创新教育理念的引入可能会遇到较大的文化抵触。如何在尊重当地文化、教育体制和社会需求的基础上进行适当调整，推动现代化的教育改革，成为未来合作中的一大难题。

全球经济不确定性也是影响中国与共建“一带一路”国家开展劳动力教育和发展合作的关键因素之一。贸易摩擦、金融市场波动以及疫情后的经济复苏等因素给全球经济带来了很大的不确定性，这直接影响到教育合作项目执行的稳定性。特别是在一些低收入国家，全球经济的动荡可能导致劳动力市场的波动，进而影响教育项目的有效性和实际效果。例如，在经济低迷时期，劳动力市场需求减缓，许多培训项目和技能提升计划可能无法及时跟上劳动力市场的变化，导致合作的实际成效打折扣。而且，全球经济的动荡还可能导致中国企业的投资步伐放缓，从而间接影响劳动力教育和发展项目的资金与资源供应。随着全球经济竞争的加剧，特别是在高技术和高附加值领域，中国与共建“一带一路”国家的合作面临越来越激烈的市场竞争。如何确保在这种全球竞争压力下，教育合作和劳动力发展能够保持优势，将是双方合作面临的又一严峻挑战。

此外，政治与法律环境的影响也是中国与共建“一带一路”国家劳动力教育合作中不可忽视的因素。许多共建“一带一路”国家的政治环境和法律制度尚不完善，尤其是一些处于经济转型期的国家，政府政策不稳定，腐败问题严重，使得教育项目和劳动力培训的实施面临较高的风险。例如，部分国家缺乏有效的劳动力法规，造成劳动力权益保障不到位，这不仅影响了培训和教育项目的实施效果，还可能导致项目资金的浪费。随着“一带一路”合作的深入，政治和法律环境的变化可能直接影响教育合作项目的稳定性和可持续性。

在此背景下，人才流失问题亦对合作产生了不容忽视的影响。尽管中国为许多共建“一带一路”国家提供了大量的人力资源支持，但这些国家面临的人才外流问题仍然严峻。由于经济机会有限，许多受过教育的年轻人选择移民到其他国家，尤其是向发达国家流动。这种人才流失现象不仅影响了劳动力的质量和可持续性发展，也使原本通过教育合作和技术支持提升的劳动力素质未能最大程度地留在本国，进一步加剧了高素质劳动力短缺的问题。这使得中国在推动劳动力教育合作时，往往面临“培养人才但无法留住”的局面。因此，如何通过改善经济环境、创造更多就业机会、提升社会保障体系等措施，来减少人才流失，成为中国与共建“一带一路”国家共同面临的挑战。

为了应对以上挑战，让中国与共建“一带一路”国家的劳动力教育合作更加有效，以下提出了几项具体的政策建议。

首先，文化差异和合作模式的适应性问题一直是中国与共建“一带一路”国家劳动力教育合作面临的重要挑战。因此，中国政府可以推动跨文化教育合作，并建立本地化的培训体系。通过定期举办中方与共建“一带一路”国家教育工作者之间的跨文化交流与培训，提升双方的文化适应能力和教育合作的顺畅性。此外，政府应鼓励根据当地社会文化和教育需求定制教育课程，以结合中国的现代教育理念与当地的传统教育体系，确保教育项目具有较高的适配性。与此同时，还应支持教育多元化，引入现代技术和创新教育理念，同时尊重并保留当地教育特色与文化传统。

其次，全球经济的不确定性也是影响劳动力教育与发展合作的重要因素。在这种背景下，中国政府应当建立灵活的教育合作机制，以确保教育项目在经济不确定性较高时能够持续进行。建议设立专项应急基金，应对全球经济动荡时的资金和资源短缺问题，并提供灵活调整机制，以便在全球经济低迷时，依然能够保障劳动力培训项目的持续性。此外，政府还应加强需求导向的教育内容更新机制，依托国内科研机构和智库，定期进行劳动力市场需求调研，确保培训项目与市场需求紧密对接，避免因市场变化而导致项目效果打折扣。为了减轻单一资金来源的风险，政府应鼓励私人企业和国际金融机构参与到共建“一带一路”国家的劳动力教育合作中，为项目提供多元化的资金支持。

再次，在面对共建“一带一路”国家政治与法律环境不稳定的问题时，中国政府可以采取多项政策措施，以确保劳动力教育合作的顺利推进和可持续发展。中国政府可以通过加强与国际组织和多边合作机制的协作，推动国际化的标准和监督机制的引入，从而降低当地政治和法律环境的风险。例如，利用联合国开发计划署、世界银行等国际机构的经验和资源，确保项目在教育内容、资金管理等方面符合国际标准和最佳实践。同时，中国政府应密切关注各国政治和法律环境的变化，及时调整合作策略。在项目设计初期，进行政治、法律、环境的全面评估，选择风险较低的合作区域和领域。根据当地实际情况，制订灵活的项目实施计划，确保项目在不同的政治环境下能够适应和稳定运行。

最后，为了应对人才流失问题对劳动力教育合作产生的深远影响，中国政府应推动本地创业和就业机会的创造。中国政府可以与共建“一带一路”国家政府合作，设立专项基金，支持本地中小企业的发展，创造更多的高质量就业机会，吸引年轻人留在本国就业。而在改善劳动力市场环境的同时，政府还应当推动社会保障体系建设，特别是医疗、养老和住房等方面的政策，以提高人才的社会安全感，从而减少人才流失现象。中国政府还可以通过提供税收优惠和创业支持等政策，鼓励在外流失的高素质人才回流，支持这些回流人才反哺当地中国企业用工需求。此外，政府可以通过加强国际合作，为共建“一带一路”国家青年人提供更多赴中国深造的机会，特别是高技术领域的培训项目，帮助他们获得更高的技术能力和就业视野，进一步增强其在本国的就业吸引力。

结语

推动劳动力教育和发展，提升当地劳动力的知识、技能和创新能力，成为实现真正合作与可持续发展的关键环节。劳动力能力的提升不仅是劳动力市场的需求，更是国际发展合作的基础。中国作为全球第二大经济体，在科技、现代化产业及创新领域的优势，能够为共建“一带一路”国家提供强有力的技术、知识和经验支持。然而，这些支持必须建立在劳动力素质提升的基础上，这样才能有效承接中国的技术转移，推动当地经济的转型与升级。没有高素质、创新型和技能型人才的培养，任何长期合作都难以持续。未来，“一带一路”倡议需要以劳动力技能提升为抓手，通过政府、教育和产业的协同互动，推动共建“一带一路”国家构建以劳动力技能为核心的内生增长动力，实现从“输血”到“造血”的转变。这不仅有助于共建“一带一路”国家，特别是非洲国家，摆脱对外部援助和资本的依赖，也为全球发展合作提供了一条更加平等、互利和可持续的道路。

参考文献

高士丁，2024. 校企协同机制在高校人才培养中的应用 [J]. 山西财经大学学报，46（s2）：236-238.

周輞，2024. 中国结合非洲国家实际需求培训各类人才，提升地区国家自主发展能力——促进非洲不断释放人口红利 [N]. 人民日报，2024–8–27（03）.

加思·谢尔顿，2023. 南非学者：中国与南非关系步入“黄金时代”，未来 25 年更值得期待 [EB/OL].（2023-08-01）[2024-07-14].https://export.shobserver.com/baijiahao/html/638727.html.

刘振平，李楚楚，2024.“中文＋职业技能”人才培养新平台：中文工坊发展的优化路径研究 [J]. 南宁职业技术学院学报，32（3）：93-99.

周凤华，2021. 职业教育多元办学格局的现状与发展策略 [J]. 中国职业技术教育，（12）：75-81.

邹雨君，王进杰，2022. 中非教育和培训合作：中国企业的供给与需求双向参与 [J]. 中国非洲学刊，2（4）：99-114，147.

AMSDEN A H, 1989. Asia’s Next Giant: South Korea and Late Industrialization[M]. Oxford: Oxford University Press.

AYOMITUNDE A T, OGUNLEYE A G, ADEJUMO A V ,et al., 2019. Spillovers of Chinese Foreign Direct Investment in Africa: An Empirical Perspective[J]. International Journal of Accounting Research,4(4):16-20.

China Africa Research Initiative,2021.Data:Chinese Investment in Africa[EB/OL].(2021-12-07)[2024-01-11].https://www.sais-cari.org/chinese-investment-in-africa.

ETZKOWITZ H, LEYDESDORFF L, 1995. The Triple Helix—University-Industry-Government Relations: A Laboratory for Knowledge-Based Economic Development[J]. EASST Review, 14(1): 14-19.

GALAL S, 2023. Unemployment Rate in Africa from 2012 to 2024 by Region

[EB/OL]. (2023-11-13)[2024-07-14]. https://www.statista.com/statistics/1321581/unemployment-rate-in-africa-by-region.

GALAL S, 2025a. Forecast of the Total Population of Africa from 2020 to 2050[EB/OL]. (2025-07-25)[2025-07-30].https://www.statista.com/statistics/1224205/forecast-of-the-total-population-of-africa/.

GALAL S, 2025b. Urbanization Rate in Africa from 2000 to 2024[EB/OL]. (2025-07-29)[2025-08-19]. https://www.statista.com/statistics/1226106/urbanization-rate-in-africa/.

GÜNERALP B, LWASA S, MASUNDIRE H, et al., 2017. Urbanization in Africa: Challenges and Opportunities for Conservation[J]. Environmental Research Letters, 13(1): 015002.

IMPARATO I, RUSTER J, 2003. Slum Upgrading and Participation: Lessons from Latin America[M]. Washington, DC: World Bank Publications.

MCGRATH S, RAMSARUP P, ZEELEN J,et al., 2020. Vocational Education and Training for African Development: A Literature Review[J]. Journal of Vocational Education & Training, 72(4): 465-487.

MUWANIKI C, WEDEKIND V, MCGRATH S, 2024. Agricultural Vocational Education and Training for Sustainable Futures: Responsiveness to the Climate and Economic Crisis in Zimbabwe[J]. Journal of Vocational Education & Training, 76(2): 430-446.

OLANDER E, 2021. China Remains Africa's Largest Source of FDI and Job Creation, Says EY's Annual Investment Report.[EB/OL]. The China-Global South Project.[2025-08-18].https://chinaglobalsouth.com/2021/12/07/china-remains-africas-largest-source-of-fdi-and-job-creation-says-eys-annual-investment-report/.

World Bank, 2024.The World Bank in Ethiopia[EB/OL].(2024-04-24)[2024-07-14]. https://www.worldbank.org/en/country/ethiopia/overview.

第 10 章

全球发展倡议下的中国南南合作治理体制建设[1]

[1] 本章作者为周咏梅。

中国在消除疟疾的历程中，书写了全球公共卫生史上的一个奇迹——从 20 世纪 40 年代每年报告逾 3 000 万病例，到 2017 年实现本土零病例，再到 2021 年获得世界卫生组织（WHO）无疟疾认证，中国用 70 余年时间彻底扭转了疟疾肆虐的局面。世界卫生组织总干事谭德塞说，“中国的疟疾消除成就证明了政治意愿与科学策略结合的力量”——中国自主研发的青蒿素药品挽救了全球数百万生命，中国的政治意愿则体现在结合政府跨部门协作机制和社区动员的公共卫生治理体系，“1-3-7”防控策略（病例 1 天内报告，3 天内调查，7 天内处置）被世界卫生组织列为全球典范。如今疟疾仍是全球健康的大难题，世界卫生组织发布的《世界疟疾报告 2024》估计，2023 年全球 2.63 亿人得了疟疾，其中非洲占 94%；全球 59.7 万人死于疟疾，95% 发生在非洲。

中国能否将成功的治理经验分享给非洲、东南亚等疟疾重灾区并帮助它们实现“零疟疾”的目标？

中国的青蒿素可以出口，但是中国治理模式能否扎根于当地的土壤？对于绝大多数疟疾重灾区的国家来说，建立坚定的政治承诺、建立跨部门协作机制和社区动员能力，都极具挑战性。而中国在全球健康合作中的角色能否从医疗产品、医疗人员、基础设施的提供者，扩展为治理能力建设伙伴和治理模式共同探索者？中国能否加强与世界卫生组织、全球基金等多边平台的合作，帮助疟疾重灾国制定因地制宜的疟疾防控战略？这种转型是真正意义上的从“输血”到广义“造血”的合作转型，广义“造血”不仅限于培训当地卫生工作者，还包括支持卫生系统改革、帮助搭建信息监测网络；不仅限于对公共系统的支持，也包括鼓励中国健康产业出海并帮助发展中国家建立药物和医疗产品的生产能力。

在全球健康领域，如果中国重新定位其独特的全方位贡献——有显著的成功经验可以分享，有技术和产品可以输出，也有能力因地制宜与当地共创发展治理模式——将极大提升中国在全球健康领域的话语权并推动全球健康的实质性进展。

自从中国政府于2021年提出全球发展倡议[①]，中国在国际发展合作系统内的重新定位就变得格外迫切。新冠疫情造成了重大生命损失，许多发展中国家在实现可持续发展目标方面的多年努力和进展付诸东流。气候变化造成的破坏已得到广泛承认，但应对气候变化的集体行动依然乏力。中美之间日益紧张的经济和政治关系不仅阻碍了双方合作，更使中国和一些国家的合作以及多边组织的运作政治化。在全球面临危机之际，中国提出的全球发展倡议与联合国《2030年可持续发展议程》、全球气候议程保持一致，旨在重振全球合作，推进2030年后全球发展合作议程。

中国的发展经验赋予其在全球发展领域的话语权。根据联合国《2024年可持续发展目标报告》，联合国《2030年可持续发展议程》可测量的135个具体目标中，仅有17%正常推进或已实现，将近一半进展缓慢，三分之一以上处于停滞状态或倒退状态。而在多项发展领域中，中国有成功的政策选择、技术创新、治理方法可以分享，不仅涵盖大家熟知的经济增长、脱贫、农业发展、教育、卫生健康、公共交通、能源发展等“传统”领域，也包含绿色转型、数字经济和数字政务等“新”领域。

南南合作中，中国最响亮的名片是其持续且相对包容性增长的经

① 中国相继提出三个重要倡议：全球发展倡议（2021年）、全球安全倡议（2022年）、全球文明倡议（2023年）。本文重点研究全球发展倡议下中国可以施展的领导力。

验。2010 年世界银行召集的增长与发展委员会[①]发现，1950 年以来，只有 13 个国家和地区在 25 年或更长时间内年均经济增长率达到或超过 7%[②]，中国是其中一个。中国的持续增长经验为发展中国家提供了平衡市场活力与政府调控的范本。通过渐进式改革、基础设施先行和区域协同战略，中国在保持高速增长的同时缩小了城乡与区域差距，并注重教育、医疗等人力资本投资，避免了增长成果集中化。在南南合作中，中国通过“一带一路”倡议、境外经贸合作区建设、技术转移及金融支持，助力发展中国家完善基建、培育产业、促进包容性增长。

中国另一张响亮的名片是其发展式减贫经验。中国是唯一一个系统性消除极端贫困的超大人口发展中国家。按世界银行标准，中国在 40 年内使超 8 亿人脱贫，脱贫人数占同期全球减贫人口 70% 以上。中国减贫策略在发展过程中演变。改革初期通过家庭联产承包责任制打破“大锅饭”，迅速提高粮食产量，减少农村贫困人口。1986 年国务院贫困地区经济开发领导小组（后更名为国务院扶贫开发领导小组）成立，划定贫困县，推动以工代赈、产业扶贫和基础设施改善。同时，城市就业吸引了大量的农村剩余劳动力，推动农村减贫。1994 年《国家八七扶贫攻坚计划》中政府统筹资源、聚焦区域差距的治理逻辑对区域性不平等严重的国家具有参考价值。21 世纪初，《中国农村扶贫开发纲要》将扶贫对象从县细化到村，推进整村扶贫、劳

---

① 增长与发展委员会（Commission on Growth and Development）由 19 位著名领导人组成，他们均是政策、政府和商业等领域的领导人，其中大多数来自发展中国家，此外还包括两位著名的经济学家。

② 13 个国家和地区是博茨瓦纳、巴西、中国、中国香港、印度尼西亚、日本、韩国、马来西亚、马耳他、阿曼、新加坡、中国台湾和泰国。这些国家和地区的经验被世界银行增长委员会总结在这份报告中：The Growth Report: Strategies for Sustained Growth and Inclusive Development。

动力培训转移和生态补偿，并启动新型农村合作医疗等社会保障网。2013—2020年，中国通过“精准扶贫”将资源用于贫困县摘帽和极端贫困人口的脱贫。这些经验对不同发展阶段的国家有借鉴意义。

在绿色转型方面，中国的探索正在进行，但已有20多年的积累和显著的成功案例，包括京津冀空气污染治理、河水污染的治理、新能源开发、智能电网建设、新能源汽车行业的蓬勃发展、绿色债券和绿色金融制度的建立。在气候适应方面，中国也在农业、城市规划、灾害预防等领域探索创新。中国政府如何引领一个速度空前[①]且公平的绿色转型过程也已经受到全球关注。

在全球发展领域，中国有充分的空间和实力发挥领导力。在美国再次退出《巴黎协定》、退出世界卫生组织、关闭美国发展援助署之际，中国发挥领导力的空间更大了。中国的南南合作体量巨大。世界银行研究显示，2010—2019年，对发展中国家的公共贷款机构中除了世界银行集团，中国是最大的贷款融资来源。这10年里中国提供了2 440亿美元的公共贷款，远远高于亚投行（1 306亿美元）、日本（1 263亿美元）、IMF（1 200亿美元）。[②]中国资金主要集中在大型交通、港口、能源等项目。“一带一路”倡议提出后的前10年中，中国投入大量资金帮助发展中国家建设它们急需的基础设施。肯尼亚蒙内铁路、印度尼西亚雅万高铁、孟加拉国帕德玛大桥等标志性工程破解了交通瓶颈。华为、中兴在非洲铺设光纤网络，帮助50余国接入4G/5G。这些项目与中国“基建先行”战略吻合，也得益于中国的技术、人力资源和融资支持。企业也越来越重视推动中

① 欧盟从碳排放峰值（1980年）到碳中和（2050年），将需要70年。美国从碳排放峰值（2005年）到碳中和（2050年），将需要45年。而中国计划在碳排放峰值（2030年）后30年实现碳中和（2060年）。

② 数据来源：World Bank, “A Changing Landscape: Trends in Official Financial Flows and the Aid Architecture”, 2021.

国标准，培训当地工程团队，增强其自主发展能力。

近年来，中国调整了南南合作的项目组成，减少了大型基建项目的比例，鼓励更多的“小而美”项目。这一方面是应对发展中国家债务危机引起的还款风险，一方面是希望增加惠民生、规模小、接地气、可推广的项目及对所在国的帮助。习近平总书记在 2021 年第三次“一带一路”建设座谈会上提出：“今后要将小而美项目作为对外合作的优先事项，加强统筹谋划，发挥援外资金四两拨千斤作用，形成更多接地气、聚人心的项目。”[①]“小而美”项目种类和数量繁多。中国长期以来的援外项目中为发展中国家提供技术与专家资源，比如农业技术、高产稻种、医疗队等。菌草、“光明行”、鲁班工坊等“小而美”项目也成为新近的标杆项目。

中国现有的国际发展合作治理模式局限了中国在全球发展领域的影响力。以全球健康发展领域为例，传统的援外卫生合作模式暴露出了诸多局限性。首先，援助缺乏可持续性发展效果。尽管中国为许多发展中国家援建了医院和公共卫生设施，但这些设施往往由于缺乏长期资金投入、专业人才、药品供应链或数字化管理系统，难以保持高效运行。虽然中国各省多年向对口国家派遣医疗队，但是有的医疗队侧重提供医疗服务而不是培养当地专业能力，受援国仍然缺乏自我持续发展的能力。其次，援助的针对性不足。传统的中国援外卫生合作模式往往是根据中国政府的外交政策和战略安排进行的，缺乏对受援国具体健康需求的精准对接。这导致了援助资源的配置存在一定的浪费。例如，某些受援国可能更为急需的是传染病防控策略、基层医疗服务和公共卫生教育，而传统的援助形式却更多集中在大型医院建设和专家派遣上，未必能够完全满足受援国在公共卫生领域的真正需求。总体上，传统援外卫生合作中缺乏体系建设内容。“零疟疾”案例中

① 《“我就派〈山海情〉里的那个林占熺去了”》,《人民日报》,2021 年 11 月 21 日 01 版。

治理创新是精髓，然而传统卫生援助中鲜有共创治理模式的内容。[①]

中国的公共卫生治理就像一道菜，原材料（医院、医生、药品）固然重要，但只有合适的烹调方法（治理体系）才能真正做出美味又健康的佳肴。中国在对外援助中更侧重提供优质食材，而如何烹调，即如何建立高效的卫生治理体系，使资源得到合理分配和有效利用，往往没有得到同等重视。

中国近年已在尝试体系化经验输出。新冠疫情期间中国向全球几十个国家和地区派遣医疗专家组，不仅携带物资，更分享流调追踪、社区网格化管理等"软技术"。中国应该扩大这类治理层面的合作，做成"大而美"项目，也就是通过提升当地治理能力而取得大规模惠民生效果的项目。

与发达国家的双边合作机构相比，中国对国际发展合作的统筹管理才刚刚起步。2018 年成立的国家国际发展合作署承担对外援助项目的统筹协调评估职责。现在援外项目的立项需要经过相关国别负责人组织的审批过程。但是至今没有显见的发展合作目标和战略来统筹各类机构执行的合作项目，也没有明确的国别资金额度。在系统层面及项目层面的评估停留在产出（output）上，忽略发展成果（outcome）的评估。另外，国家国际发展合作署的统筹职责不覆盖政策银行的项目。"一带一路"倡议下的众多项目更多依赖于临时性的协调机制，比如发展改革委负责协调中巴走廊。

为充分发挥中国在全球发展领域的推动作用，中国应加速建设以发展为导向、能够系统性协调中国多元主体资源的国际发展合作治理体制，并建立横向学习平台以加速培养具有全球胜任力的人才。近期的制度建设可以围绕以下三个相辅相成的维度。

---

① 新近的项目重点开始向系统性能力提升转移。比如，2023 年 1 月中国在塞拉利昂的疟疾分子实验室流行病学网络能力建设试点项目正式启动，旨在提升疾病监测能力，指导疟疾防治。

第一，研发中国国际发展合作“菜单”，也就是相对标准化但需要本土化的合作项目“菜单”。

第二，加强发展角度的区域国别研究，在国别层面建立以发展结果为导向的战略协调机制，促进参与合作的机构之间的沟通合作，提高项目的互补性和总体的发展效应。

第三，建立横向学习平台，提升国际发展合作实践者的全球胜任力，为深化南南合作提供人才基础。

研发“发展合作菜单”是南南合作知识体系建设的一部分

中国在全球发展倡议中明确提议加大发展资源投入，重点推进减贫、粮食安全、抗疫和疫苗、发展筹资、气候变化和绿色发展、工业化、数字经济、互联互通等领域合作，加快落实联合国《2030 年可持续发展议程》。在这些议题上，中国都有宝贵的经验和资源可以分享，可以以南南合作的方式来推动发展中国家在这些领域的发展。中国也已经在一些国家有具体的实践。当务之急是总结出一个“合作菜单”帮助前线外交人员和驻华使领馆了解中国经验的精髓，以及能够提供知识服务、技术服务、资金和其他资源的多元主体。

本文有关“开发发展合作菜单”的提议受到一些同人的质疑。他们认为中国有别于发达国家，中国与其他发展中国家的合作是双边发展合作模式，中国一直强调平等互利的关系，而不是发达国家“俯视性”的援助关系。他们认为“菜单”违背了中国援助历史中传承下来的“需求导向”，也就是对方要什么我们才考虑如何回应，并不主动推销中国理念和技术。在中国 70 多年的援外历史中，初期这种交流方式也许合适：中国当年还很贫困，甚至比有些受援国还贫困，谈不上传播发展经验，对于援助需求尽力满足已经颇有担当；受援方也并没有对中国提出资金、技术与治理支持的“套餐”要求。

作者认为，两国平等互利的关系中，供需平衡应该是双方磋商的结果。多边发展机构（如世界银行）和一些“老牌”双边发展机构（例如英国外交与贸易部）都在发展中国家设置常驻机构，目的正是长期研究、对话、磋商、谈判，以便充分理解当地发展需求并提供最适合的帮助。而中国在当地对发展问题缺乏长期专业的研究，因此常态是使馆将当地政府的需求转往国内，由外交部和国家国际发展合作署决定是否立项、如何立项。在这种模式下，决策方远离合作方，并且因为没有国别层面的专业团队深入研究当地发展议题，解决方案更可能是以中国供给方资源为主，缺少与当地“扎根土壤情况”的适配过程。更紧密的互动模式则需要中国代表对中国的“发展合作菜单”有比较全面的了解。

如果把中国发展经验和资源比作中国菜，“发展合作菜单”的演变过程可以很好地借鉴中国餐饮文化走向海外市场的历程。

初始阶段：带着“自己的菜单”出海，然后进行本土化改造

中国菜初次进入一个新的国家市场时，通常是由经典招牌菜开路，比如宫保鸡丁、麻婆豆腐、春卷、炒饭、北京烤鸭。但是当地消费者可能不适应这些菜品，例如口味太辣、太油，或者原料难以获取（如麻婆豆腐中的花椒）。为了适应海外市场的需求，中国菜会进行一定的本地化改造。例如：宫保鸡丁可能减少辣味或加入符合当地口味的配料（如腰果替代花生）；一些原料（如豆瓣酱或特殊调料）会被替代为当地容易获取的材料；片烤鸭的技术可能对当地厨师要求过高，就以烤鸭剁块取代。

这一阶段类似于中国南南合作最初输出“核心技术”，然后结合合作国的实际情况，通过试错、反馈机制和灵活调整，使合作内容更

加贴合实际，更加有效。比如医疗队需要考虑技术适配、文化适配、治理适配，也需要在资源匮乏的地区设计出低成本、低能耗的诊疗方案。

“输出核心技术并本土化”说起来容易做起来难。在农业领域，袁隆平的高产杂交水稻享誉全球。袁隆平在世的时候梦想着杂交水稻覆盖全世界。他说：“世界上超过一半人口以稻米为主食，一个令人担忧的事实却是，全球现有 1.6 亿公顷稻田中，杂交水稻种植面积还不到 15%。发展杂交水稻不仅有广阔的舞台，更对保障世界粮食安全具有重要意义，倘若全球有一半稻田种上杂交稻，按每公顷比常规水稻增产 2 吨计算，则增产的粮食可以多养活 4 亿 ~5 亿人口。杂交水稻覆盖全球不仅能提升全球水稻产量，造福人类，还能提升我国的国际地位。”①

袁隆平团队与马达加斯加合作建设的水稻技术示范中心成功将水稻产量从每公顷 2~3 吨提高到 8 吨左右。马达加斯加气候条件复杂，近 60 万平方千米的国土上集中了热带雨林、热带草原、热带高原、半干旱四种气候类型。为了培育出适应各种气候的高产种子，袁隆平团队在 10 年内跑遍了马达加斯加几乎所有的水稻种植区。经过十几年的努力，袁隆平团队成功培育出三种适合当地土壤、气候条件的杂交水稻，并推广种植杂交水稻 2 万公顷，平均每公顷产量 8 吨左右。为表达感激，马达加斯加政府将中国杂交水稻的图案印在面值最大的 20 000 阿里亚里纸币上！②

但同样的杂交水稻在非洲很多国家的推广却面临许多挑战，这些挑战既与技术因素有关，也与生态、社会和经济环境密切相关。非洲许多地区的气候条件（如高温、强日照、降水不稳定）与中国有很大

---

① 袁隆平：《我的两个梦》，《人民日报》，2019 年 10 月 23 日 20 版。

② 观察者网：《“种子”——马达加斯加新版货币背后的中非友谊》，2021 年 9 月 16 日，www.guancha.cn/internation/2021_09_14_607037.shtml。

差异，而杂交水稻种植对温度、水分和光照有较高要求。非洲部分地区土壤贫瘠、酸化严重、有机质含量低，这些条件限制了水稻的正常生长。杂交水稻对水分的需求较高，但非洲许多地区缺乏完善的灌溉设施，种植完全依赖雨季，导致水资源难以保障。非洲的病虫害类型和压力与亚洲有所不同，而杂交水稻品种可能对这些新病虫害的抗性不足。

杂交水稻的高产潜力需要精细化管理，包括适时播种、合理施肥、田间管理和病虫害防治，而许多非洲小农户缺乏相关技术知识或经验，不规范的施肥或用药可能导致产量下降甚至种植失败。杂交水稻的种子需要每年更新才能保持高产，但许多农民无法负担昂贵的种子价格，或者缺乏获得优质种子的渠道。当地种子市场不规范，假冒伪劣种子泛滥，进一步削弱了农民的信任。

杂交水稻的种子、肥料和管理成本较高，许多非洲农民是小规模自给农业生产者，难以承担这些额外投入。种植杂交水稻的风险（如干旱或市场价格波动）也让许多农民望而却步。即使种植成功，如果缺乏收割、加工、存储和运输的基础设施，高产也无法转化为实际收益。市场价格不稳定，农民对种植高产水稻的收益预期不高，种植意愿受限。

“袁隆平杂交水稻”这个“核心产品”是否能为非洲人民带去实质性的福祉，一方面取决于本土化研发，另一方面取决于是否有配套条件。本土化研发是袁隆平团队可以做的，比如：针对非洲的气候和土壤条件，进一步改良杂交水稻品种，使其更耐旱、耐贫瘠土壤，并提升抗病虫害能力；加强农业技术培训，让农民掌握杂交水稻种植的关键技术；推动简化管理技术，提高适应性和推广性。但是，配套的投入需要其他主体提供。比如：投资灌溉基础设施建设，减少对雨季的依赖；为农民提供种子、肥料的补贴或低息贷款；推动发展种子本地化生产等降低经济门槛的举措；建立稻米加工、存储与运输体系，确保高产稻米能及时进入市场；稳定稻米价格，提供种植激励等提高回报的举措。灌溉设施需要发展融资，其他措施也需要政府或者企业的投资。很多国家已经有大公司供应种子，新的种子打入种业体系也有困难。[①]

多样化阶段：建立动态菜单

当中国菜在海外市场站稳脚跟后，餐厅会推出“动态菜单”，结合最能代表中国文化和理念的“招牌菜”（宫保鸡丁、炒米饭）和根据当地市场需求设计的个性化菜式（如中国风味的寿司或中式汉堡）。另外，根据季节性的原材料供给调整菜单内容。

中国南南合作也可以借鉴这个办法：结合中国发展模式中经过验证的“招牌经验”（如基础设施建设、扶贫经验、工业化等），根据合作国的具体需求，提供有针对性的技术支持、政策建议和投资。通过长期沟通与评估，不断完善合作内容，确保合作成果可持续且符合对方需求。

全球范围内的“中国招牌菜”是那些普遍适用于发展中国家的经验和项目。比如修建公路、铁路、港口、电站等重大工程是普遍缺乏基础设施的国家里非常受欢迎的项目。中国“一带一路”项目中的蒙内铁路、中老铁路都是成功例子。中国农业现代化方面的经验也很受欢迎，比如各类农业技术支持项目提供高产种子、农技培训、灌溉系统建设等可以帮助发展中国家解决粮食安全问题。中国 40 年的减贫经验和“最后一公里”的精准扶贫经验也是世界银行等机构大力推广的中国经验。操作层面可以介绍的内容很多，比如产业扶贫、农村

① 中国农业科学院作物科学研究所的徐建龙教授团队在“一席”分享了在尼日利亚推广绿色超级稻的经历。

电商、教育扶贫。因为全球许多发展中国家面临劳动力技能低下的问题，对高质量的职业教育需求较大。中国的“鲁班工坊”在多个国家培训技工，北京教育科技公司的汽车维修职业教育课程、教具、教师培训也深受欢迎。

“菜单”中的一些项目也可以根据不同地区的需求、文化和资源禀赋进行调整和优化，形成区域性的“特色菜”。比如在非洲，中国“菜单”的重点是农业和基础设施；在南亚，人口密集，贫困问题突出，小企业是经济重要组成部分，中国在尼泊尔、孟加拉国等地推广精准扶贫经验，提供农村道路和电力网等小型基础设施，为中小企业提供培训和微型金融服务；而在工业化快速发展，同时面临环境保护压力的东南亚，中国帮助建立工业园区，与产业结合，培养当地熟练工人，并推广清洁能源项目；在资源丰富但基础设施和技术水平不足的拉丁美洲，中国在矿产资源开发项目中提供设备和技术支持，同时关注环保和社区关系；而在能源出口为主的中东，中国参与石油和天然气开发，同时推广光伏和风能；在水资源短缺的北非，中国聚焦水资源管理，提供节水技术和设备（如滴灌系统）。

这种动态“菜单”会帮助中国驻外大使展开与所在国各方领导的交流，也可以基于对项目执行的追踪调查向负责机构提供反馈以利于动态调整。这种“菜单”进化的过程需要对合作国的需求、文化和发展阶段有深刻的理解，同时保持动态调整和长期陪伴的耐心。

品牌化阶段：建立文化认同

当中国菜在一个市场积累了足够的影响力后，它不再仅仅是“菜单上的菜”，而成为一种文化符号。消费者开始认识到中国菜背后的文化价值和哲学，比如“色香味俱全”的平衡、“以食养生”的健康理念。

在南南合作中，品牌化意味着文化认同，让合作方认识到中国模式不仅是经济技术层面的支持，更是一种综合性的治理和发展理念。比如中国的合作模式是政府及企业（还有少数社会组织）共同驱动的，合作主体在摸索中优化，体现着“摸着石头过河”的实践理念。

要想成为全球发展合作的典范，中国南南合作“互利共赢”的目标最终得体现出“高相关性、高有效性、高可持续性”。这些特征也正是 OECD 发展援助委员会有关官方发展援助的衡量标准。

国别层面的战略规划和协调机制

马建春大使（中国前驻冈比亚大使）在 2024 年 12 月召开的“中国与国际发展”论坛上指出，中国政府“在国别援助层面没有规划”，这使他感受到“工作缺乏秩序性”，并影响了“可持续的稳定发展”。的确，与传统的双边援助组织不同，中国的对外援助缺乏中期和短期的规划，且缺乏系统性的国别合作战略。需求通常通过高层互访提出，由外交部协调相关部门组织项目，而国家国际发展合作署并未具体分配国别年度资金额度或成果目标。这与传统的多边援助机构及发达国家的双边援助机构形成鲜明对比。

中国政府亟须系统化地提高对各地区国别的了解，在深刻理解共建“一带一路”国家各异的发展目标和挑战的基础上，制定战略规划，并有针对性地进行援助、投资和技术合作。通过国家国际发展合作署制定国别战略，可以提升项目的战略匹配度，通过评估机制提升项目的结果导向，并通过成本效益分析确保项目的经济回报，从而降低债务危机风险。

即便国家国际发展合作署内部尚缺乏足够的专业能力，仍可以组织学术界和智库共同制定战略，并与其他重要发展机构进行交流。许多国际机构在制定国别战略时，已有公开的国情和政策分析报告可供借鉴。

国别战略不仅帮助我们在系统了解当地发展挑战的基础上审视中国“菜单”（如“招牌”合作项目）的适用性，还能规划和协调各部门、地方政府、大企业及金融机构的投入，进一步推动“菜单”的更新。一些发展中国家的问题与中国贫困地区的挑战相似，分享中国这些地区的成功经验，将对这些国家大有裨益。比如，广西的产业扶贫项目对老挝的借鉴意义远超上海的相关经验。

在国别层面，确认客户需求并非简单地“看菜单点菜”，而是一个互动过程。需求方虽然清楚自身问题，但未必了解可行的解决方案。有时，需求方对解决方法的认知可能存在偏差，或未能准确判断问题出现的根本原因。而中方代表可能知道自己的核心产品、技术、专家和管理方法如何解决中国类似问题，但由于不熟悉对方的国情，往往无法确认这些方案是否适用于对方的实际情况。

成功合作的基础是双方在互动中明确问题并本土化解决方案。这一过程虽然容易说，却难以操作，尤其在中国缺乏国际发展领域专业人才的背景下。了解当地国情需要从三个层面入手：微观层面的企业运营或社区运作；行业发展方向、相关政策和治理体系；宏观治理层面。行业和宏观层面的资料较易获得，但微观层面的研究则需深入调研。有了国别研究的基础，中国的“合作菜单”便能更为丰富，正如上文提到的杂交水稻案例，可以根据当地情况制定更适合的“套餐”。

同样，中国在绿色转型过程中积累了不少经验和教训，尤其是在技术创新、政策工具及治理方法等方面。中国可以分享绿色转型经验，也可以通过具体的项目形式来提供帮助。这些项目可以结合中国在技术、资金、政策等方面的优势，围绕绿色发展目标展开。发展中国家可以在了解“绿色转型套餐”后选择点餐（图 10–1）。

图 10–1　绿色转型的南南合作套餐

目前，中国政府在南南合作体系内缺乏强大的协调能力来提供这样的“套餐”。中国的南南合作有多元主体，包括国有企业与民营企业、中央部委、地方政府、事业单位。其中企业是重要主体，既包括大量从事基础设施建设和能源项目的国有企业，也包括大量出海投资的民营企业。[①] 一些项目在规划和政策设计阶段，侧重于经济效益和基础设施建设的推进，而没有充分考虑到环境保护、社区利益和可持续发展等因素。有些企业的商业行为在一些国家可能引发当地社

① 从 1994 年的“大经贸”战略（涵盖对外投资、承包工程和劳务合作），到 2000 年的“走出去”战略，到 2013 年的“一带一路”倡议，中国的对外政策中企业一直是重要主体，受政府的鼓励或者实质性的政策支持。从“国际发展合作”角度来说，自发出海且没有政策或公共资金支持的企业不能算是发展合作主体，因为这些企业出海不是为了别国的发展，而是为了企业的发展和利润。

会矛盾或环境问题，影响中国整体形象。政府相应出台《关于推进绿色“一带一路”建设的指导意见》等有关政策，对企业行为予以约束。

政府也可以选择用其他合作工具与企业的经济行为达成互补，提升中国在发展中国家的整体影响。比如用发展融资支持职业教育学校升级项目，不仅为当地市场输送合格人才，也让中国企业直接受益。另外一个例子是促进非洲农产品出口到中国，一方面由外贸企业和去非洲投资的农业企业做商业决策，另一方面，政府可以组织发展项目帮助当地提高农业生产力、动植物免疫管理水平、物流水平。

体制内直接参与南南合作的除了大批中央部委、国有企业及事业单位，还有地方政府，这也是中国模式的一大特色。举例来说，云南省常年派医疗队去乌干达，河北省负责派医疗队去刚果（金）和尼日利亚，广西在老挝执行扶贫项目。此外，广西还承办了25期国际减贫经验研修班，接待了70多个国家的600多名减贫官员考察农村电商发展、产业扶贫、文化扶贫、旅游扶贫、金融扶贫、教育扶贫、合作社运营等重点扶贫项目。这种模式利用了中国地区发展的多样性，可以为处于不同发展阶段、拥有不同资源禀赋的合作国家提供启发。

要真正发挥全球发展倡议的领导作用，我们亟须建设国别层面的跨部门战略协调能力，这种能力不仅涉及资源调动，还涵盖组合管理（portfolio management）能力。如果中国希望与国际组织合作推动全球发展进程，那么以发展成果为导向的规划和协调机制必不可少。

建设中国南南合作知识体系的横向学习平台

多样化合作主体的力量将“一带一路”倡议等迅速转化为融资和

项目，但是这些在南南合作前线学习摸索的多元化主体之间没有机制化的交流学习平台，这限制了知识和经验积累的溢出性效应。企业之间通过当地商会或者承包商协会等平台分享经验，但是其他主体之间缺少交流平台，企业与其他主体之间也缺乏交流平台。另外，知识生产体系里缺乏将实践者的隐性知识转化为显性知识的投资。

在中国的南南合作知识体系中，亟须建立横向学习平台，帮助同行业的专业人士了解共性挑战，分享各自应对的策略，从而扩大实践经验的溢出效应。这样的平台是大型发展机构非常重视的人才培养工具。比如，世界银行的 14 个全球实践局（Global Practice）就是专门为 14 个行业的人才管理而设立的体系。涵盖的行业包括农业、教育、卫生、社会保障、水利、能源、环境、宏观经济 / 财政政策 / 治理、减贫、投资 / 金融 / 贸易等。所有从事农业政策研究或农业项目的专业人员都隶属于农业全球实践局，接受各类专业能力提升培训，培训中还会有资深项目经理分享实践经验。交叉评估其他团队的相关项目也是横向学习的一个重要途径。

为什么需要这样的平台？因为中国在国际发展合作领域的知识体系仍非常薄弱。在缺乏专业机构来执行项目的背景下，援外项目中的经验和教训成为宝贵的财富，这些经验不仅应当被学术界深入挖掘，也应为实践提供启示。

横向学习平台的作用不仅仅局限于同一行业内部的知识共享，还应扩展到跨行业、跨国别的对比学习。这种跨界的经验交流能够帮助我们更深入理解不同项目背景下的政策、治理、营商环境以及应对挑战的方法。例如，中央政府与地方政府的关系可能成为项目实施的障碍。某些国家传统酋长在地方上具有重要影响力，而第一次到访的中国团队未必清楚如何与其打交道。通过横向学习，项目团队能够更有效地调整和本土化其实施方案，以适应不同国家和地区的特定需求与治理环境。

许多共建“一带一路”国家面临治理能力薄弱、政治动荡、政策不稳定等问题，这些因素严重影响了投资和援助的效益。中国企业在许多自然资源丰富的发展中国家投资时，往往会遇到这些挑战。为了应对这些风险，中国政府、企业和金融机构亟须建立完善的风险识别和管理机制。随着多个发展中国家深陷债务危机，中国企业和金融机构开始加强风险管理制度建设。例如，中国出口信用保险公司自 2005 年起每年发布《国家风险分析报告》，从产业结构、政治、经济、法律、营商环境以及国际关系等多个角度评估风险。

有些共性的问题是跨行业、跨国别的。例如，无论是医疗队还是农业技术示范中心，无论是去尼日利亚还是去肯尼亚，都需要本土化改进才能真正深入当地社会，成为推动可持续发展的助力。不同领域、跨行业和跨国别的比较研究便可能产生新的启发。例如，医疗队与农业技术示范中心可以通过以下分析框架，分享和对比它们在本土化过程中的经验与实践（表 10–1）。

表 10–1　医疗队与农业技术示范中心的本土化经验对比

本土化维度	具体内容	医疗合作	农业技术示范
技术适配	因地制宜地调整核心技术以适应当地需求和条件	根据当地疾病谱调整服务重点，例如防治疟疾或聚焦外科手术、母婴保健	针对生态环境调整技术，如在热带改良水稻种植，在干旱区推广耐旱作物与节水灌溉
知识转移	用当地语言和文化传播技术，使本地技术人员能够掌握核心技术	将技术手册翻译成当地语言，或用图解替代文字。在培训中尊重患者对传统疗法的信任，与传统医师合作	用当地语言教学，设计形象化材料。在推广中结合传统农业技术，逐步引入现代方法
社会融入	了解和尊重当地文化与社会习惯，提升接受度	在伊斯兰国家配备女性医生服务女性患者。在非洲部分地区，与传统医师合作提高患者信任度	在女性为农业主力的地区，设计针对女性农户的推广方案。考虑农民的种植周期和作物选择习惯，逐步推广新技术

（续表）

本土化维度	具体内容	医疗合作	农业技术示范
资源匹配	使用当地原材料和基础设施，减少对外部资源的依赖	在资源匮乏地区，设计低成本、低能耗诊疗方案以适应有限设备条件	避免依赖中国进口设备，优先使用当地可获得的工具和材料，如改良肥料配方时选用当地原料
制度对接	融入当地政策和运行机制，促进技术的落地与持续发展	与当地卫生系统对接，设计符合当地医疗体系的运行机制，例如建立常态化母婴健康项目	推动示范中心与当地农业部门合作，共同设计推广计划，并逐步移交管理权给当地
社会影响	建立可持续发展的生态系统，使技术得以长期保留和发展	联合培养当地医生和护士，确保医疗能力持续传承	建立农业合作社或供应链网络，帮助农民融入市场并实现持续发展

这种在实践中学习并为其他实践者提供经验的做法，符合中国“试点后再推广”的传统风格。那么，谁来搭建这个平台呢？是由一个政府部门来主导相关主题，比如农业农村部国际合作司主导农业主题？还是由学术界牵头，例如北京大学的南南合作与发展学院，或是中国农业大学的国际发展与全球农业学院？又或者由国家国际发展合作署来负责，将各领域的知识平台委托相关学术机构执行，同时在国家国际发展合作署内部逐渐积累专业发展合作管理人才？这一问题需要各方进一步讨论。

结论

40 多年来，中国在保持政策独立性的同时积极学习西方发达国家的治理理念和发展理论，引入外资、技术、管理方式、治理理念，探索出有中国特色的发展路径和治理模式。今天，作为全球第二大经济体，中国同样可以助力其他发展中国家摸索适合它们国情的治理模式和发展路径。中国政府、企业、民间组织、学术界可以协力开发出一个以发展为导向的南南合作模式。

世界银行增长与发展委员会发现历史上实现至少连续25年年均增长率超过7%的只有13个国家和地区。增长与发展委员会希望更多国家借鉴这些经验，走上持续且包容的增长之路。增长与发展委员会的报告相当于介绍了13位顶级大厨和他们常用的食材，但每位大厨的烹调方式和菜系却各有特色。增长与发展委员会并没有细致介绍这些"菜系的烹调方式"。在南南合作中，这些国家和地区可以更好地分享经验。

中国在南南合作中可以一方面分享一些"招牌菜"（如袁隆平的杂交水稻、经济特区模式、高铁技术），另一方面根据发展中国家的具体情况将这些"招牌菜"本土化。通过这种实践，中国逐渐了解哪些"套餐"适合不同国家，并在合作中不断深化与扩大合作内容。合作国在这个过程中品尝到丰富的"菜肴"，也逐渐领略到中国菜系的独特魅力，甚至将之融入当地的菜系。

高质量的南南合作离不开基于实践的知识体系。中国在很多发展领域有长期的实践，但是缺乏系统性横向比较的研究和学习平台。只有公开项目数据，鼓励广大学者深入研究南南合作实践案例及发展中国家复杂政治经济背景，才能逐步提升南南合作的发展效果。学术界可以搭建平台，让那些"摸着石头过河"的企业和个人分享他们的经验与教训，我们或许能在这片广阔的实践土地上勾画出更多的路线图，让后来者少走弯路，少碰钉子。通过知识的积累与交流，南南合作不再只是个体的尝试，而是集体智慧的沉淀和共享，逐渐形成更加成熟和高效的合作模式推动全球发展。

第 11 章

“一带一路”：“四轮驱动”与债务融资——深化合作需创新融资机制与多边治理[1]

[1] 本章作者为卢锋、潘松李江，感谢石先进博士参与本文部分研究和对讨论所做的贡献。

由双边贸易、工程承建、直接投资与债务融资所构成的“四轮驱动”解决方案，成为中国倡导引领“一带一路”大规模国际发展合作的秘诀所在，其中的融资合作，特别是债务融资的作用尤为关键。近年，新一轮主权债务风险集中释放，以及 G20 主导多边债务治理面临困难，这也对我国“一带一路”债务融资与整体合作的持续推进提出了新问题。

很多发展中国家面临国内储蓄动员能力与出口换汇能力不足的“双缺口”（Chenery et al.，1966），通过国际合作推动经济增长与结构变迁，不可避免要向这些国家引入外部资金从而涉及广义发展融资问题[①]。我国倡导“一带一路”合作的特殊优势，表现为在承包工程建造、配套设备材料出口、多样化股权融资与大规模债务融资等方面拥有系统能力，形成大规模国际产能和基建合作成效彰显的“四轮驱动”推进机制。其中债务融资不仅为大量基建项目启动提供资金支持与财务可能，也为中国企业承接这类工程项目创造有利条件，并为拓展合作国家之间的贸易包括扩大我国资本品出口提供支撑，因而在“四轮驱动”中发挥特殊作用。

我国“一带一路”债务融资方式和影响呈现多方面特点。在“一带一路”项目快速推进过程中，国内以政策性银行与其他国有银行为主体的多种金融机构共同参与，在信贷供给端一度形成了多头竞争、内部消耗的局面。“一带一路”债务融资扩大，主要通过我方金融机构对共建国政府主权债务关系或主权担保方式实现，伴随在全球主权

---

① 广义发展融资既包含官方援助也包含市场性融资。参见：Guido Schmidt-Traub，Jeffrey D. Sachs，“The Roles of Public and Private Development Finance”，2015。

债务格局中相对重要性的上升，我国快速成为当代最大的官方双边债权方。与对外直接投资更多受到市场性因素制约不同，债务融资规模在一定时期有利的内外经济和政策环境作用下有可能以超常速度扩张，释放推动“一带一路”合作项目快速拓展的巨大能量。

然而债务融资支持的国际合作也有潜在风险，因为一个债务合约最终实现本息足额偿付，取决于债务期限内负债方还本付息的能力和意愿，二者都存在不确定性。在主权债务这个特殊领域，一国往往对官方债权方、商业债权人以及国际金融机构等多重债权主体存在债务关系，一旦发生债务危机，不存在依照相关法律实施重组清偿的法定程序，因而主权债务风险一旦释放，需要多个债权方协商处置，还会涉及与集体行动相关的复杂因素（Hagan et al.，2024）。在我国对外债权因应“一带一路”合作需要大规模扩张初期，由于缺乏相关经验，我方对债务融资潜在风险很难一开始就有准确判断。[①] 有的双边信贷合约包含以东道国某些矿物资源出口作为抵押条款，然而在主权债务危机国面临多个国际债权方的形势下，相关优先债权条款落地执行也可能面临争议和困难。

近年，新一轮全球主权债务危机的发生使上述潜在风险成为现实。主权债务风险释放给国内有关金融机构造成财务损失，国际债权方磋商谈判合作处置风险也使我方面临多方面因素交织的新矛盾。作为主要官方双边债权方，近年我国第一次深度参与 G20 主导的多边债务救助重组过程，由此释放的正能量得到国际社会积极评价，然而在合作中与其他利益攸关方的协调、磨合与博弈也面临一系列全新挑战。经验证据显示，因部分受到新一轮主权债务风险释放的影响，近

---

① 例如我们 2015 年撰文梳理了“一带一路”项目可能面临的六方面风险，其中第五点讨论相关合作中我国“在沿线国家大规模投资的安全性与收益性”风险，没有直接讨论较大规模的债务违约风险。参见：卢锋，《“一带一路”的影响与风险》，《金融时报》中文网，2015 年 7 月 21 日。

年我国在“一带一路”共建国的债务融资规模有所调减，对这些国家整体债务资金流动出现负值净转移，同时在这些国家的承包工程规模也有所回落，对其直接投资虽在近年显著回升但与历史峰值水平仍有距离。展望未来，应对债务风险，推进国际治理，创新融资机制，成为后续深化拓展“一带一路”合作所需研究与应对的问题。

本章从“四轮驱动”，特别是债务融资角度观察“一带一路”国际合作很快成效彰显的系统原因，并在分析近年全球主权债务风险释放制约原先债务融资模式的基础上，探讨升级“一带一路”合作需要在多边债务风险治理与融资方式上所做的创新调整。本章分 6 节。第一、二节分别观察“一带一路”货物贸易与工程承建、直接投资与债务融资的具体表现，第三节分析“一带一路”合作受“四轮驱动”快速推进的系统原因，第四节和第五节考察近年新一轮全球主权债务风险释放的根源及其对“一带一路”债务融资模式产生的不利影响，第六节分析相关国际合作经验包含的认识启示，提出创新多边债务治理的几点构想，并讨论深化“一带一路”合作所需的政策调整。

贸易与工程建造合作

习近平主席于 2013 年提出的“一带一路”倡议取得举世瞩目的成效。2023 年 10 月第三届“一带一路”国际合作高峰论坛主席声明表明，“一带一路”倡议开展了 3 000 多个务实项目，拉动近 1 万亿美元投资，显示相关合作显著改变了世界经济地理版图，成为当代国际经济合作发展的教科书级别的案例。“一带一路”提出之初就确定了“政策沟通、设施联通、贸易畅通、资金融通、民心相通”的“五通”方针，其实施过程首先通过我国与共建国贸易增长和大规模基础设施建设表现出来。

“一带一路”贸易合作

首先看中国与“一带一路”共建国贸易增长即本文所谓“四轮驱动”的“第一轮”的情况。图 11-1 数据显示，中国对“一带一路”共建国[①]的出口从 2012 年的近 7 500 亿美元增长到 2023 年的约 1.58 万亿美元，同期中国出口总额从 2.05 万亿美元上升到 3.38 万亿美元，我国对“一带一路”共建国出口占比，从 2012 年的 36.57% 上升到 2023 年的 46.74%，11 年间提升逾 10 个百分点。图 11-2 数据显示，150 多个“一带一路”共建国出口总额从 2012 年的大约 5.45 万亿美元增长到 2022 年的近 7.37 万亿美元峰值，不过 2023 年回落到 6.07 万亿美元；

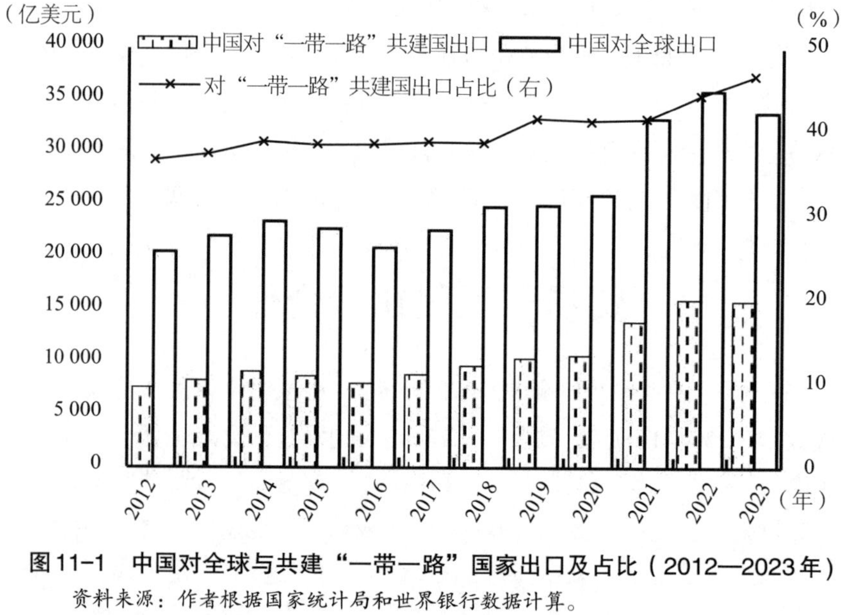

图 11-1　中国对全球与共建“一带一路”国家出口及占比（2012—2023 年）

资料来源：作者根据国家统计局和世界银行数据计算。

---

① 本文对“一带一路”共建国的定义来源于“中国一带一路网”，截至 2025 年 3 月，共有 155 个国家与我国签订共建“一带一路”合作文件。参见：https://www.yidaiyilu.gov.cn/country。

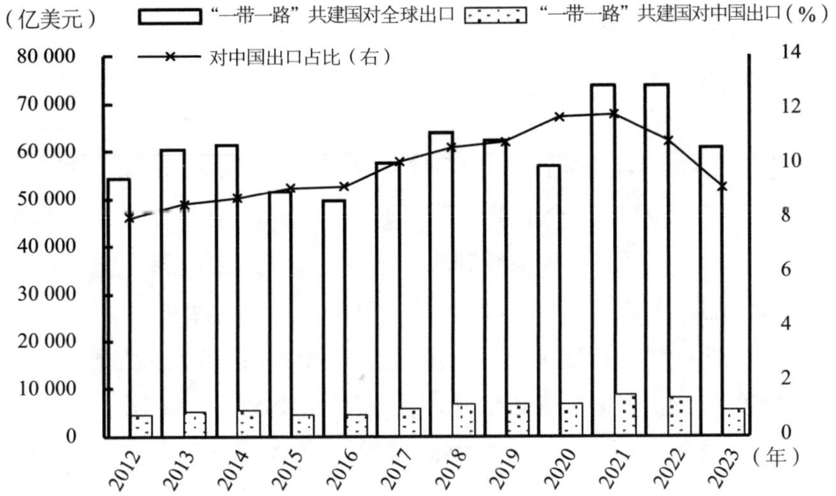

图 11-2 共建“一带一路”国家对全球和中国出口及比重（2012—2023 年）

资料来源：作者根据国家统计局和世界银行数据计算。

与此同时，“一带一路”共建国对我国出口金额从 2012 年的 4 400 亿美元增长到 2021 年的近 8 719 亿美元峰值，2023 年回落到 5 552 亿美元，对我国出口的金额占这些国家出口总额的比例从 2012 年的 8.08% 增长到 2021 年的 11.84% 峰值，但是 2023 年回落到 9.15%。

我国与“一带一路”共建国贸易总体趋势性增长彰显“贸易畅通”合作成效，然而数据也提示存在两点问题。一是总量不平衡。2023 年我国对“一带一路”共建国出口比 11 年前增长一倍多，共建国在 2021 年对中国出口的峰值也比 2012 年增长近一倍，但是 2023 年与 2012 年比较仅增长 26%。2023 年我国对“一带一路”共建国出口占出口总额比例提升 10 多个百分点，然而“一带一路”共建国对我国出口占比 9.15%，仅比 11 年前的 8.08% 增加 1 个百分点。2023 年我国对“一带一路”共建国出口总额为 1.58 万亿美元，是同年共建国对我国出口总额 0.555 万亿美元的 2.846 倍；同年我国对“一带一路”共建国出口占比 46.74%，是同年共建国对我国出口占比 9.15% 的 5.1 倍。

二是贸易结构不对称。“一带一路”共建国对我国出口主要集中在资源性初级产品。例如，根据我国海关总署数据，共建国对我国出口占其总出口比重较高的几类产品包含：矿砂（HS26）55.0%，油籽（HS12）52.4%，木浆纸品（HS47）49.9%，镍制品（HS75）37.2%，食用肉（HS02）24.6%，铜制品（HS74）23.8%，等等。海关数据同样揭示，在几乎所有重要制成品类别上，我国出口到“一带一路”共建国的比重要高于对方出口到我国的比重，其中有51种产品我国对“一带一路”共建国出口比重超过50%，如：纺织品类的针织物（HS60）、化纤长丝（HS54）和化纤短纤（HS55），我国出口占比分别为85.27%、83.27%和85.76%；肥料（HS31）、无机化学（HS28）和化学制品（HS32）的中国出口占比分别为61.29%、67.29%和65.59%；船舶（HS89）和车辆配件（HS87）的中国出口占比分别为63.7%和56.05%。上述特点凸显我国与“一带一路”共建国之间的产业互补性与合作潜力，同时也提示贸易不平衡与可持续性矛盾。

“一带一路”工程建造合作

其次看“四轮驱动”的“第二轮”，即我国与“一带一路”共建国以兴建基础设施为主要内容的工程建造合作。这类工程建造往往涉及中方提供融资条件，因而有时被称作我国的“基建投资”；然而这类项目业主大都是所在国政府或国企，无论就发生地还是业主方而言，都是这些国家的基建投资，我国则是以融资者和承建者角色发挥关键合作者作用。

对这类合作的数量规模，可利用我国对外承包工程营业额加以观察。ENR（美国《工程新闻纪录》）数据显示，过去十几年，我国对外工程承包的市场竞争力与相对重要性持续提升，近年入围250强国际承包榜单企业数占比超过三成（图11–3），金额占比最高在2021

年接近三成（图 11-4）。不过在新冠疫情冲击下，我国国际工程承包营业总额有较大幅的回落，到 2023 年仅比 2019 年增长 6.7%，占比 24.6%，比 2021 年 29.9% 的峰值回落 5.3 个百分点。

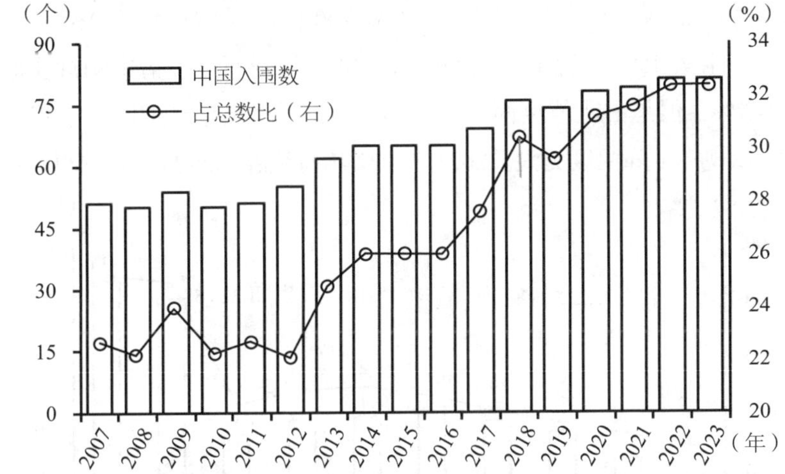

图 11-3　250 强国际承包商榜单中我国企业入围数及占比（2007—2023 年）

资料来源：美国《工程新闻纪录》。

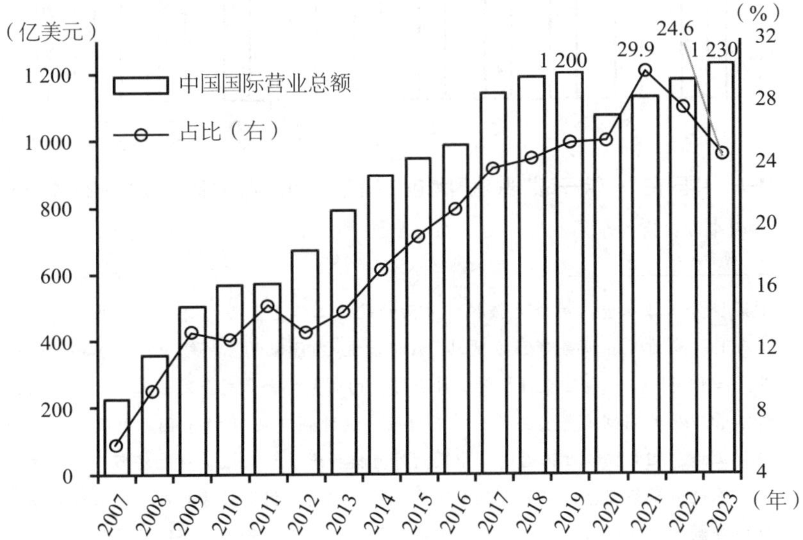

图 11-4　中国国际工程承包营业总额及占比（2007—2023 年）

资料来源：美国《工程新闻纪录》。

国际工程承包规模大幅度增长，与我国推进“一带一路”合作存在重要联系。图 11-5 为商务部提供的我国在“一带一路”共建国的工程承包规模情况[①]，显示工程承包完成营业额在2015—2019年的规模和占比都显著增长，规模从不到 700 亿美元增长到约 980 亿美元，占比从 45% 快速上升到 56.7%；2020 年受新冠疫情影响营业额回落 7%，但是占比值反而上升到 58.4%，折射当年其他国家工程承包建设规模下降幅度更大。2021—2022 年持续温和回调，完成额下降

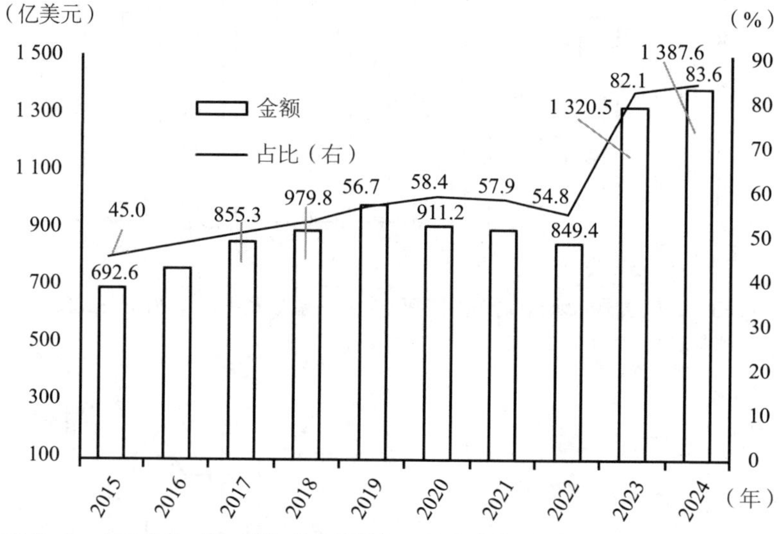

图 11-5 中国在“一带一路”共建国承包工程完成营业额及占比（2015—2024 年）

资料来源：商务部。

① 中国境外工程承包与对外直接投资方面的统计工作，主要由商务部对外投资和经济合作司负责（在商务部官方网站“机构设置-内设机构”介绍中，该机构被简称为“合作司”）。如对外直接投资统计数据，由商务部合作司会同国家统计局和国家外汇管理局共同制定并实施《对外直接投资统计制度》，负责全国对外直接投资的统计工作，相关统计数据通过《中国对外直接投资统计公报》对外发布。又如境外工程承包由商务部合作司负责相关统计工作，相关数据通过《对外承包工程业务统计调查制度》进行收集和整理。商务部合作司负责汇总和编制全国的对外直接投资和境外工程承包统计数据，并通过商务部网站、新闻发布会等形式对外公布。

到 2022 年的 849.4 亿美元。但是数据显示，2023 年我国对“一带一路”承包工程的绝对量和占比值都大幅上升，分别从 849.4 亿美元和 54.8% 上升到 1 320.5 亿美元和 82.1%；2024 年两个指标值都边际提升。

商务部数据应具有权威性，不过图 11–5 中 2023 年我国对“一带一路”共建国承包工程规模增速超过 55%，占比值跳升 27.3 个百分点，如何理解这个年度异动需要探讨，仔细研究可见上述异动与统计对象国样本变化有关。我国有关部门对“一带一路”合作国先后提出过覆盖面不同的两个口径数字：一是根据海上丝绸之路与陆上丝绸之路沿线国家名单选定的“一带一路”沿线 65 国①，二是截至近年陆续与中国签订共建“一带一路”合作文件的“一带一路”共建国，数量在 2023 年 10 月的第三届“一带一路”国际合作高峰论坛时达到 152 个②。根据商务部信息，在 2023 年 7 月之前提供有关数据和资料的相关公告标题是“我对‘一带一路’沿线国家投资合作情况”③，在 2023 年 8 月及之后相关公告标题改变为“我对‘一带一路’共建国家投资合作情况”④，提示统计口径从“沿线国家”转变为“共建国家”。上述 2023 年数据跳升在一定程度上源自有关机构对“一带一路”对象国样本的调整。

为检验上述推测，我们利用“一带一路”65 个沿线国与 152 个共建国两个口径国家和地区名单，分别追溯 2001 年以来我国在沿线国与共建国承包工程完成营业额。图 11–6 报告沿线 65 个国家数据，2015 年营业额规模与图 11–5 数据相差 22 亿美元，占比值仅相差 1.5

① “一带一路”沿线国家有哪些并没有官方说法，比较公认的是有 65 个国家。

② 截至 2025 年 3 月，共建国数量已达到 155 个。

③ 例如“2023 年 1—7 月我对‘一带一路’沿线国家投资合作情况”，http://hzs.mofcom.gov.cn/tjsj/art/2023/art_0f7d51854ce4488581656544a1d2ceb1.html。

④ 例如“2023 年 1—8 月我对‘一带一路’共建国家投资合作情况”，http://hzs.mofcom.gov.cn/tjsj/art/2023/art_1c021889edbc42d6a19e5b11b4c1b482.html，显示“一带一路”合作国家的口径由“沿线国家”扩展为“共建国家”。

个百分点；2019年营业额规模相差约36亿美元，占比值相差2.1个百分点；基于数据相对差别较小，可见二者应是大体相同的样本国口径。图11–6数据还显示，如继续采用65个国家样本，营业额规模于2019年达到943.6亿美元的峰值，2020年受新冠疫情冲击回落到827.1亿美元，金额降幅为12.35%，比图11–5的同年降幅7%高出近一倍。图11–6的2020年占比值也小幅下降到53%。2023年走出疫情后，该指标显著回升到872.5亿美元，但是仍然比2019年低7.5%，显示近年我国在“一带一路”沿线国的承包工程规模有所回调。2023年“一带一路”沿线国的承包工程规模增幅为6.14%，远低于图11–5的55%跳升幅度。

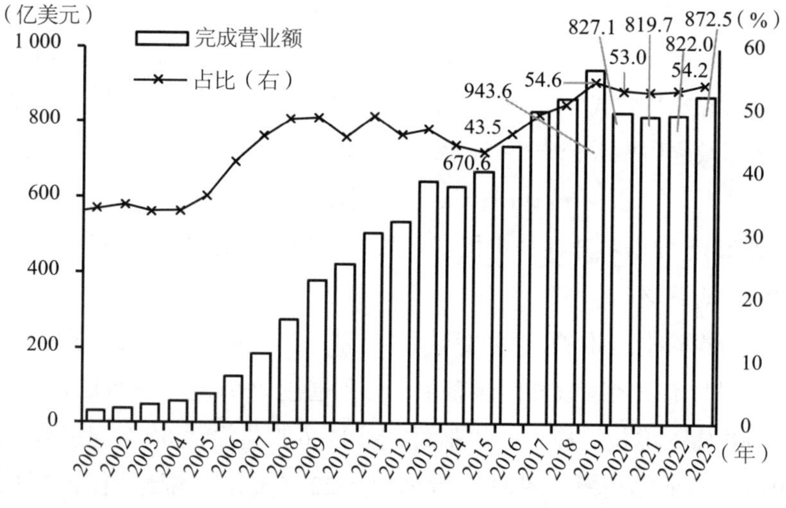

图11–6 中国在“一带一路”沿线65国工程完成营业额及占比（2001—2023年）

资料来源：作者根据商务部数据计算。

再看图11–7报告的21世纪以来我国在152个“一带一路”共建国的承包工程完成营业额，该指标多年持续增长，在2019年达到1 447亿美元的峰值，同年占比达到83.7%，仅次于2014年和2015

年的 84.9% 和 83.9%；2020 年营业额下降到 1 188 亿美元，降幅为 17.9%，占比值也显著回落到 76.2%；2021—2023 年持续增长；2023 年达到 1 295 亿美元，比 2022 年的 1 232 亿美元增长了 5.1%，占比从 79.5% 增长到 80.5%，提升 1 个百分点。比较图 11–5 数据，其 2023 年营业额比图 11–7 同年数高 25.5 亿美元，同年 82.1% 占比值比图 11–7 的 80.5% 也仅高出 1.6 个百分点，可见图 11–5 中 2023 年数据大体对应数目较多的“一带一路”共建国较宽口径。

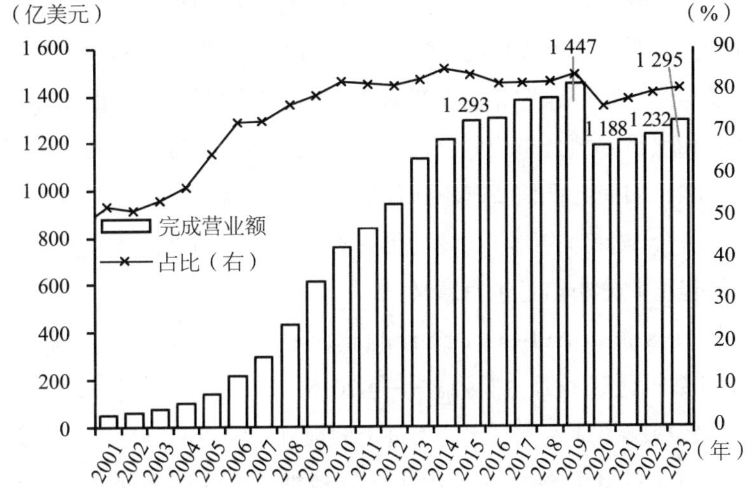

图 11–7　中国在 152 个“一带一路”共建国工程完成营业额及占比（2001—2023 年）

资料来源：作者根据商务部数据计算。

由上述讨论可见，图 11–5 数据大体在 2023 年从早先 60 多个沿线样本国口径，切换到 150 多个共建国样本口径①，当年工程承包绝

① 一个可供佐证的信息是，在 2023 年 7 月之前，商务部相关公告标题是“我对‘一带一路’沿线国家投资合作情况”，而在 2023 年 8 月及之后，相关公告标题是“我对‘一带一路’共建国家投资合作情况”，表明“一带一路”合作国家的口径由“沿线国家”扩展为“共建国家”。

对规模和占比大幅跳升，应主要是观察样本口径变化造成的统计现象。口径一致的沿线国与共建国统计数据都显示，走出疫情后，我国对“一带一路”工程承包额都明显回升，但是与疫情前 2019 年的峰值比较仍显著回落。具体而言，宽口径和窄口径样本数据 2023 年比 2019 年峰值分别减少 10.5% 和 7.5%。

另外，国外研究机构美国企业研究所的中国全球投资追踪（AEI-CGIT）数据库的相关信息，对理解上述数据疑点也有参考价值。该数据库利用国际上公开报道的我国在海外承建工程项目的信息，跟踪观察统计我国对外直接投资与工程建造[①]情况，提供投资和建造总量金额以及与“一带一路”相关金额数据[②]。需要说明，该数据库需要利用企业和项目层面公布的信息，相关信息公布不到位以及其他原因会导致遗漏，因而会低估我国承包建造以及投资规模，然而对观察我国相关经济合作活动的历时性变动仍有参考价值。另外，该数据提供的工程承包行业分布信息也有意义。

图 11–8 报告 AEI-CGIT 统计的我国在国外工程建造数据，与图 11–5 数据比较有几个特点。一是 2015—2019 年“一带一路”国家工程承包规模统计大体可比，不过上面提到的两点原因使其具有低估偏差，因而总量金额大幅小于图 11–5 数据。二是疫情期间二者数据都是在 2020 年回落，但是 AEI-CGIT 下降程度要远大于商务部数据；2021 年 AEI-CGIT 数据显著回升，与商务部数据边际回落情况不同；2022 年两个数据系列都显示显著回落。三是疫情后的 2023 年和 2024 年数据显著回升，尤其是 2024 年升幅较大，然而仍未达到历史最高水平；这与商务部数据 2023 年前所未有跳升、远超历史纪录水平以及 2024 年仅温和增长都不同。四是 AEI-CGIT 数据显示 2015 年以后我国对外工程承包九成上下在“一带一路”共建国展开，这一点与

① 该数据库对此采用“B&R-construction”（“一带一路”建造投资）概念表述。

② AEI-CGIT 对“一带一路”合作国的统计采用最新的 155 个共建国口径。

图 11-7 的数据比较接近。虽然存在误差，AEI-CGIT 数据也提示我国近年的“一带一路”工程承包规模有所回落，结合后文将讨论的近年债务融资收缩情况，可判断近年我国在“一带一路”共建国的融资和建造活动规模处在阶段性调整过程中。

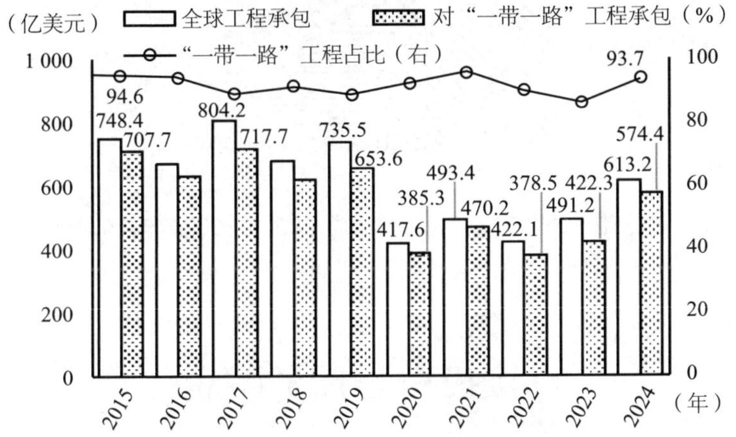

图 11-8 我国“一带一路”工程承包完成额及其全球占比（2015—2024 年）

资料来源：美国企业研究所。

AEI-CGIT 数据库还提供了中国在“一带一路”共建国承包工程建造的十几个行业分布数据，图 11-9 数据显示能源和交通运输是我国在共建国承包工程建造的两个最大行业，分别占 41% 和 28%，加总规模超过 4 400 亿美元，总共占比近七成，凸显对外工程建造以基础设施建造为基本内容。如果再加上第三位和第四位承包工程建造部门的房地产业（11%）和公共事业（5%），四个部门所占比重达到 85%。上述数据显示，我国企业海外工程建造与资本品的出口，对“一带一路”共建国推进大规模基建提供了有效支持。

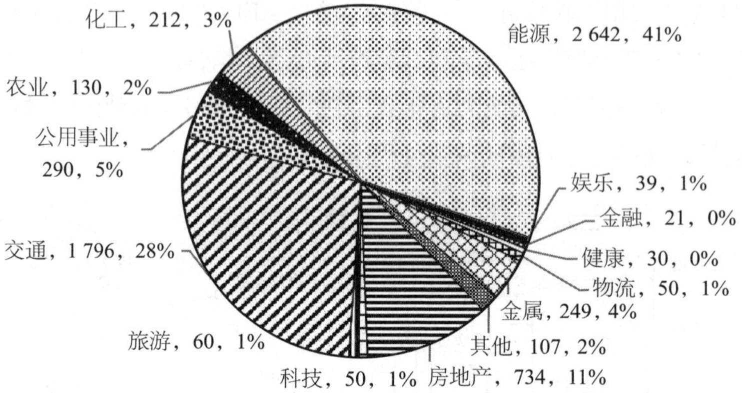

图 11-9 “一带一路”基建项目部门构成（2013—2024 年，亿美元，%）

资料来源：美国企业研究所。

直接投资与债务融资

“一带一路”共建国大都受到国内储蓄与硬通货支付能力不足的制约，实施大规模基建工程通常需要外部融资支持。一国可通过接受捐赠、吸引外商直接投资与债务融资等方式利用外部资金。其中的免费捐赠由多边开发银行、外国政府和慈善机构提供，对接受国无疑最为有利，然而“免费的午餐”必然会僧多粥少，数量不足，因而外国直接投资和债务融资成为发展中国家获取外部资金的两个主要渠道。

“一带一路”直接投资合作

直接投资对东道国和投资国来说分别是“外国直接投资”（FDI）和“对外直接投资”（OFDI）。大规模 FDI 流入对东道国经济发展具有多重特殊意义，除了输入外部储蓄，还会直接形成生产供给能力，连带引入技术与管理能力，外资企业的运营还具有培训本土人力资源等方面的效果。另外，在当代产品内分工环境下，处于全球供应链内的外商企业直接投资创建产能，还有助于通过加工贸易或本土生产推动东道国经济进入国际市场，提升东道国在开放环境下发展本国制造业和服务外包等可贸易部门的现实机遇①。以产品内分工为基础与全球供应链导向的 FDI 对东道国经济的特殊意义，在我国改革开放时代，尤其是较早时期表现得特别明显，新时期我国向“一带一路”共建国的这类直接投资有可能产生类似积极影响。

与“一带一路”合作“五通”方针中的“资金融通”要求相一致，我国设立多只国际性基金支持企业到共建“一带一路”国家进行直接投资。据报道，截至 2019 年 4 月，我国与“一带一路”相关的国际性基金共有 26 只，合计规模超过 1 万亿人民币（卢锋，等，2024），其中以 2014 年设立的丝路基金规模最大，为 400 亿美元和 1 000 亿元人民币。此外“一带一路”倡议提出后，我国还出现一批地方性“一带一路”投资基金，主要以股权投资方式向基础设施领域投资，据有关机构数据，2014—2017 年国内各地成立 52 只地方性丝路基金，总资金规模达 3 081.55 亿元，其中国有资本占比 87%（卢锋，等，2024）。

不过利用官方统计定量观察我国 OFDI 变化，至少会面临两方面有待探讨的问题。一方面是统计样本调整带来的问题。上述“一带一

① 卢锋 2004 年关于产品内分工的论文、2006 年对我国国际收支双顺差与外汇储备过万亿美元的理论思考、2013 年关于“华坚现象”的论文以及 2015 年关于非洲工业化的论文等，从经济逻辑、中国经验与非洲工业化等不同角度，讨论了在产品内分工环境下置身于全球供应链的外商企业直接投资对东道国谋求开放型经济发展具有特殊意义。参见：卢锋，《产品内分工》，《经济学》（季刊），2004 年 04 期；卢锋，《中国国际收支双顺差现象研究：对中国外汇储备突破万亿美元的理论思考》，《世界经济》，2006 年 11 期；卢锋，姜志霄，周俊安，《从“华坚现象”看中国对非投资类型演变》，《国际经济评论》，2013 年 05 期。

路”合作对象国范围从早先60多个“沿线国家”扩大到后来150多个“共建国家”，官方相关机构需动态调整对象国统计样本。我们没有找到有关机构对这类样本调整所做的公开说明，但是从数据能看出近年对OFDI统计对象做了明显调整。在样本范围变化的背景下，如果在时间序列数据中不加甄别地看待调整前后的统计值，就会对OFDI历时性变化得到不一致的解读。

另一方面是我国OFDI大比例流向离岸国际金融中心带来的问题。我国OFDI通常有七到八成流向八大离岸国际金融中心，流向香港一地的一般就占到六成上下。在大体正常情况下，离岸中心对投资企业提供较优惠税收和投资配套服务，承担“转运投资”或“通道投资”中心功能，流入离岸中心的OFDI最终在第三国目的地形成真实OFDI，就此而言，大比例OFDI流向离岸中心并不必然导致统计失真。但是流向离岸中心的OFDI还包含“返程投资”和绕过国内资本管制违规转移资金的动机，这两类因素促成的OFDI则会导致统计数据偏离真实OFDI。近年不同类型经济冲击频频发生伴随经济环境变动，违规性资金外流占流入离岸中心OFDI比例或显著增加并维持在偏高水平，会对有关统计数据引入高估偏差。

我们分析并得到三点初步判断：一是近年官方OFDI统计数或存在高估偏差，二是我国对“一带一路”合作国OFDI的官方统计存在明显低估偏差，三是官方对“一带一路”OFDI占我国OFDI总额比例显著低估。大体而言，我国OFDI总量以及对“一带一路”合作国OFDI近年都出现不同程度复苏增长，不过与疫情前的峰值比较仍有显著差距，显示OFDI与债务融资以及工程承包类似，都处在早先快速扩张之后缩量调整优化的过程中，这对现实评估“一带一路”目前的发展态势提供了背景参考信息。

首先看我国OFDI总量数据。图11-10报告的商务部相关数据显示，我国OFDI金额从2003年的29亿美元，持续大幅增长到2016

年的峰值 1 961.5 亿美元，此后随国内相关政策调整投资规模经历几年下降，到 2019 年规模回落到约 1 369 亿美元。但是该指标在疫情发生的 2020 年和 2021 年两年逆势增长到约 1 788 亿美元，2022 年回落到约 1 631 亿美元，2023 年回升到约 1 773 亿美元。官方数据具有共权威性，然而仔细分析可见有两点需探讨之处。

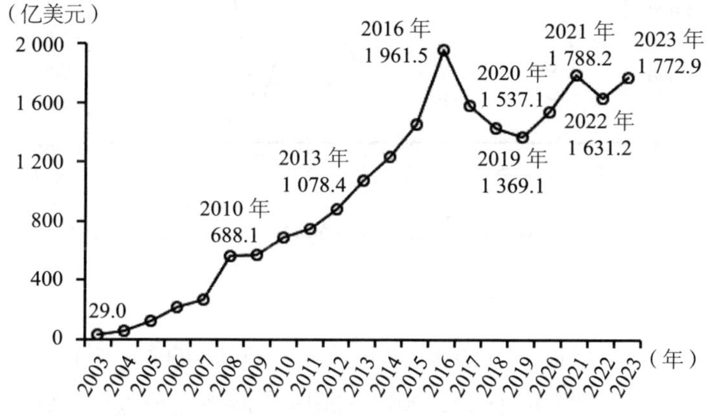

图 11-10　我国 OFDI（2003—2023 年）

资料来源：商务部。

一是受多方面客观环境因素影响，2020 年及此后几年数据或存在一定程度高估。这里着重从两方面分析 2020 年数据被高估的可能。第一，2020 年我国以外世界各国 OFDI 受疫情冲击大幅下跌 52.2%（图 11-11），而我国当年 OFDI 反向增长 12.3%。导致这个巨大统计反差的现实原因，应主要是当年流向八大离岸金融中心的 1 250.4 亿美元（占当年总量比例高达 86.1%），在当时的特殊环境下包含了较大比例的违规外流资金。

第二，与 AEI-CGIT 数据库相关统计信息比较也提示官方数据可能高估。该数据库利用国际上公开报道的我国在投资项目信息，跟踪统计我国 OFDI 总量以及在“一带一路”共建国的投资金额。由于该数据库利用企业和项目层面公布的信息，并且不包含投资额在 9 500

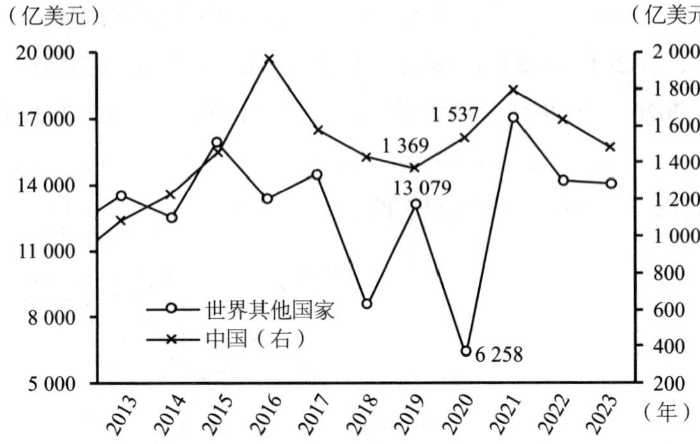

图 11-11 中国和世界其他国家的 OFDI（2013—2023 年）

资料来源：联合国贸易和发展会议。

万美元以下的项目，因而会显著低估我国 OFDI 的实际规模。但是将官方数据与该数据库比较，2013—2019 年两者趋势大体一致，均值相差 30% 左右，可见该数据系列在比较正常环境下能大体反映我国 OFDI 的动态变化。然而 AEI-CGIT 数据显示 2020 年我国 OFDI 从上年的 991 亿美元下降到 453.7 亿美元，降幅为 54.2%，与上述中国以外国家同年 OFDI 降幅 52.2% 大体可比（图 11-12）。这从一个侧面提示官方数据或显著高估了 2020 年的真实 OFDI。

结合 AEI-CGIT 数据走势，我们倾向于认为近年官方 OFDI 数据或持续存在显著高估因素。结合上述在大体正常情况下 AEI-CGIT 数据存在三成左右低估偏差的假设，我们以 2020 年以来 AEI-CGIT 数据作为基数，用 1.3 作为对其低估效应的调整系数，得到近年我国 OFDI 规模的估计数。图 11-13 实线部分表示的 2019 年及以前数据都来自官方统计，2020 年及以后观察值是基于 AEI-CGIT 数据的估计数，虚线部分则表示官方数据在 2020 年以后可能存在高估的数据。

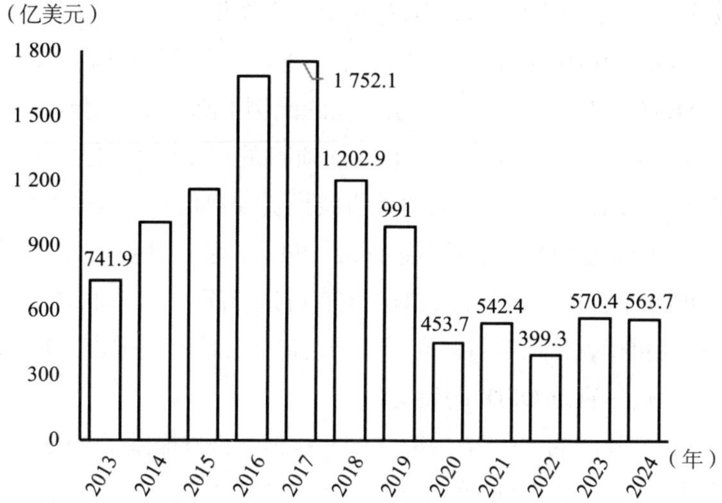

图 11-12　我国 OFDI（2013—2024 年）

资料来源：美国企业研究所。

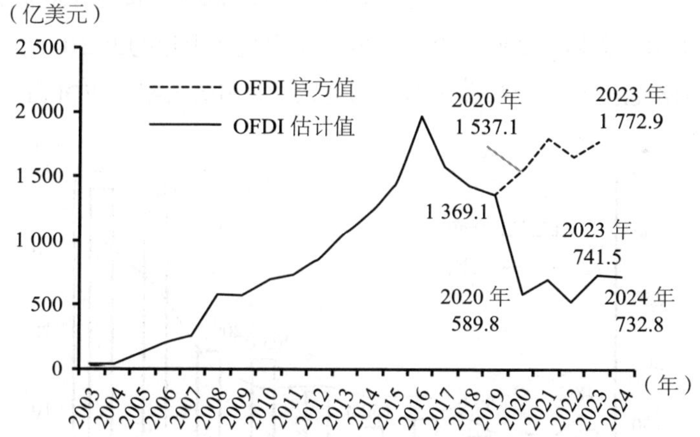

图 11-13　我国 OFDI（2003—2024 年）

资料来源：美国企业研究所和中国商务部。

需要说明，上述近年估计数虽采用 1.3 调整系数初步处理了内生低估偏差，但是鉴于近年相关情况变化，还可能存在其他导致低估效应的因素。例如近年我国对外项目合作重视“小而美”和精耕细作，如果 OFDI 项目规模有所缩小，逻辑上会导致我国 OFDI 项目达到 AEI-CGIT 数据库统计识别门槛的比例下降，使其对我国 OFDI 低估程度进一步增加。又如主持该项目的资深研究人员注意到，2020 年以来相关中国企业对对外直接投资项目信息披露变得较为模糊，这一因素也可能增加其低估效应。总之，要得到我国对“一带一路”OFDI 规模的准确统计数据，还有待进行深入专题研究以及官方机构更加重视，目前笔者倾向于认为上述估计值对我国真实 OFDI 的偏差小于近年官方 OFDI 的偏离。

其次看我国的“一带一路”OFDI 数据。官方提供了 2015 年以来我国的“一带一路”OFDI 月度汇总数，12 月的观察值对应各年度数据，结合 OFDI 总数可得到“一带一路”OFDI 占 OFDI 总额的比重。图 11-14 数据显示，2015—2019 年我国的“一带一路”OFDI 规模在 150 亿美元上下波动，此后逐年较快增长，2020 年接近 180 亿美元，2021 年第一次超过 200 亿美元，2023 年更是从上年的近 210 亿美元跳升到 318 亿美元，增量高达 108 亿美元。“一带一路”OFDI 占总额的

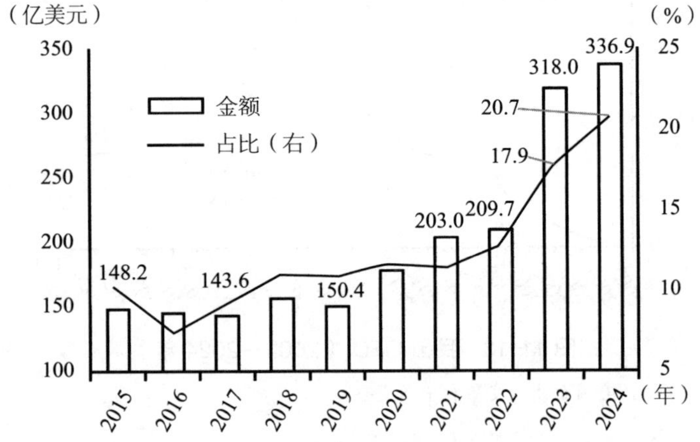

图 11-14　中国对“一带一路”国家直接投资及占比（2015—2024 年）

资料来源：商务部。

比例早先多年在 10% 上下，近年持续提升到 2024 年 20.7% 的创纪录水平。

上述数据存在三点需探讨厘清的问题。一是 2023 年观察值超常增长应受调整样本国因素的影响。图 11-15 报告“一带一路”OFDI 月度数据，显示 2023 年 8 月我国的“一带一路”OFDI 为 63.8 亿美元，然而 2022 年和 2021 年的 8 月分别只有 20.8 亿美元和 16 亿美元，2023 年 8 月的观察值比前两年分别反常跳升至 3.07 倍和 3.99 倍。另外，2023 年 8 月“一带一路”OFDI 占全年比例高达 20.1%，是 2016—2024 年 8 月占比均值 7.7% 的 2.6 倍。如此超常的月度数据跳升很难用随机因素或季节因素解释，应部分体现了有关机构扩大“一带一路”共建国样本的影响①。推测样本一致的 2023 年我国的“一带一路”OFDI 增量应在 67 亿美元上下而不是 108.3 亿美元。

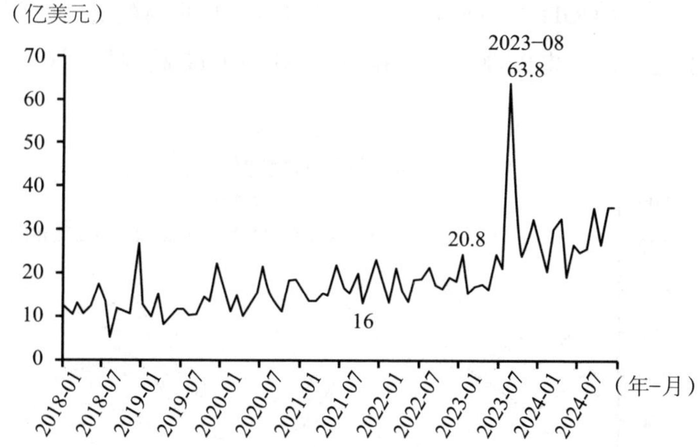

图 11-15 我国对“一带一路”直接投资当月值（2018 年 1 月—2024 年 12 月）

资料来源：商务部。

① 这与我们上文讨论的商务部统计的我国对“一带一路”国家工程承包金额占比跳升大体同时发生。

二是与 AEI-CGIT 数据比较提示流向“一带一路”的 OFDI 官方统计显著低估。图 11-16 数据显示，官方数据每年都不同程度低于 AEI-CGIT 数据，如考虑后者至少存在三成低估则与官方数据差离更大。前文提到，AEI-CGIT 数据库由于其取样获得数据的方式，内生具有低估偏差，但是一般不会高估真实统计对象；其单边偏差特点提示，比 AEI-CGIT 统计值更低的官方数据很可能存在较大程度低估。

官方数据低估的主要原因，应是八大离岸金融中心除新加坡和卢森堡外的六个都不属于“一带一路”共建对象，因而流入其 OFDI 未被计入“一带一路”OFDI；但是流入离岸金融中心的 OFDI 具有“通道投资”属性，意味着其中或有部分会在属于“一带一路”共建国的目的地成为真实投资，官方有关机构如未能追踪统计这部分经历“中转”的 OFDI，则会由于统计遗漏而发生低估“一带一路”真实投资的偏差。AEI-CGIT 数据库针对目的地投资项目信息统计，有可能避免上述遗漏，结果出现官方数据低于 AEI-CGIT 数据的不正常统计现象。

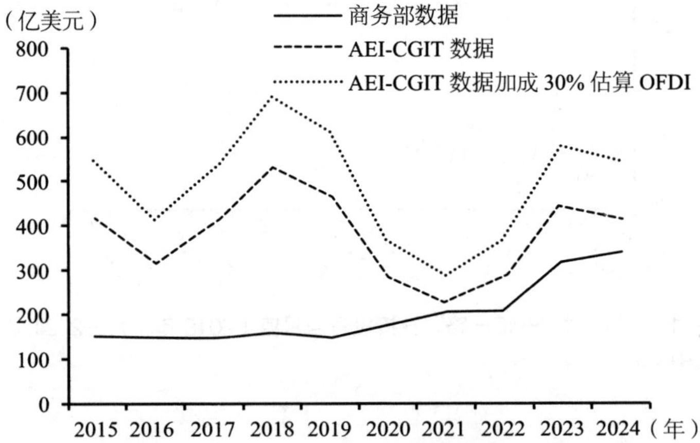

图 11-16 我国对“一带一路”OFDI 几组数据（2015—2023 年）

资料来源：商务部、美国企业研究所和作者估算。

最后，“一带一路”OFDI 占我国 OFDI 总量比例的官方统计也或存显著低估。这是上面两点观察的综合结果：由于官方 OFDI 总量数据偏高，对“一带一路”OFDI 的统计值又偏低，图 11-14 中的“一带一路”OFDI 占比值较大程度被低估。作为对比，图 11-17 提供利用 AEI-CGIT 数据库信息得到的我国“一带一路”OFDI 数据及其在我国 OFDI 总量中的占比，显示自“一带一路”倡议实施后投资规模和占比均大幅上升，2014 年 OFDI 从上年不足 100 亿美元增加至超过 400 亿美元，占比从 12.6% 增长至 41.7%。此后几年，投资规模有所波动，在疫情前的 2018 年和 2019 年达到 500 亿美元左右，占比进一步增长至 44.2% 和 47.7%。疫情期间占比有所回落，但是 2023 年和 2024 年大幅上升到 70% 以上。考虑 AEI-CGIT 近年对我国 OFDI 总量可能低估，因而上述有关我国“一带一路”OFDI 占比值可能被高估，现实占比应在官方数据与 AEI-CGIT 数据之间。

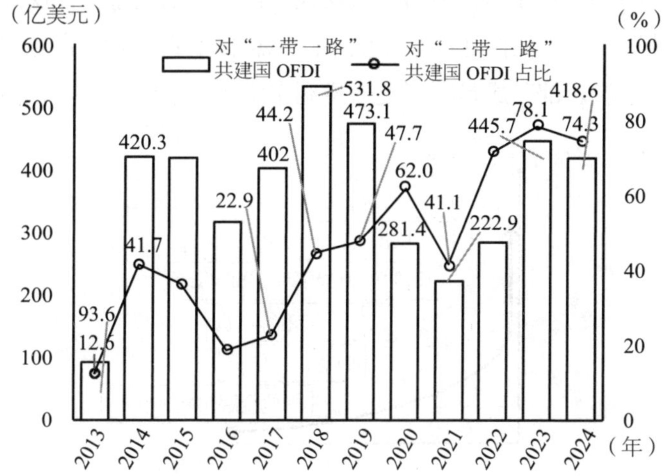

图 11-17　我国对“一带一路”共建国直接投资及占总额比例（2013—2024 年）

资料来源：美国企业研究所。

“一带一路”债务融资合作

下面看“四轮驱动”的“最后一轮”，即对“一带一路”共建国债务融资情况。各类贷款债务融资是中国向“一带一路”大规模基建提供资金支持的最重要方式。观察相关案例可见，中国与“一带一路”共建国就特定基建项目达成合作计划，往往包含国内特定金融机构提供贷款支持内容。与计划经济时期对外融资基本采取无偿捐赠和无息贷款方式不同，改革开放时期，特别是进入 21 世纪以来，在援助性资金规模扩大的同时具有市场性和商业性的信贷融资规模快速扩大，成为对外资金输出的主导形式。与此同时，中国对涉外信贷融资实施了多轮体制改革和政策调整，逐步形成近年以官方援助为引导、政策性金融机构为主力、各类市场性金融主体积极参与的多元化债务融资体系，对“一带一路”大规模基建和互联互通合作发挥了关键推动作用。图 11-18 显示，不同贷款发放主体，其信贷条件体现的“政策优惠性”与“市场商业性”比例不同：总体上看，我国官方双边信贷比“巴黎俱乐部”成员国同类信贷利率水平可能略高一些，而各类

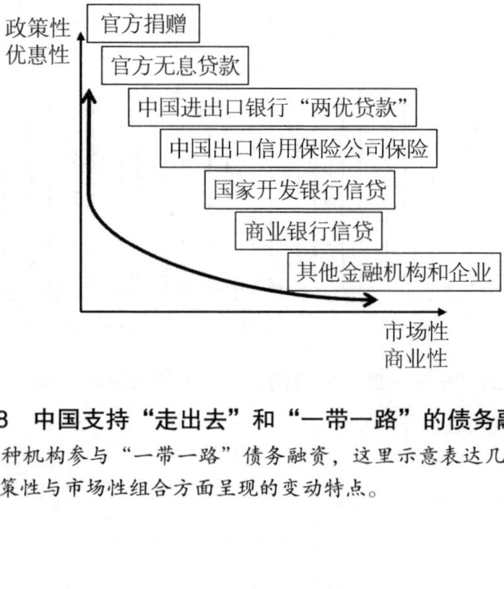

图 11-18　中国支持“走出去”和“一带一路”的债务融资形式

注：有几十种机构参与“一带一路”债务融资，这里示意表达几类主要机构和债务融资方式在政策性与市场性组合方面呈现的变动特点。

商业贷款利率则低于西方国家私人商业投资方的债券收益率。

官方未提供我国对外国别债权的系统信息，相关定量考察需借助国际组织和社会研究机构创建维护的相关数据库信息，研究人员较多利用世界银行的国际债务统计（IDS）数据库。图 11-19 的世界银行数据显示，我国对低、中收入国家债权从 21 世纪初年的 55 亿美元上下增长到近年的 2 000 亿美元上下，但是近年我国相关债权扩张动能减弱甚至出现负增长。虽然我国对发展中国家债权快速扩大，然而在全球范围内，我国对低、中收入国家债权规模相对于这些国家的外债总额比例并不高：例如截至 2020 年底的 IDS 数据显示，我国债权占撒哈拉以南非洲国家外债总额的 17%，占低收入国家外债总额的 15.1%，占低、中收入国家外债总额的 9.4%，占中、高收入国家外债总额的 1.5%。不过我国是低、中收入国家群体的最大官方双边债权方[①]，图 11-20 数据显示，我国对低、中收入国家的官方双边债权的 2016—2021 年均值占全球这类债权总额的 30.4%。

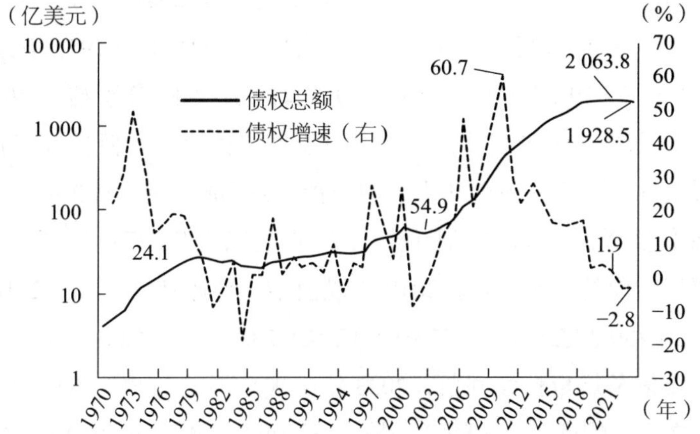

图 11-19　中国对低、中收入国家债权总额和增速（1970—2023 年）

① 发展中国家外债的债权方角度大体分为三类：私人和市场机构商业债权人，官方双边债权人，多边发展银行和国际金融机构债权人。

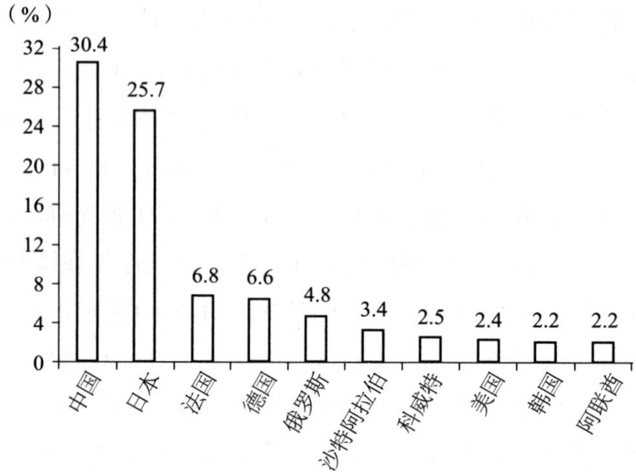

图 11-20　低、中收入国家主权债务前十大双边债权方（2016—2021 年均值）

资料来源：作者根据世界银行 IDS 数据库计算。

图 11-21 利用世界银行 IDS 数据，报告 21 世纪以来我国对 IDS 样本国中的“一带一路”国家的债权额，分别从 2000 年的 31.4 亿美元（65 国）和 62.0 亿美元（152 国）增长至 2021 年的 795.5 亿美元（65 国）和 2 019.2 亿美元（152 国）的峰值，增幅分别超过 20 倍、30 倍，远远高于 IDS 样本国 3.8 倍的债务整体增幅。但是近年我国债权规模有所回落，2023 年上述两个指标分别回落到 741.2 亿美元和 1 896.8 亿美元。图 11-22 显示进入 21 世纪以来我国对“一带一路”国家债权规模的历年增量，2018 年以前增量值趋势性上升，2018 年分别达到 280.2 亿美元（152 国）和 121.7 亿美元（65 国）的峰值，但是近年债务增量持续回落，2023 年出现负增长。对外债权规模变化与上文观察的近年我国的“一带一路”承包工程建设规模调整应存在联系。

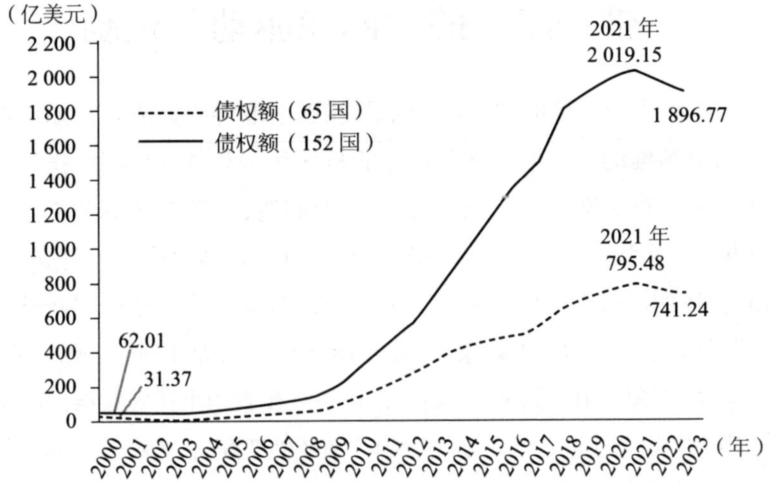

图 11-21　中国对“一带一路”国家债权额（2000—2023 年）

资料来源：作者根据世界银行 IDS 数据库计算。

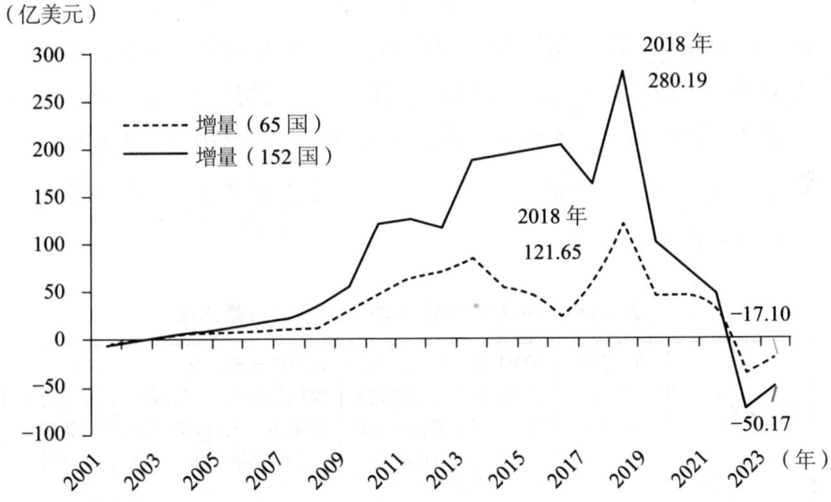

图 11-22　中国对“一带一路”国家债权年增量（2000—2023 年）

资料来源：作者根据世界银行 IDS 数据库计算。

“一带一路”的“四轮驱动”机制

为什么我国倡导的“一带一路”能迅速取得明显成效？如何理解我国引领推动“一带一路”合作的特殊优势和具体机制？我们在2015年发表的专题论文从工程建造、工业制造、国民储蓄和外汇储备等方面讨论了我国推进“一带一路”合作的特殊优势条件（卢锋，等，2015），我们还对比分析了为什么美国于2011年较早提出的“新丝绸之路”计划未能取得预期效果（卢锋，2015）。现在基于对“一带一路”十余年合作经验与推进情况的观察，可进一步看出上述宏观层面的优势条件，实际上通过“四轮驱动”的“系统性匹配”，为参与国的合作发展提供了成效显著的解决方案。对此可从“一带一路”共建国角度切入，从这些国家的发展意愿与受现实制约的矛盾关系入手分析。

表11-1数据显示，共建“一带一路”国家的经济发展水平和工业化水平相对落后，“一带一路”沿线65国显著落后于非“一带一路”63国，“一带一路”非洲50国更是呈现人均收入偏低、储蓄能力偏弱、工业化与基础设施比较落后的特点。共建“一带一路”国家普遍认同“想致富，先修路”的经济发展路径，希望通过大规模基础设施建设推动经济发展，然而与具体国情条件相联系，这些国家通常面临多方面现实制约。

表11-1　共建“一带一路”国家经济基本面

类别	2022年人均GDP/美元	2014年人均耗电量/千瓦时	2022年制造业增加值占GDP比重/%	2018年调整后的净储蓄率占GNI比重/%	2022年总储备占GDP比重/%	2018年每百万人铁路总千米数
“一带一路”沿线65国	15 750.57	4 109.76	31.82	11.25	23.44	383.17
共建“一带一路”152国	11 395.66	3 203.30	28.46	9.13	22.90	316.07

（续表）

类别	2022 年人均 GDP/ 美元	2014 年人均耗电量 / 千瓦时	2022 年制造业增加值占 GDP 比重 /%	2018 年调整后的净储蓄率占 GNI 比重 /%	2022 年总储备占 GDP 比重 /%	2018 年每百万人铁路总千米数
“一带一路”非洲 50 国	2 529.67	707.28	28.11	6.07	23.90	120.56
非“一带一路”63 国	37 184.19	8 157.15	24.49	10.28	23.85	514.77

注：“一带一路”沿线 65 国根据海上丝绸之路与陆上丝绸之路沿线国家名单选定；共建“一带一路”152 国指与中国签订共建“一带一路”合作文件的国家；非“一带一路”63 国指未与中国签订共建文件的国家（和地区）；“一带一路”非洲 50 国指与中国签订共建文件的非洲国家。

资料来源：作者根据世界银行 WDI 数据库计算。

首先是工程建造层面的制约。中国在长期发展中逐渐培育形成了大规模和高效率的工程建设能力，这需要时间和经验积累，也需要国民经济规模和结构方面的具体条件支持，然而这些条件在很多发展中国家并非普遍具备，实际上很多“一带一路”共建国通常缺少大规模现代工程建造能力。另外，大规模基建离不开各种机械设备和材料物资等资本品投入，需要比较发达的工业制造能力，对此很多国家的国内生产系统也难以实现自我供给，我国制造业规模过去十几年持续位居世界第一，对各类基建所需材料设备具有较强的配套供给能力。

其次是资金融通方面的制约。大规模基建通常需要巨额投资，这就要求相关国家适当克制总消费，将特定时期的经济产出中的较大部分转化为储蓄，为大规模投资提供必要的资金支持。另外，大规模基建投资总要从国外进口项目所需的一定数量资本品，为保证进口偿付能力，又需以相应出口创汇能力作为前提条件。然而如同发展经济学领域“双缺口”模型所提示的，很多发展中国家缺乏必要的储蓄动员能力，同时面临出口创汇能力不足的限制，这对其独立推进大规模基建构成资金和外汇的约束。

在开放经济环境下，理论上一国可以通过对外贸易与国际融资超越上述限制。例如针对工程建筑和设备材料的制约，可通过从国外进口相关劳务和货物加以缓解，表现为东道国项目业主可在国际承包工程市场发包邀约外国承包商承建。又如，针对国内融资能力的限制，除了尽力争取外部捐赠援助，可通过吸引外国企业直接投资来弥补国内资金与外汇的不足，也可以通过从多边金融机构、外国官方机构、商业银行、国际债券市场等渠道的债务融资来应对。

需指出的是，在开放环境下超越“工程建造”与“资金融通”两重制约，其实现可能或难易程度存在显著差异。就工程建造能力制约而言，如果东道国有足够的资金支持，可直接在国际承包工程市场上通过招标与国际工程承包商达成工程劳务合约。从现实情况看，虽然某些高科技基础设施建设行业存在某些卖方垄断因素，但国际承包工程在总体上具有买方市场特点，承包商之间通常激烈竞争。因而，在项目发包方资金到位的前提下，现汇工程项目招标不难找到国际工程承包方，在交易条件上往往具有主动性和选择性。

然而自有资金不足的东道国要通过外部融资兴建基础设施则要困难得多。直接投资通常对东道国经济基本面和行业盈利预期有比较严格的要求，且与全球供应链重组派生的制造业直接投资往往对东道国所处地缘区位等客观条件有特殊要求，因而招商引资对很多发展中国家而言往往都力不从心、难如人意。由于缺乏较健全的国内资本市场，很多发展中国家也难以吸引大量国外证券投资流入。在债务融资方面，虽然世界银行等多边金融机构会向发展中国家提供低息贷款，然而其资金规模有限，通常供不应求；如果要利用国际资本市场进行债务融资，又往往面临信用不足和收益率过高难以承受等条件约束。

由此可见，通过国际合作借助外部条件克服工程与融资约束，在现实中面临融资能力约束显著大于建造能力约束的不对称性制约，对此可概括为东道国有钱不愁买不到工程承包服务，但是如果缺钱则

“巧妇难为无米之炊”，因而在国际合作场合得到外部融资支持往往是更为关键的。了解上述制约以及借助外部资源的难易程度差异，便不难理解中国推进“一带一路”建设成效彰显的关键在于，上述“四轮驱动”为超越相关约束特别是融资制约，提供了一套系统性匹配条件或一种闭环性解决方案。

“四轮驱动”以市场原则为基础，以政策目标为导向，以双重融资[①]为杠杆，形成一种新兴大国引领并展开为“1+N”结构形态的国际合作机制，很快取得举世瞩目的成效。然而基于辩证观点，任何强大的合作发展机制也自有其薄弱之处，“四轮驱动”的“资金融通”环节存在的制约较为明显。因为有金融就有风险，遵循市场原则运作的“一带一路”合作，无论是直接投资还是债务融资，都面临金融风险的规律性限制。

就直接投资而言，影响投资盈利预期的风险因素，除了东道国经济基本面条件，还有东道国政治和社会稳定等超经济因素。[②]另外“一带一路”客观连带具有经济外交与地缘政治含义，有关合作会引发第三国甚至美西方国家的集体杯葛、责难和搅局，这构成我国企业对“一带一路”项目直接投资的特殊风险因素。[③]在上述背景下，投资主体基于市场原则评估决策，会受到外部客观环境变化的影响，投资规模短期内难以快速扩大。上文数据显示，近年我国直接投资总量规模仍低于 2016—2017 年的峰值，对“一带一路”的直接投资持续

---

① 就直接投资与债务融资两种融资方式而言，前者建立在投资企业对其全球发展战略谋划与东道国区位和发展阶段等客观条件基础之上，较大程度具有市场驱动特点。债务融资在“一带一路”项目中较多作为撬动工具被加以运用，因而较多具有政策性特点。

② 例如 2024 年 12 月非洲莫桑比克因选举舞弊争议引发骚乱，导致当地有的中国超市遭遇抢劫，这无疑会严重影响当地中国企业零售物流业直接投资的盈亏损益，并对后续直接投资决策产生消极影响。

③ 例如我国企业在一些合作国投资矿山和港口，被美西方媒体贴上“新殖民主义”标签加以责难；又如特朗普再次入主白宫后，就我国与巴拿马正常经贸合作施压，要求收回巴拿马运河权利，迫使巴拿马政府表示将不再续签 2017 年和中国签署并将在 2026 年到期的“一带一路”备忘录，还将谋求提前结束合作项目。

增长，然而总体规模仍比较有限，并且已经投资的项目也会受到非经济事件的冲击干扰。

债务融资更是难免要面临偿债违约风险：任何债务关系能否按照合约拟定的方式顺利展开和最终实现本息足额偿付，取决于债务期限内债务方还本付息的能力和意愿；在主权债务这个特殊领域，特定国家往往对其他国家的官方债权方、商业债权人以及国际金融机构等多重债权主体欠债，一旦发生债务危机也不存在依照相关法律实施重组直至清偿的法定程序，国外主权债务违约风险一旦释放，需要多个债权方协商处置，还会涉及与集体行动相关的复杂因素和矛盾。观察全球经济和金融形势，21 世纪初期的十余年，发展中国家整体经历了一轮比较强劲的经济景气成长，然而部分国家在新冠疫情前几年已出现经济增长由强转弱的不利变化，后续叠加疫情、地缘政治冲突与美西方大通胀的冲击，一些国家债务风险上升并出现违约，成为影响发展中国家特别是收入偏低国家经济增长与金融稳健的突出问题，这对我国“一带一路”融资合作也产生了掣肘作用。

新一轮全球主权债务风险

这里所谓全球主权债务主要指发展中国家举借的以外国货币标价的对外负债，主权债务风险主要指外债偿付能力承压和困难。[①] 近年部分低收入国家与少数被称作“前沿市场国家”[②] 的债务风险显著上升，

---

① 发展中国家本币国内债务对于金融和经济可持续也很重要，并与外债存在联系，并且有的国家的多边债务重组过程也涉及国内债务重组，然而考虑这些国家内外债及其风险，在经济内涵、政策约束、治理手段与影响方面都存在差异，因而讨论债务风险有必要区别两类债务，实际上绝大部分场合的主权债务危机都直接由外债偿付违约事件引爆。

② 指处于较早发展阶段的中低收入国家，已经进入国际资本和金融市场并活跃融资，然而与成熟的新兴市场相比，其特点在于，国内基础设施条件比较欠缺，金融体系不够发达，以及市场规模与流动性较低，增长潜力可观但是存在显著的经济和政治风险。

有的出现债务偿付违约危机，形成新一轮全球主权债务风险集中释放态势①。图 11–23 和图 11–24 显示，20 世纪 50 年代中期到 70 年代主权债务违约较少，然而随着欧洲美元市场扩大与美欧向新兴经济体贷款增加，加上双边和多边机构贷款规模扩大，20 世纪 80—90 年代部分国家面临债务偿付困难和危机。此后经过对拉美和“重债穷国”（HIPC）债务危机的治理，主权债务违约下降到 21 世纪第一个 10 年后半期和第二个 10 年前半期的较低水平，与早先违约高发阶段组成一个债务涨落周期。然而近年形势快速变化，发展中国家内外环境演变伴随主权债务压力加大和违约国家增加，导致新一轮主权债务违约密集发生。

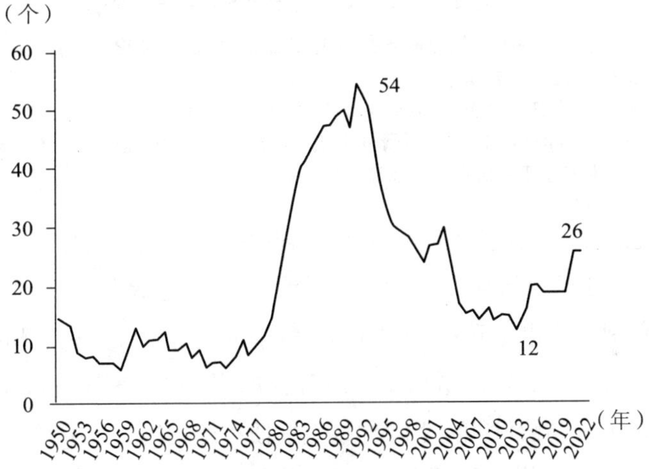

图 11–23　广义债务违约国家数 (1950—2023 年)

注：2023 年数据截至当年 8 月。

资料来源：卢锋、任慧、潘松李江的相关研究，2021 年及以前数据主要参考 Lindert（1989）、Suter（1992）和加拿大银行–英格兰银行主权违约数据库（BoC–BoE Sovereign Default Database）等的资料整理而成，最新数据基于对国内外财经媒体相关报道的整理。

① 涉及债务风险的经济体，大都属于世界银行确定的 78 个符合 IDA（国际开发协会）要求的国家，或者是 2020 年 G20 实施缓债倡议时确定的 73 个国家。

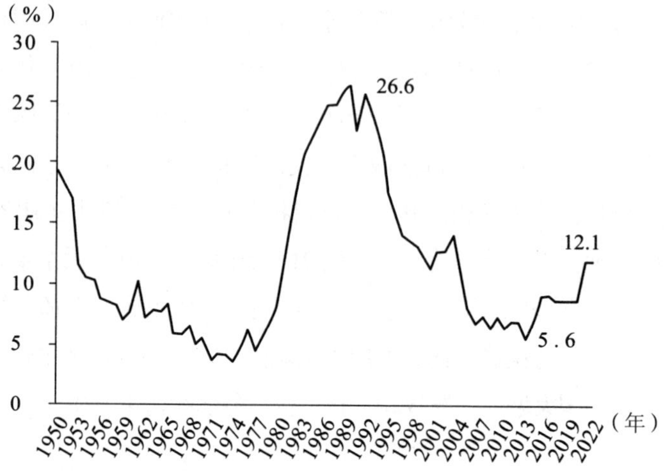

图 11-24　广义债务违约国家占比（1950—2023 年）

注：2023 年数据截至当年 8 月。

资料来源：卢锋、任慧、潘松李江的相关研究，2021 年及以前数据主要参考 Lindert（1989）、Suter（1992）和加拿大银行-英格兰银行主权违约数据库等的资料整理而成，最新数据基于对国内外财经媒体相关报道的整理。

新冠疫情成为近年债务风险集中释放的导火线。应对疫情危机需要宏观政策逆周期调控，然而发展中国家财政与货币刺激空间逼窄，助推借债融资需求上升；另一方面，疫情冲击导致经济衰退和出口收缩，粮食能源等必需品进口价格飙升，加剧一些国家国际收支压力；借债需求上升与偿付能力下降导致主权债务违约风险集中释放。2020 年上半年，黎巴嫩、厄瓜多尔和阿根廷等三国发生债务违约；同年 7 月国际信用评级机构惠誉下调 33 个国家主权信用，并将另外 40 个国家或主权实体评级列为“负面”展望；2020 年底赞比亚无法偿付到期的 4 250 万美元欧洲债券本息成为第一个在新冠疫情冲击下发生债务违约的重要非洲国家。全球范围的主权债务违约国及其占比从 2019 年的 6 个和 2.7% 分别上升到 2023 年 8 月的 26 个和 12.1%，显示新一轮全球主权债务危机全面展开。

主权债务咨询领域著名国际投行 Lazard 在 2025 年 1 月发布报

告，总结并展望新一轮全球主权债务演变特点和前景。该报告指出，2024 年全球主权债务危机形势有所趋缓，目前国际金融机构普遍认为 2025 年有望不再出现新的主权债务违约事件，2025 年也许成为发展中国家最终走出近年疫情大流行、俄乌冲突和大国货币紧缩多重冲击影响之年。不过该报告强调主权债务风险尚未实质性化解："前沿经济体"特别是撒哈拉以南非洲地区国家的债务承担能力与可持续性仍面临结构性弱点，经历多重冲击，其经济生态的薄弱领域已不堪重负，触发债务危机的缓冲空间大幅收缩，未来 5~10 年出现债务困境的风险较高。我们也认为，考虑发展中国家复苏后经济增速仍比疫情前显著回落，美国特朗普第二任期政府"退群"卸责和裁撤美国国际开发署造成的扰动影响，加上近年发展中国家债务资金出现净值负转移，判断全球债务风险警报实质性解除可能还为时过早。

回顾过去 5 年全球主权债务危机，疫情冲击起到催化作用，其发生演变是多方面因素综合影响的结果，全面分析其产生原因及其对我国"一带一路"债务融资的影响，并总结国际社会危机救助治理实践成效和困难，对加深理解推进"一带一路"规律及创新合作模式都有必要性。对新一轮主权债务危机的成因可以从三方面理解。

一是主权债务规模过度扩张构成新一轮主权债务风险的背景条件。《这次不一样？——800 年金融荒唐史》[①] 一书把债务危机的基本原因归结为过度举债："无论政府，还是银行、公司或消费者，繁荣时期的过度举债会造成很大的系统性风险。"理解新一轮全球主权债务违约风险飙升，也离不开繁荣期债务超常扩张这个基本背景原因。基本背景是 2008 年国际金融危机后主要发达国家实行超级宽松货币政策，伴随国际金融市场利率低下与流动性过度充裕，叠加发展中国家的发展压力大和融资意愿强等方面的因素，导致中低收入国家总体

① 莱因哈特（Carmen M. Reinhart）、罗格夫（Kenneth S. Rogoff）：《这次不一样？——800 年金融荒唐史》，机械工业出版社，2020 年版。

外债负担前所未有地增长。

图 11–25 报告有资格申请 G20 缓债倡议的国家中具有连续数据样本的主权债务数据：其主权债务从 20 世纪 80 年代初的 759 亿美元增加到 1995 年（HIPC 债务危机治理启动前）的 2 474 亿美元峰值，是 1980 年的 3.26 倍；经多边机构主导的 HIPC 债务减免计划，总体债务降低到 2006 年的 1 926 亿美元，比 10 多年前约减少 22%。然而过去十几年，这些国家主权债务快速反弹，总额上升到 2021 年的 7 547.7 亿美元，相当于 HIPC/MDRI（多边债务减免倡议）治理后 2006 年的 3.92 倍，最近 15 年债务扩张增速超过上次 15 年的增速。低收入国家外债占 GNI 比重从 2010 年的 18% 上升到 2021 年的 53.6%，增长了近 2 倍。

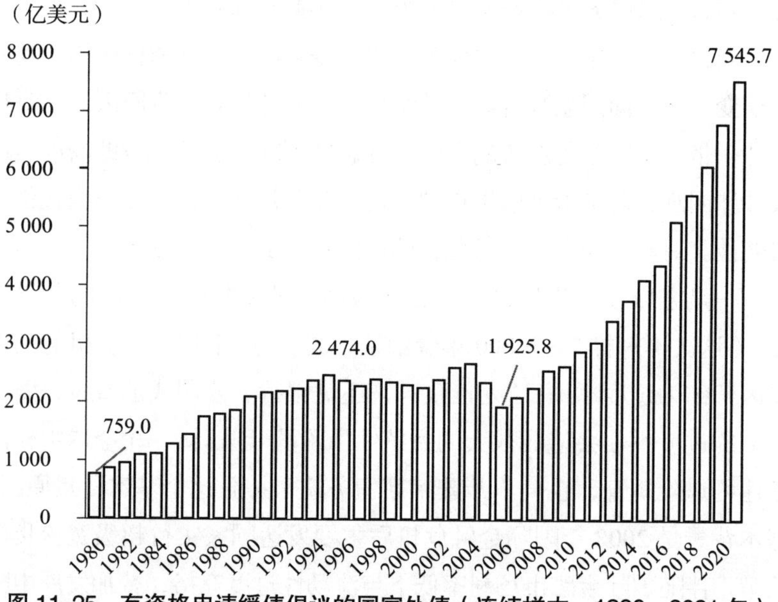

图 11–25 有资格申请缓债倡议的国家外债（连续样本，1980—2021 年）

资料来源：作者根据世界银行 IDS 数据库计算。

中低收入国家（不包括中国）整体债务在过去十几年债务浪潮中也经历了新一轮爆炸式增长，从图 11–26 三阶段大势可见近年扩张的相对程度。第一阶段是从 20 世纪 80 年代初到 1995 年前后，债务总额从 5 141 亿美元上升到 14 263 亿美元，90 年代中期是 80 年代初的 2.77 倍。第二阶段是随后 10 年左右随着主权债务危机治理债务扩张放缓，2005 年的 17 103 亿美元主权债务规模仅比 10 年前增长约 20%。第三阶段是最近十几年再次大幅飙升，2021 年达到 52 525 亿美元，相当于 15 年前的 3.07 倍，超过 20 世纪 80 年代到 90 年代前半期的增长幅度。中等收入国家外债占 GNI 比重从 2008 年的 24.5% 上升到 2020 年的 39.3%，增长了 60%。[①] 债务总体规模超常扩张，意味着在经济环境异变时某些基本面脆弱的国家会面临偿债风险挑战。

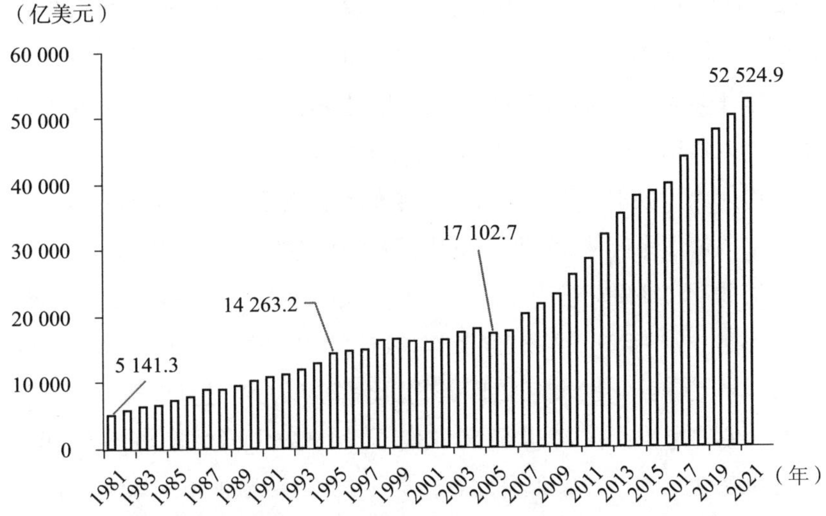

图 11–26 中低收入国家（除中国）外债水平（1981—2021 年，连续样本 79%）

资料来源：作者根据世界银行 IDS 数据库计算。

---

① 该部分分析新一轮发展中国家主权债务风险成因的数据均可参见：网易财经智库，《北大卢锋：多重因素推高新一轮发展中国家主权债务风险》，2023 年 4 月 20 日。

二是疫情前几年债务国宏观经济不利变化的影响。综合观察发展中国家经济数据可见，大体从21世纪第二个10年中期以来，宏观经济的若干趋势性变化削弱了一些国家的外债偿付能力并推高违约风险。

例如发展中国家在经历21世纪最初10年前后的经济高增长之后，一段时期内的整体经济增速在波动中趋势走低。数据显示，中国之外的中低收入国家在2000—2014年的GDP年均增速约为4.3%，2015—2021年仅为2.5%；即便剔除疫情冲击导致的2020年和2021年大起大落的独特情况，疫情前2015—2019年这5年均值也降到3.2%。21世纪初年发展中国家经济最好的增长期出现在2003—2007年：数据显示，2003—2007年高增长时期GDP平均增速最高和最低的24个发展中国家，其中最高组别国家平均增速为10%，最低组别国家平均增速为1.5%。然而在2017—2021年这5年间，上述最高组别国家平均增速回落到5.8%，跌幅超过40%；而最低组别国家更是整体跌入负增长区间，平均增速为−1.4%。

再如出口创汇能力和FDI流入走低削弱偿债能力。数据显示，出口占主权负债比例从20世纪90年代初的约50%持续上升到国际金融危机前后超过130%的历史高位，但是此后呈现下降趋势，近年回落到70%上下，与21世纪初年类似，这反映出一段时期以来出口创汇能力显著走弱。低收入国家出口外债比率较低，但是呈现与中等收入国家类似的走势：从20世纪90年代不到15%的低位持续上升到2011年近90%的较高水平，但是此后趋势性走低，降到近年的40%~50%。

又如FDI流量也出现不利变化。中等收入国家FDI流入从2000—2004年平均约890亿美元，增长到2011—2015年平均3 184亿美元，但是此后没有增长，2017—2021年均值反而降到3 030亿美元。低收入国家FDI流入从2000—2004年平均约24.4亿美元增长到2011—2015年平均165.7亿美元，同样是此后增长趋势不复存在，

2017—2021 年的均值反而降到 130.1 亿美元。中等收入国家 FDI 占 GDP 比率从金融危机前后的 3.5% 降低到 2021 年的 2.3%，低收入国家同一指标从 2011 年的 5.8% 下降到 2021 年的 3.5%。

最后是外汇储备相对规模变动提示风险上升。数据显示，不含中国的中等收入国家外汇储备占 GDP 比率从 20 世纪 90 年代的略高于 2% 上升到 2008 年金融危机前后的 18% 上下，但是 21 世纪第二个 10 年该指标在波动中回落。另外，中等收入国家外汇储备相对外债比率从国际金融危机前的近 70% 下降到 2021 年前后的不到 50%。低收入国家储备水平变动更不容乐观：外汇储备占 GDP 比率从 20 世纪 90 年代初的 2% 上下增长到 21 世纪初年的 18%，此后掉头向下，近年跌落到与 30 年前接近的低位。低收入国家外汇储备占外债比率同样呈现倒 V 形走势：20 世纪 90 年代初开始 20 年的大幅增长，21 世纪第二个 10 年从超过 30% 下降到 6.3%。

三是疫情期间大通胀与地缘政治冲突从两方面加剧主权债务风险。一方面增加发展中国家通胀压力并损害其出口创汇能力。低收入和中等收入国家的通胀走势，都是在 21 世纪初年的高增长阶段出现较高通胀，此后多年通胀指标在波动中呈现回落趋势，但是在疫情冲击下通胀反弹：低收入国家通胀率中位数从 2019 年的 2.8% 上升到 2021 年的 5.8% 和 2022 年的 10.5%，中等收入国家通胀率中位数从 2019 年的 2.7% 上升到 2022 年的 7.1%。除了疫情影响，疫情期间发生的美西方大通胀以及俄乌冲突，进一步加剧了广大发展中国家的输入性通胀压力。其他条件给定时，一国通胀走高会通过本币实际升值侵蚀出口竞争力，由此派生国际收支不利变化，加剧债务偿付压力。另外，严重通胀倒逼名义汇率贬值可能形成通胀-贬值互动螺旋，并可能发展成恶性通胀，导致经济崩盘与主权债务危机。[①]

① 例如 2022 年斯里兰卡债务危机导致国家破产显示上述逻辑，2023 年巴基斯坦通胀率预计超过 30% 加剧了主权债务压力和困扰。

另一方面，主要发达国家作为主要国际货币发行国，其经济金融形势与政策调整会对发展中国家在国际市场的融资产生不同方向的影响，成为左右主权债务风险涨落的关键因素之一。从历史经验看，20世纪80年代拉美债务危机爆发，其触发根源之一在于80年代初美联储在沃克尔主席主持下通过超常加息治理通胀。21世纪初年，特别是国际金融危机后，美西方实施超常宽松货币政策与扩张性财政政策，由此带来的低成本融资环境刺激国际资本市场对发展中国家债券发行量的扩张，在客观上会诱致债务风险增加。疫情暴发后，美西方的大规模宏观刺激叠加疫情冲击，导致2021年下半年以来通胀超预期飙升并倒逼美西方货币当局快速加息，银根紧缩与经济走弱并诱致银行爆雷，成为发展中国家主权债务风险加剧的重要推手。

图11–27显示，美联储自2021年底开始加息，2022年加息幅度大幅提高，导致全球利率普遍上升。由于债务国大多数债务是以外币

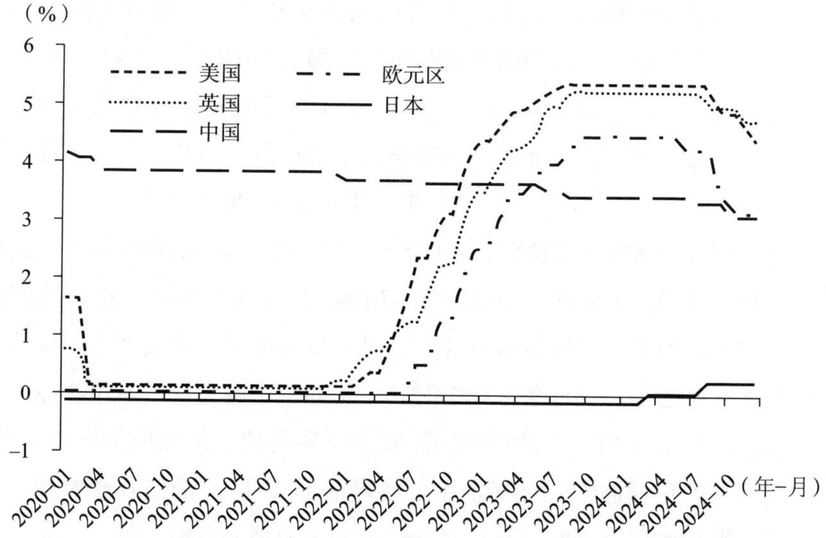

图11–27 主要经济体中央银行政策利率（2020年1月—2024年12月）

资料来源：国际清算银行。

计价，尤其是美元，利率的上升意味着债务国在国际资本市场再融资时将面临更高的成本。根据世界银行的研究，2022 年全球利率普遍上升，特别是新兴市场国家的借款成本增加，融资难度加大（Arteta et al.，2022）。这不仅加重了债务国的偿债负担，还限制了其经济复苏的空间。债务国在需要融资或进行再融资时，需要支付更高的利息费用，这进一步加剧了债务危机。

此外，随着全球利率的上升，全球资本流动性也出现了紧张。很多债务国面临的流动性问题，尤其是短期债务的到期偿还压力，导致它们在债务偿还上遭遇严重困境。再融资的困难不仅使得短期偿债压力加剧，而且长时间的高利率环境也让债务国在支付债务利息和进行必要的基础设施投资之间难以做出选择。这种局面在债务融资支持“一带一路”倡议时尤为突出，因为这些国家往往依赖中国等新兴经济体提供的债务融资，而利率上升使得债务负担更加沉重。

多边治理的进展与挑战

历史上主权债务违约往往通过非合作博弈甚至以威胁诉诸武力的方式解决，二战后逐步转向通过国际合作应对化解主权债务危机，早期由于历史原因，是美欧主要国家、巴黎俱乐部与多边国际金融机构在其中发挥主导作用。20 世纪 80 年代以后，国际社会采用多边治理方式，先后推进拉美债务危机重组、“重债穷国”债务治理与“多边债务减免倡议”，对支持发展中国家应对危机与稳定世界经济发挥了一定程度的积极作用。图 11-28 表示比较成形的传统多边主权债务治理两阶段流程：左边对应第一阶段要点，包含在债务可持续性分析（DSA）模型基础上形成的工作人员级别协议（SLA）会给出初步重组意见，主要官方双边债权方提供“融资承诺”等；右边对应的第二阶段流程的要点，是相关各方就债务重组具体方案达成一致。虽然依据巴黎俱乐部“case by case”（具体问题，具体分析）原则，每个主权债务风险处置方案选择都需要考虑个案特点，然而通常情况下会以对危机国债务总量的一定比例减免（haircut）作为核心内容，由此为第一次审查与第二批资金发放创造条件，并为债务重组备忘录及双边协议签署铺平道路。

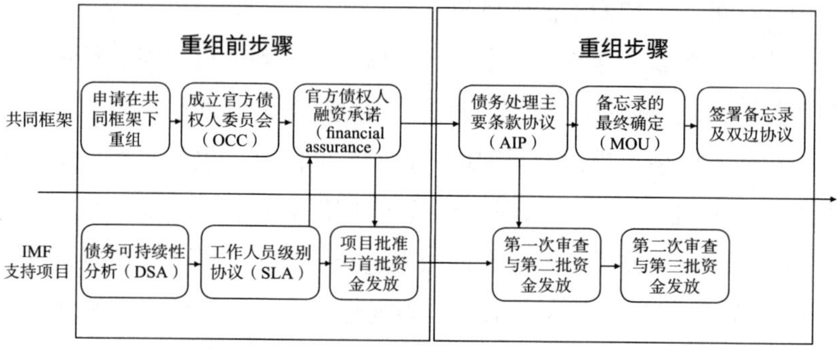

图 11-28　传统主权债务重组流程示意图

资料来源：作者根据相关资料整理绘制。

在全球经济治理格局发生深刻演变的背景下，针对新一轮主权债务风险集中释放的新形势，国际社会以 G20 为主要合作平台，推出了一系列应对主权债务风险的举措，第一次出现主要发达国家与新兴经济体联手治理主权债务危机新局面。但是在全球经济与债务格局发生深刻演变的背景下，近年多边治理实践折射出美西方主导的国际金融架构（IFA）与当代现实需要不相适应的矛盾，显示传统的主权债务治理思路、模式和方法存在多方面局限，由此拖累主权债务治理进程并对发展中国家经济成长造成负面影响，也对我国推进“一带一路”融资合作提出新的问题。

2020 年疫情冲击下国际社会合作采取一系列紧急救助措施舒缓部分国家主权债务风险。首先是随着疫情导致一些发展中国家债务偿付困难，G20 在 2020 年 4 月对 73 个存在偿债压力的低收入和中等偏低收入国家推出“暂缓最贫困国家债务偿付倡议”，对这些国家到期债务利息支付予以缓期优惠，标志中国等新兴经济体与巴黎俱乐部成员国第一次合作应对主权债务困难。接着针对少数发展中国家债务形势从流动性困难转变为偿付能力不足，2020 年 11 月 G20 进一步提出《缓债倡议后续债务处理共同框架》(简称《共同框架》)，对公共债务不可持续国家“提供深度债务重组，包含对债务净现值进行足够消减以恢复可持续性”，并对申请债务处理国组建了债权方委员会。此举标志新环境下新一轮多边债务困境治理的全面展开。此后两年，乍得、埃塞俄比亚、赞比亚和加纳等非洲债务危机国先后申请《共同框架》债务救助重组。

为了更有效磋商应对新的多边债务治理机制运行过程中出现的诸多问题，2023 年创建了以世界银行、IMF、G20 轮值主席国为三方共同主席的“全球主权债务圆桌会议”（the Global Sovereign Debt Roundtable，GSDR）作为主权债务主要利益攸关方的常态性沟通机制，以支持推进 G20《共同框架》议程。GSDR 自 2023 年 2 月举行首次会议以来，在 IMF–世界银行春季会议和年度会议期间都会定期举行主席级别会议，其间穿插必要的技术性和准备性会议以及公开研讨会，推动形成有关债务可持续性和债务重组的理解共识。另外，G20 在 2021 年还推动 IMF 实施了历史上最大规模、总额为 6 500 亿美元的 SDR（特别提款权）分配，一次性增加了重债穷国的储备资产。这些举措对缓和稳定全球主权债务危机形势发挥了积极作用，展示了新时代发达国家与新兴国家合作应对主权债务风险的现实可能，也体现了 G20 作为主要国际经济合作平台承载当代多边金融治理的特殊功能。

作为新时期最大官方双边债权方，我国积极参与近年多边主权债务治理合作并发挥了积极作用。例如我国是缓债倡议各参与方中实施缓债金额最大的国家：在 127.1 亿美元缓债总额中，中国在 2020 年和 2021 年分别贡献 11.9 亿美元和 30.1 亿美元，占缓债总额的 33%。我国积极参加 G20《共同框架》合作，是三个申请《共同框架》债务救助国家的官方债权方委员会（OCC）成员，并与法国担任其中两个（赞比亚和埃塞）OCC 的联执主席。我国在参与相关合作治理机制中，对主权债务处置原则和方法提出多方面建设性意见和建议，对创新更有效、更合理的多边债务治理机制产生了积极影响。我国较早倡导并积极推动实现 IMF 增发 6 500 亿美元配额。我国作为新兴大国积极参与国际合作治理新一轮主权债务风险的诚意与担当，得到国际社会的重视和肯定，例如 Lazard 2025 年 1 月发表文章归纳近年主权债务救助国际架构发生的 10 点重塑，第一点就是中国作为大多数主权债务重组国案例的最大官方双边债权方成功参与国际债务救助倡议。

G20 主导的多边主权债务治理取得重要进展与积极成效，同时也面临一些现实困难与挑战。突出表现为随着全球经济与债务格局的演变，早先历史环境中形成的传统治理与协调模式由于其内在局限性而难以简单照搬利用，新的适应当今时代条件的更有效治理方式还在探索磨合之中，使得具体治理过程推进面临多重困难。尤其是在主权债务风险从流动性风险发展到偿付能力不足阶段，G20 推出《共同框架》标志多边治理深入到债务重组阶段后，寻求各方共识和协调集体行动的谈判磋商过程，更是历经坎坷、困难重重，最后成效仍未如人意。

例如 G20《共同框架》推出实施几年，仅有乍得、赞比亚、埃塞俄比亚和加纳等四个非洲国家提出救助申请，一定程度显示该机制在全球范围内吸引力有限（Coulibaly et al.，2023）。又如 G20 协调机制本意是要加快危机国债务重组进程，然而实际上新一轮主要危机国债务重组过程都经历了较为漫长的过程。如表 11–2 显示，三个《共同框架》重组国家，从 IMF 的 SLA 形成作为重组过程正式开始的标志，到第一次审查与第二批救助资金发放显示救助方案基本落地，其中相隔时间在 13.2 个月到 22.9 个月之间；非《共同框架》的两个国家（苏里南和斯里兰卡）上述过程时长分别为 15.4 个月和 25.5 个月。业内人士评论，近年多边主权债务重组机制在实际操作中未能达到预期效率（Hagan et al.，2024），甚至有观点认为《共同框架》总体并不成功。

表 11-2　近年若干国家主权债务重组时间

步骤	《共同框架》			非《共同框架》	
	乍得	赞比亚	加纳	苏里南	斯里兰卡
SLA 签署日期	2021-1-27	2021-12-3	2022-12-12	2021-4-29	2022-9-1
OCC 成立	2021-4-15	2022-6-16	2023-5-12	2021-6-15	2023-5-9
PC/OCC 融资承诺	2021-6-16	2022-7-30	2023-5-12	2021-11-30	2023-2-7
IMF 支持项目批准	2021-12-10	2022-8-31	2023-5-17	2022-12-22	2023-3-20
与 PC/OCC 达成原则性协议	2022-11-11	2023-6-22	2024-1-12	2023-6-22	2023-11-29
第一次审查	2022-12-22	2023-7-13	2024-1-19	2023-6-14	2023-12-12
第二次审查	2022-12-22	2023-12-20	—	2023-12-15	—
SLA 到方案批准间隔月数	10.5	8.9	5.2	7.8	6.6
项目批准到第一次审查间隔月数	12.4	10.4	8	17.7	8.8
SLA 到第一次审查间隔月数	22.9	19.3	13.2	25.5	15.4

注：（1）对于乍得，第一次和第二次审查是合并进行的。对于苏里南，日期是针对第二次和第四次 EFF（扩展基金安排）审查，因其审查按季度进行。（2）苏里南的延长期限不仅是由于重组过程中的困难，还因其他国家特定情况。

资料来源：作者根据 2024 年 4 月 IMF 发布的 GSDR 报告内容整理。

给定上述传统模式及其背景条件，近年全球主权债务风险多边治理实践面临两个层面的困难。第一个层面源自全球经济与债务格局演变派生的结构性矛盾，即新时期全球主权债务格局，无论从负债方还是债权方看，都出现新的结构性特点，使得与早先历史环境较为匹配的传统治理模式不再有效。

从20世纪80—90年代到21世纪初年的几次大规模主权债务重组过程看，当时官方双边债权人主要是美欧发达国家，它们通过“巴黎俱乐部”平台谈判沟通以协调立场；私人债权方主要是美欧银行等存款性金融机构，它们较大程度受到其所在国政府监管政策的规制；另外，世界银行和IMF这两个布雷顿森林体系下的主要多边金融机构，其产生、运营和内部治理都较大程度受到美欧及其盟友的支配主导。在上述背景条件下，国际主权债务危机治理主要依靠美西方政府、巴黎俱乐部与世界银行-IMF构成的“三联体”联手协调推动。回溯历史，无论是20世纪80年代的拉美债务危机，还是90年代对重债穷国减债和“多边债务减免倡议”，都由“三联体”主导推动并积累了一套处置主权债务风险的方法、流程和模式，这离不开上述主要债权方内在同质性派生体系较高的兼容度与协调性。

新时期全球主权债务格局演变派生的异质性因素，使得传统体系协调运转面临一系列需要调整与改革的问题，观察多边治理实践推进情况，几方面结构性变化的影响尤其明显。一是新兴经济体和“前沿市场经济”进入国际资本市场，通过发行商业性债券进行融资，导致主权担保债券在负债国债务结构中的相对重要性上升，伴随商业债券投资人在债权人结构中的相对重要性上升；由此产生的一个连带影响是，早先大型银行作为债权人对政府监管机构政策意图比较敏感，而债券持有人更加分散并且较少受到政府监管政策影响①，由此增加了把私人债权方纳入多边治理框架的困难因素。

二是随着新兴经济体经济实力的增长与国际融资合作参与度的提

① 历史上曾出现的通过狙击集体行动重组主权债务以套利的所谓“秃鹫基金”（vulture fund），往往是在二级市场进行主权债券折价收购，这从一个侧面折射出债券比重上升会使债权人合作重组主权债面临更为复杂的局面。

升，“一带一路”债务融资合作规模扩大，中国、沙特阿拉伯、印度、俄罗斯等新兴经济体跻身全球重要官方双边债权人行列，进一步从债权人方面为多边债务治理引入某种异质性因素。尤其是我国对广大发展中国家债务融资，较大程度与“一带一路”经济发展合作相联系，不仅债权规模较大，而且其债权形成方式与相应经济关系的内涵及经济合作内容的联系都具有不同于传统债权的深刻特点，由此引入新的异质性因素更是对传统多边治理模式提出了一些重要的需要调整与磨合问题。

最为明显直观的表现，是债权人结构异质性上升带来的原有治理模式内在协调能力下降与摩擦系数上升。例如巴黎俱乐部原先在多边主权债务治理中发挥了关键性的谈判协调平台作用，然而其传统定位属于富裕国家俱乐部，并被赋予某种意识形态色彩，沙特阿拉伯、印度、中国等重要官方双边债权国都不是巴黎俱乐部的正式成员，由此导致其传统功能发挥受到客观制约。近年 G20 主导多边主权债务治理，由此形成如 GSDR 之类的机制具有创新含义，然而仍不能完全替代类似早先巴黎俱乐部成员之间的协调能力。

又如新债权方与世界银行和 IMF 等多边金融机构总体保持良好合作关系，然而这些国家尤其是中国在这两大机构中代表性显著不足，对其秉持的发展理念和政策方针有所保留，在某些问题上对其过度代表和偏袒美西方立场存在质疑。中国等新兴经济体对传统多边治理主导方难以建立足够信任，也不利于新时期多边债务治理顺利推进。

另外，我国相关债权形成方式及其对应生产性实物资产的特殊经济内涵，更是使得我国对图 11–28 描述的传统主权债务危机重组模式存在结构性矛盾。例如早先时期官方与私人债权人区分，在我国市场机制基础上诸多国有金融机构参与成为“一带一路”融资对象时，出现如何分类识别的问题。具体而言，中国进出口银行作为政府对外融资的唯一窗口金融机构，可以作为官方双边债权人参与多边债务治理；然而其他参与主权债务融资的国有金融机构如国家开发银行、大型国有银行以及中国出口信用保险公司等，虽然其贷款融资及相关保险业务自觉接受国家相关政策引导规范，但其融资业务基本按照市场化和商业规则行事。这种定位一方面确实不应该被看作官方双边债权人，然而其运作具体方式和定位与国外纯粹的商业性金融机构的债务融资存在某些差别，客观上与早先官方与私人债权方两分法存在难以兼容的矛盾。观察近年新一轮多边主权债务治理过程，一开始就这一问题发生了不同意见的协商讨论。虽然我国成功说服利益攸关方，从缓债倡议到《共同框架》合作都仅将进出口银行作为我国的官方双边债权人，其他金融机构作为商业债权人。不过这样处理也没有完全解决我国上述商业债权人在债务重组过程中由于其特殊定位带来的一些问题。例如一般商业债权人可以在债务重组谈判中自行决定相关立场，然而我国相关商业债权方现在更多需要采取类似立场，因而自行决策空间较小。其次是体量较大的国内重要商业债权人，在事实存在的官方与私人债权人重组方案采取先后顺序时，中方私人债权人可能因为没有得到同等优先谈判权感到不够公平。再次是其贷款利率通常低于其他国际上同类债权人，如果与其他债权人采取类似现值减债比例形成重组承诺，会在后面考虑的“待遇可比性”原则面前感到没有受到公平对待。①

更为重要的是，传统规则流程虽有历史合理因素，然而这种以减债为核心的重组模式，与中国债权形成方式及经济内涵要求存在矛盾。我国在“一带一路”合作中产生的大规模债权关系，主要是基于合作建造基础设施、工业及采掘业生产能力而形成，这些固定资产运营的生命周

---

① 例如在中国特色经济和金融体系下，从委托代理关系看国有银行和金融机构对核销资产完成国际合作“减债”涉及特殊困难，尤其是在多个金融机构用不同方式参与国际合作形成资产的情景下，核销债权资产更是比较复杂和敏感。

期通常会超越与债务风险变动相联系的宏观经济周期，因而无论是从债务国借助这些资产推动长期经济增长的根本利益考虑，还是从我国与这些国家合作发展的共同利益考虑，简单通过减债应对这些资产对应债务所发生的风险，都未必是最优甚至合理的选择。相反，通过债务展期、债转股、阶段性托管等方式，给予生产性资产对应的债务特殊处置机会，则可能产生更为合理有效的结果。然而我国近年初次置身主权债务重组过程，难以在第一时间提出更有效可行的应对主权债务风险的系统解决方案。虽然在《共同框架》下对特定债务危机国重组过程中，说服利益攸关方采用展期加降息替代减债重组方案，但如何谋划构造与“一带一路”合作长期需要相适应、针对以生产性资产为基础的债务债权风险的更有效处置方法，仍有待进一步实践探索。

第二个层面的争议大体属于涉及具体方法选择的操作性或技术性问题，这里简单观察讨论三点。一是有关 DSA 框架引发的争议。IMF 与世界银行开发与维护的 DSA，是分析一国债务可持续从而维持长期偿付能力必要条件的基本框架[①]。该模型被常态化运用在国别经济分析场合[②]，也用于解释危机国债务脆弱性出现的原因以及重回可持续状态需采取的措施，因而对判断一国债务是否需要重组、需多大力度重组等关键问题提供分析支持，由此在主权债务重组过程中发挥重要作用。DSA 针对不同国家分两种：一种是针对低收入国家的债务可持续性框架（LIC-DSF），特别考虑低收入国家的脆弱性、外部依赖和偿债能力；另一种是针对中等收入市场融资国家[③]的债务可持续性分析（MAC-DSA），重视与国际资本市场联系与债务结构多

① 即在现实宏观经济和融资状况一组假设的基础上，对债务负担指标的未来变动轨迹进行预测，并将其与预先设定的警戒阈值加以比较，从而判断发生债务危机风险的大小并识别导致脆弱性的风险来源。

② 如 IMF 对发展中国家成员经济形势的第四条款磋商就可能包含利用该模型分析的内容。

③ 市场融资国家是指能够持续地在国际资本市场上以合理利率通过举借贷款或者发行有价证券的方式进行筹资的国家。

样性等问题。

DSA 对设计债务重组方案具有必要专业功能，然而近年也引发不少争议。争议原因有的与问题客观性质相联系，难以避免，有的则与运用 DSA 模型的机构立场倾向相联系。就前者而言，提供有关未来预测的分析结论难免会发生偏差，然而 DSA 分析不同方向偏差结论对不同利益攸关方利害关系不同，会引发众口难调的争议。例如有关特定国家债务风险程度的分析，如果结果偏于乐观则意味着 IMF 可能会较快提供较多贷款，并建议较低幅度减债措施。这样看起来对债权方有好处，然而可能由于诊断过于乐观与治理措施力度不足，导致危机难以真正化解甚至再次发生危机。并且私人债权方可能会利用债务风险暂时平缓期套现退出，使得后续重组时其他债权方面临更大代价，也导致危机国经济前景受到拖累（Guzmán et al.，2024）。上述可能的偏差会使其他利益攸关方受损并遭遇质疑。

就后者而言，虽然 DSA 作为经济分析的技术模型发挥必要功能，然而现实中也不可能与操作模型的机构及其主导方的理念、观点与利益相互绝缘，DSA 分析结论也可能受到特定组织偏好甚至政治因素的影响。[①]例如，实证研究发现，接受 IMF 贷款资助或与美国在联合国大会投票立场接近的国家更容易获得对其经济发展的乐观预测（熊爱宗，2018）。又如，某个阶段 DSA 对“制度质量”变量赋值，中国只有 0.53，远低于新加坡、芬兰、瑞士等发达经济体 4.0 左右的高分值，也大幅低于意大利和希腊（分别 0.9 和 0.89）这样的欧债国，甚至比印度尼西亚（0.68）和牙买加（0.61）还低。全球治理指数

① 虽然有些人将 IMF 的 DSA 定义为一种严格的技术性工具，用于调解债务危机中出现的冲突，但实际上，很难（甚至几乎不可能）让 IMF 的 DSA 不受该组织股东所代表的利益的影响。这些股东的利益往往代表着债权国内部的特殊利益，比如美国金融部门的利益，因为这些利益集团能从 IMF 融资支持的救助行动中获利，或者从 IMF 资助项目的附加条件中受益。

（WGI）数据库中的政府效率和管理质量均值得到上述结果，在主要用于融资风险和可持续评估的场合，对中国整体做出上述评分显示了某种偏见因素影响。

DSA 对债务风险处置具体方案的设计发挥了重要作用，在实践中 LIC-DSF 和 MAC-DSA 各自也面临一定的争议。尤其在 LIC-DSF 的应用上，许多低收入国家认为其过于保守，未能充分反映其真实的债务偿还能力。LIC-DSF 主要依赖静态的债务与 GDP 比率、利息支付比率等指标，这些指标未必能全面反映经济的动态变化，导致某些国家面临被过度限制融资的困境。部分债务风险较高的国家认为，LIC-DSF 过于依赖这些简化的经济指标，使其在进行外部融资时受到不公平的负面影响。特别是在全球利率环境波动、自然灾害等外部冲击频发的背景下，LIC-DSF 的模型常常难以体现这些因素带来的风险，从而限制了国家的融资空间和经济发展潜力。

我国官方重视提升主权债务分析框架的科学性与有效性。借鉴 IMF 有关主权债务风险与债务可持续性分析方法，结合共建“一带一路”国家国情及发展实践，2019 年中国财政部制定发布了《“一带一路”债务可持续性分析框架（低收入国家适用）》，2023 年又制定发布了《“一带一路”债务可持续性分析框架（市场融资国家适用）》，体现了中方在债务可持续性问题上的积极和开放态度。中方提出的“一带一路”债务可持续性分析方法，强调需要考虑特定国家的投资背景、外部经济关系及基础设施项目的长期收益，而不仅仅依赖传统的债务比率等指标，在某些设计思路和方针方面对传统 DSA 框架提出补充与改进。然而我国上述分析框架尚未推出模型细节和具体方法，如何提升 DSA 水平仍然会面临分歧和讨论。

二是关于“待遇可比性”（comparability of treatment，COT）的更为复杂的争论。COT 原则源自巴黎俱乐部的债务重组框架，旨在确保主权债务重组过程中，各类债权人得到平等待遇，即在减债过程中承受相似程度的损失，或避免某一类债权人在债务重组中获得过于优惠的待遇。[①] 虽然债务重组相关方对 COT 原则的必要性一般存在共识，然而在操作层面如何定义 COT，尤其是特定重组安排是否对每个债权人都体现了 COT，则可能产生复杂的观点和利益分歧。上文讨论的债权人多元化以及债权方之间信任度不足，使得围绕 COT 评估面临层出不穷的谈判与无休无止的争议，导致多边债务重组过程缓慢曲折。

据业内机构报道，早先主权债务处置过程中双边债权人主要在事前制定债务处置方案时充分考虑 COT 原则，对于事后出现较好经济复苏可能情景下债务重组方案实现的额外好处，主要由债务国方面获得；然而近年债务重组由于债权方多元化并且缺乏互信，有的双边债权人在不准备接受经济形势负面变化风险带来损失的前提下要求得到经济形势较好情景下产生的额外利益，这方面基于 COT 原则所提出的诉求使得风险平衡状态受到影响并延缓重组进程。据报道，近年赞比亚债务治理历史上第一次出现官方债权人基于认为债务方与债券持有方达成协议不符合 COT 原则公开拒绝这一协议的激烈争论（Lazard，2025）。

为了缓解 COT 问题，巴黎俱乐部和 G20 金融架构工作组等国际机构努力推动 COT 原则的定量化和明确化。这些机构提出了债务重组中 COT 标准的统一计算框架，以确保不同债权人在债务重组中的待遇更加公平。G20 工作组建议通过统一的债务减免标准和明确的债务交换规则，来减少债务重组过程中的不确定性和争议。这些努力产生了一些积极影响，然而在复杂的债务结构和多元化的债权人背景下，如何实质性化解各方就 COT 产生的分歧争议仍面临着诸多挑战。

① COT 原则允许某些债权人可能出于特定考虑，自愿接受更不利的重组条件，如同意对自身债权事实更高比例本金减记、更长宽限期或更低利息支付。这被称作 COT 原则的单边性或单向性。

三是多边机构是否参与减债，即多边机构“优先债权人地位”（preferred creditor status，PCS）问题，在近年引发最多的关注和争论。在主权债务重组过程中，债权方通常按照偿付优先级被区分为不同等级，其中多边机构（如 IMF、世界银行和地区性开发银行）通常被视为超级优先债权人，在债务偿还顺序上高于官方双边债权人和私人债权人。多边机构参与主权债务重组时往往不直接参与减债，支持观点主要强调多边机构的两点特殊性。一是多边机构贷款优惠度较高，它们向发展中国家提供贷款通常附带发展援助性质，往往具有长期低息或无息的特点，其优惠条件是私人商业性贷款或债券融资无法相比的，而且通常与官方双边信贷比也更具有较低利率和较长期限及宽限期，因而被认为已在一定程度上起到“天然减负”的作用。二是基于维护其最高信用评级的考量：多边金融机构依赖其最高 3A 信用评级在国际金融市场上以较低成本融资，如参与减债可能或动摇其最高信用评级并抬高其融资成本，影响其向发展中国家提供低息贷款的能力。因此，多边机构往往采取提供新融资或调整偿债安排（如推迟还款或降低利息）等方式，而非直接减免债务，以平衡自身利益与债务国的可持续性需求。

对多边机构不参与减债的质疑主要集中在两方面。一是在某些高度负债的国家，多边机构的贷款占据了其债务总额的重要比例，如果这些机构完全不参与减债，单靠其他债权人的让利纾困，难以从根本上解决这些债务国的偿债困境和危机。例如，在撒哈拉以南非洲和南亚地区，多边机构的债务在部分国家占外债总额的 50% 以上，这使得即便官方双边债权人和私人债权人同意债务重组，整体债务负担仍难以大幅减少。其次，从 COT 的角度来看，多边机构不承担减债的责任，会使得其他债权人感到减债负担分配不平等和不公平，因而在一定程度上加剧了不同债权方之间的矛盾，引发国内外学界与业内人士的质疑和批评，我国官方也对此公开表达过关切。从近年实际情况看，多边机构在债务国风险释放时期确实提供了较多贷款资金帮助稳定形势，然而仍未直接参与债务重组。

新一轮主权债务风险释放与国际合作治理面临困难，成为近年制约发展中国家经济增长与维持金融稳定的突出问题之一，对我国“一带一路”债务融资产生了一定影响，表现之一是近年我国对共建“一带一路”国家债务资金出现负值“净转移”（net transfer）变化。所谓外债净转移是指年内债务本金净流量减去利息支付，负值净转移显示负债人在一年内向债权人发生净转移。2024 年 12 月发布的最新国际债务数据（WB-IDS）显示，我国对该数据库低收入样本经济体的债务资金净转移从 2019 年开始由正转负，对中等偏低收入经济体则从 2022 年由正转负，两类经济体 2018 年从我国总共获得约 150 亿美元净转移，2023 年出现约 80.5 亿美元负值净转移（73.1+7.4=80.5），我国对该样本组中 45 个经济体发生负值净转移（图 11–29）。另外，我国对包含高中收入的中等收入经济体加上低收入经济体的资金转移，也从 2019 年开始由正转负：2018 年大约 226 亿美元净转移正值，2023 年变成负转移净值约为 120.7 亿美元（113.3+7.4=120.7），我国对上述 68 个经济体发生债务资金负值净转移（图 11–30）。

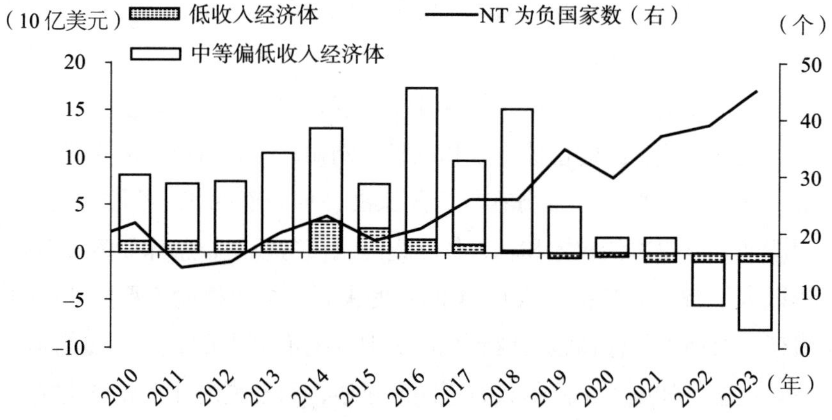

图 11–29 中国向低收入和中等偏低收入经济体的净转移（2010—2023 年）

资料来源：作者根据世界银行 IDS 数据库计算。

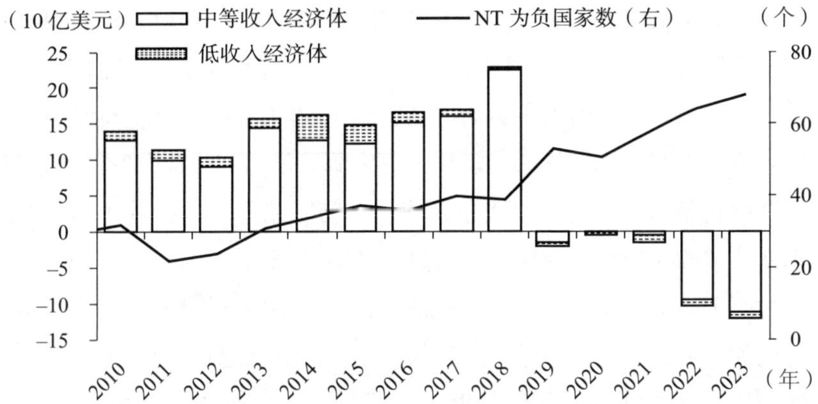

图 11–30 中国向低收入和中等收入经济体的净转移（2010—2023）

资料来源：作者根据世界银行 IDS 数据库计算。

需要指出，近年其他官方双边债权方以及私人债权方也发生较大规模负值净转移，给定目前全球主权债务形势，我国上述负值净转移现象存在现实合理因素。然而这个短期逆融资现象也提出了需要思考和重视的新问题。考虑我国总储蓄显著大于国内投资的格局短期难以发生实质性改变，客观上需要在全球合理有效配置富余储蓄资源，而上述负值净转移体现的逆融资从长期看显然是不合意现象。另外，负值净转移现象与上述对发展中国家承包工程规模近年回调存在联系，折射出近年我国“一带一路”合作在某些方面正经历阶段性调整。从升级“一带一路”合作、优化全球资源配置与提升我国影响力等长期目标看，有必要研究如何改进完善我国对外融资方式，提升参与和引领多边治理主权债务风险的大国能力。

认识启示与政策建议：创新多边治理，改进融资机制，升级国际合作

“一带一路”倡议发挥了我国作为新兴大国的系统能力优势，呼

应了广大中低收入国家加快经济发展的普遍诉求，很快成为当代举世瞩目的国际发展项目。展望未来，广大发展中国家加快发展愿望在近年经济增长趋缓背景下更为迫切，我国“四轮驱动”综合优势在国内经济“供强需弱”格局下表现得更为明显。另外，我国近年“新三样”绿色新兴产业超预期发展，为“一带一路”合作提供了新内容。本文从“四轮驱动”特别是债务融资角度分析了“一带一路”成效彰显的原因，考察了近年全球主权债务风险集中释放提出的问题，最后讨论如何反思总结“一带一路”债务融资经验，通过创新多边债务治理与改进融资机制，保障“四轮驱动”更为顺畅有效地发挥作用。

总结实践经验，深化认识规律

我国对伙伴国债务融资是推进“一带一路”合作的重要环节之一，我国也由此成为全球范围内最大官方双边债权人；然而近年部分发展中国家主权债务风险集中释放造成始料未及的影响，国际社会对主权债务危机多边救助的治理也面临一些始料未及的问题。第一次面对上述复杂形势，我国沉稳务实应对取得显著成效，同时也有机会总结相关实践经验，提升对外部债务风险与主权债务治理规律的认识。

一是要加深认识发展中国家主权债务风险存在的客观规律性。金融领域客观存在风险，国外主权债务同样存在风险，并可能在特定环境下集中释放，发生债务危机，对债务国与债权方都带来冲击。图 11–31 报告了全球范围内违约国家的长期历史数据，显示近现代全球主权债务风险挥之不去，大约以几十年一次的节奏规律性爆发，近年主权债务危机是其最新一轮比较集中的释放。我国作为常态性保持较大规模贸易顺差的主要新兴经济体，不可避免需要通过债权方式在全球范围配置国民储蓄。从推进“一带一路”合作发展的需要看，相当比例的储蓄需通过债权配置到广大发展中国家，如何在认识和防控

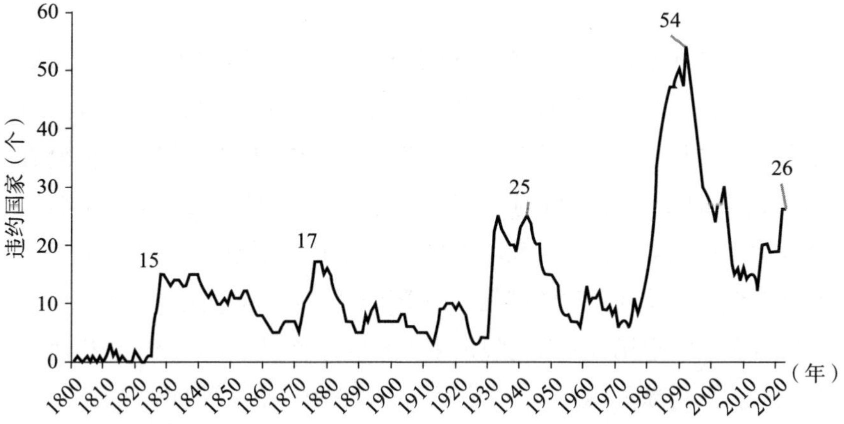

图 11-31　200 多年全球债务违约趋势（1800—2023 年）

注：2023 年数据截至当年 8 月。

资料来源：引自卢锋、任慧、潘松李江的相关研究，2021 年及以前数据主要参考 Lindert（1989）、Suter（1992）和加拿大银行-英格兰银行主权违约数据库等的资料整理而成，最新数据基于对国内外财经媒体相关报道的整理。

外部主权债务风险前提下合理扩大债务融资，成为有效推进资金融通研究需面对的新课题。

这里需探讨一点，虽然我国“一带一路”债务融资具有主要用于支持生产性投资的特殊优点，但仍然难以改变债务关系伴随风险的客观现实。我国对发展中国家债务融资，主要支持合作国投资兴建各类基础设施和工业产能，这些固定资产和硬件能力有助于增强相关国家的经济韧性与抗风险能力；然而一国金融风险受其内外经济环境的复杂因素影响，来源于其他环节和领域积累的矛盾与不可持续因素的增长，仍可能通过经济和金融体系内部传导，在特定形势下演变成危机。无论从逻辑还是经验看，这类风险不会由于“一带一路”合作投资便消弭于无形。即便是投资生产性固定资产形成的债务关系，即便特定投资工程在项目层面具有财务可持续性，也仍然无法排除宏观经济层面出现显著失衡与债务风险，并使得我们作为债权方受到冲击与拖累。

二是要更加深刻认识到，开放环境下，一国主权债务关系通常具有多元性，一旦风险释放，在客观上需要国际合作与多边治理。即便是深度参与“一带一路”合作的发展中国家，仍然会通过其他渠道（如第三国政府和金融机构、国际组织以及国际资本市场）融资形成多元化主权债务关系，因而除了极少数例外，主权债务危机国会面临与多个债权方协商重组的局面。由于历史原因，我国比较习惯在相对区隔屏蔽的双边场合展开与发展中国家的经贸和金融合作，包括协商谈判如何处置债务风险与违约问题。例如在计划经济时期，我国与许多非洲国家进行经贸金融合作，较大程度体现双边援助性质，在实施层面主要由国内相关行政部门推动，当时合作可在相对区隔的双边框架下展开，即便对象国发生债务偿付困难，对我国与其合作的影响也应很有限。然而目前情况发生实质性变化，我国与共建“一带一路”国家债务融资合作规模远非早年可比，大部分债务融资基于市场化和商业性原则形成，很难在完全闭合的环境中持续展开。另外，债务国通常会与其他国际债权方产生合作关系，合作国发生债务危机势必意味着我方与其他债权人发生利害关联，还要面对债权方协调合作通过集体行动加以应对的局面。

三是要历史地认识传统主权债务治理的积极意义和时代局限。现有国际协调应对主权债务危机模式是在二战后相关治理实践中逐步形成的，一定程度上体现了全球化时代金融治理的某些规律性要求。对此我国总体坚持补台而不拆台，务实参与多边治理并理性合作，这些都是正确的并产生了积极成效，今后还应在总结经验的基础上以更加开放务实的立场参与并发挥引领作用。另一方面要看到传统规则体系存在不合理、不公正与不适应新时代需要的局限性，原因既源自对上述体系具有主导性的美西方国家理念偏差和利益影响，也与早先治理实践的历史环境和具体条件有关。对此我们要提出必要批评和建设性意见以推动改进。[1] 对现有规则不应来者不拒和全盘接受，也要避免过度防范和草木皆兵，应该通过积极参与和创新多边债务治理来维护我国与全球经济发展利益。

创新多边债务治理的几点构想

近年新一轮主权债务危机与 G20 主导下的国际合作应对实践，显示现行多边主权债务治理体系存在两重意义上的“治理能力赤字”。一是在治标意义上，近年治理主权债务危机能力不足。近年现行治理合作存在诸多矛盾与问题，制约了国际社会有效控制和化解主权债务危机，其深层原因在于全球经济和债务格局的时代演变与现有治理模式不相适应（见上文讨论）。二是在治本意义上，预防主权债务风险能力不足。20 世纪末与 21 世纪初，国际社会经过多方努力并投入大量资源，好不容易先后化解拉美主权债务危机与“重债穷国”债务困境，然而十几年后又出现新一轮危机，提示全球主权债务风险呈现频次加速动态，可见传统多边治理在危机爆发后通过减债应对危机虽有效果，却未能提供从根本上防范避免新的风险积累和危机爆发的方案。

针对多边主权债务治理体系长期难以治本甚至近年无力治标的双重困境，我国作为最大新兴经济体与最大官方债权方，无论从自身发展目标还是全球经济需要出发，都需站在新时代高度勇于创新思路，与国际社会系统合作寻求标本兼治的解决思路。新的架构需要把针对危机的事后应对与事前防范结合起来，把多边机构内部治理改进与外部治理能力提升结合起来，把总结分享发展中国家相关经验与多边治

---

① 近年我国有关部门要求公平合理分配减债负担，要求多边机构和私人债权方参与减债过程，要求多边机构增加债务可持续性模型分析过程和关键参数的透明度，等等，从不同方面体现了推进改革创新要求。

理制度创新结合起来，把发达国家与新兴国家利益、现有体系传承续用与开拓创新结合起来，逐步形成一个全面赋能和制度化的主权债务治理体系，谋划对主权债务风险的事前、事中、事后全流程防范和治理方案。

提出这个新的系统方案有待专题深入研究，基于历史和现实观察分析，并借鉴国内外学界有关研究成果，这里提出几点粗略构想。

一是加快推进世界银行与 IMF 内部治理机制改革，合理提升中国等新兴大国投票权，改变世界银行行长与 IMF 总裁职位分别由美国人和欧洲人长期垄断的规则，在此基础上通过扩股增资大幅度提升这两个主要多边金融机构的可用资源，更好应对全球经济面临的多重挑战，并为其在维持3A评级前提下直接参与主权债务重组创造条件。

几十年来，多边金融机构对发展中国家经济发展与金融稳定产生了积极影响，然而其发展融资能力局限是其更好满足全球发展融资需求的关键制约因素，无论从有效应对全球经济多重危机需要，还是实现 2015 年联合国大会制定的 17 项《2030 年可持续发展议程》要求看，多边金融机构确实需要进一步自我赋能。① 近年 G20 引领推动世界银行等多边发展银行（MDBs）实施资本充足率框架（capital adequacy framework，CAF），通过优化其资产负债表和调整资本结构，获得更多可用于支持发展项目的资源，如世界银行未来 10 年有望由此释放1 500亿美元新资金②，这类通过提升杠杆率撬动增量资源

① 研究人员注意到："1944 年，IMF 和世界银行成立以支持二战后重建。成立至今，IMF 成员数量从数十个增加到近 200 个，总资源却从全球 GDP 的 3% 下降到 1% 左右。"参见：曾璐，《应对全球挑战：国际金融机构改革正当时》，2024 年 4 月 16 日。

② 2023 年 4 月，世界银行宣布，资产负债表优化措施将使其在 10 年内增加 500 亿美元的贷款。这包括对股权贷款比率和风险缓冲的调整。该行后来表示，额外的改革（例如，利用可赎回资本、改善担保和重新分配混合资本）可能会释放多达 1 000 亿美元的额外资金，使 10 年内的潜在增长总额达到 1 500 亿美元。

的改革具有必要性，然而新增资源相对现实需要仍是杯水车薪。长期还需针对全球南方特别是中国在这些机构代表性被显著压低的不合理现实，在推进投票权分配合理改革基础上增资扩股，为多边开发银行实质性赋能创造必要条件。例如中国目前在这两大机构的投票权占比在 6% 上下，与我国近年 GDP 和出口额全球占比分别为 17% 与 14% 的实际权重完全不成比例，国际社会多方呼吁应尽快改革。在合理提升中国等新兴经济体代表性的基础上，多边金融机构可通过追加扩大股本提升稳健扩大资产负债表的能力，这样才能实质性改变多边金融机构资源动员能力不足、难以应对当代全球多重挑战的结构性矛盾，也有助于化解多边金融机构因担心评级降低难以直接参加多边债务治理的困难①。

二是针对传统主权债务治理模式应对和防范危机的不对称矛盾，应通过深化全球合作，特别是南南合作，增强发展中国家自身预防债务风险与应对债务风险的能力，逐步创建事前、事中、事后的全流程债务处理方式，从根本上解决全球南方间歇性面临主权债务危机冲击的困扰。

繁荣期过度借贷与违背宏观金融可持续性要求播下了债务危机的种子，分析其原因，既要考虑外部环境因素影响，也要从总结国内经济政策经验和教训着手，并将相关认知落实到宏观金融管理实践之中，否则难以冲破主权债务危机爆发后治理、治理后又爆发的怪圈。IMF 的 DSA 框架的基本逻辑，是帮助被救助国恢复危机前的所谓债

---

① 在近年多边机构是否应参与直接减债的讨论中，一个支持其维持优先债权人地位，继续不参与减债的观点，是强调在没有足够新资源注入的背景下，多边金融机构减债可能影响其获得国际评级机构的最高 3A 信用评级，由此抬高其在国际资本市场融资的成本，会影响其持续为发展中国家提供低成本融资的能力。这方面制约因素确需考虑，然而并不注定其要回避参与直接减债义务，而是可以通过制度化扩大融资来维护多边发展机构的最高信用评级和低成本融资条件。

务可持续状态，然而对如何有效防范后续债务风险积累则乏善可陈。换一个角度思考，长期以来，很多发展中国家在实践中总结了防范债务风险的有益经验并提升了治理能力，我国几十年的开放发展也经历宏观经济与债务周期历练洗礼并积累了丰富经验。提升发展中国家的风险防范能力，除了在IMF与成员国进行第四条款磋商时需更重视对债务风险的分析预警，还可考虑加强全球南方的交流合作，借鉴各自的经验教训。如我国可考虑以增强“一带一路”“政策沟通”作为切入点，创建某种专门的研究交流平台或机构，以经济发展与宏观金融可持续性为主题进行常态化研讨交流，重视识别、预警现实经济和金融形势的苗头性问题并事先防范，寻求对间歇性全球主权债务危机的破解之道。

三是反思传统债务危机重组模式用“一刀切”“减债”方法处置不同经济内涵债务的简单化做法，对存在底层生产性固定资产的违约债务应选择有利于保护危机国未来发展能力的方式加以处置，探索适应我国对外债权具体经济内涵的合理风险处置方式。

我国对发展中国家债权的形成，大部分源自支持东道国不同类型的投资建设项目，既不同于无特定用途约定一般性借贷形成的债权，也不同于借贷资金投向教育扶贫或民生消费形成的债权关系，我国上述债权关系对应各种类型的生产性硬件条件与实物资产，其运营使用生命周期通常会跨越特定宏观金融周期。考虑基础设施与生产设施等固定资产构成提升一国生产力的基础性物质资本，从债务国长期发展的根本利益考虑，国内外宏观金融环境变化导致出现主权债务偿付危机时，对这类债务采取暂停甚至取消相关投资项目并采用“减债”方式处理显然并不妥当，而是应在尽可能保存未来可持续发展能力的前提下选择其他手段化解债务危机。例如，根据相关债务对应底部生产性资产的不同，可以允许债权方采取展期或竞争性债转股和托管等方式进行重组。从近年G20《共同框架》重组几个债务危机国相关案例的公开报道看，我国有关债务重组方法应适当采用展期而慎用减债的建议产生了实际影响。后续可考虑选择我国债权占比较大的债务国样本，研究设计在对象国发生危机启动救助程序时，允许将中国债权对应实物资产剥离出来给予适当估值，设计一种透明并允许多方竞争债转股或托管的新型债务处置方式。

四是为适应当代债务重组和发展援助的新特点、新要求，建议对传统多边债务管理具有功能性作用的制度性安排，如巴黎俱乐部与发展援助委员会进行必要改组调整，在此基础上推动中国和其他新兴经济体债权方加入其中成为正式成员，以便实质性提升不同类型官方债权人的互信程度，为减少多边债务治理的内部掣肘和提升效率创造体制性条件。

早先的全球主权债务治理过程中，巴黎俱乐部作为欧美西方国家官方双边债权人的合作平台，对债务重组议题的协商谈判并推动形成共识发挥了积极功能；发展援助委员会作为 OECD 下属委员会之一，协调官方发展援助并谈判制定外援透明度标准，对多边债务治理也具有功能性作用。在全球经济、金融与债务格局发生深刻演变的背景下，这些机构要进一步发挥在多边债务管理与危机应对中的积极功能，确实需要吸纳中国等新兴经济体成为正式成员以便进行常态化沟通交流。然而上述机构与 OECD 具有密切联系，长期被外界看作西方富国俱乐部，并显示特定意识形态立场，相关因素可能对中国等新兴经济体加入上述组织成为正式成员产生制约作用。例如近年有关方面不止一次建议和邀请中国加入巴黎俱乐部，中国有关部门官员的公开回应都出语谨慎，并未正面回答，折射出这一问题的敏感。下一步可考虑适应当代发展融资与债务新格局，对上述机构进行扩充重组，包括在我国某个城市如上海设立具有类似定位的机构形成全球双总部结构，有关债务重组与对外援助的功能性协商活动可分配在两地合作举办。这方面的改革创新有助于更好地兼收并蓄不同类型经济体对主权债务风险的认识与应对经验，也有利于中国等新兴经济体考虑加入相关机构以更有效参与相关沟通协调并推动规则改进，同时也有利于对我国的相关政策进行必要的调整优化。

五是基于增强 G20 主导的多边主权债务治理能力需要，可考虑充实 GSDR 架构并在 G20 指导下赋予其更为有效的协调推动多边债务治理的职能。

GSDR 是在近年 G20 主导全球主权债务多边治理实践中应运而生的协调和引领机制，考虑未来主权债务风险可能长期存在，以及构建常态化多边主权债务治理机制的现实需要，可以把 GSDR 扩充提升为跨机构工作组并对其进一步赋能。例如可以考虑由 G20 主席国、联合国、IMF 和世界银行共同担任主席，其中 G20 继续发挥推动政治决策机制的核心作用，同时联合国结合相关发展议程提供方针引领，IMF 和世界银行这两大布雷顿森林体系下的金融机构提供专业保障，同时欢迎 G7（七国集团）、G24（二十四国集团）以及东盟等国际协调机制和组织参与，从而进一步提升 G20 引领的当代主权债务治理机制的权威性与有效性。G20 现任主席国担任 GSDR 主席，G20 前任和候任主席国也参与议事，从而提升相关协调引领过程的动态连贯性。改组后的 GSDR 有望在未来多边债务治理过程中发挥更加充分有效的协调和引领作用，也为未来可能形成更加制度化的世界债务管理机构准备必要条件。

我国债务融资政策调整建议

直接投资与债务融资是推进“一带一路”合作的关键环节，然而近年外部经济和政策环境演变以及新一轮债务风险释放，对“一带一路”融资特别是债务融资持续高效展开提出新问题。总结实践经验，直面现实形势，亟须对“一带一路”融资策略与方法进行改进完善。

要点是创新融资思路，完善体制安排，着力防控风险，通过做实与“一带一路”共建国的“政策沟通”共同提升长期可持续发展能力，为我国企业深耕发展中国家市场实施“黑土地”战略创造有利的宏观与政策环境。

一是鉴于新形势的客观需要，建议政府与企业合作创建针对“一带一路”特殊风险的补偿机制，弥补现有体制下对企业“走出去”政治风险保险安排的不足，进一步提升对我国企业出海的“护航能力”。随着新时期大国竞争与地缘政治关系趋于紧张，加上近年全球主权债务风险释放，我国企业参与“一带一路”合作经营活动面临的非常规市场性风险显著上升。原有体制下，我国出口信用保险机构对帮助企业抗御这类风险做出积极贡献，然而存在保险标的事件界定过窄、保险门槛与保费标准偏高等方面的局限，尚不能全面和充分地满足新形势下各类企业防范更为多样化风险的需求，近年业内人士就此从不同角度提出进一步改进建议，有的地方政府还进行了相关政策探索。建议国家出资与国内深度参与“一带一路”的平台企业及其他大型企业联手，创建针对“一带一路”合作的非常规商业性特殊风险的保障补偿机制，对由于政治因素（东道国国内政治形势与地缘政治关系变动）与主权债务违约等“不可抗力”造成的财务损失，给予一定程度的补偿赔付。新的基于 PPP 原则构建的国外经营风险补偿机制，有望更好契合“一带一路”合作中企业的现实需求并提升运作效率，特别是满足参与“一带一路”合作的中小企业的相关需求，从而对其更好参与“一带一路”合作提供更加切实有力的支持。

二是发挥我国绿色转型中新兴产业组合的优势，在“一带一路”债务融资合作中发挥绿色金融工具的作用，并在主权债务风险治理领域探索引入“债务-自然互换”机制。我国近年以“新三样”为代表的新能源产业异军突起并形成强大的国际竞争力，成为推动世界范围气候变化治理和绿色转型的生力军。我国新能源产业的丰裕供给能力需要国际市场，同时广大发展中国家需要应对气候变化和推进绿色转型，可以借鉴国内绿色金融思路，在“一带一路”资金融通合作中创新引入绿色金融工具，对我国企业在更多“一带一路”共建国投资以及合作国国内的新能源消费提供适度支持。另外可考虑借鉴20世纪80年代国际上提出并经过多国实践的债务–自然互换机制，把我方作为债权人必要的减债承诺与债务国在气候变化治理和环保方面的投入承诺挂钩，探索同时推进主权债务风险治理与债务国绿色转型进程。

三是要评估东道国经济发展与债务风险，逆周期调节大规模基建节奏，重视“小而美”的高效率项目。在对外承包领域基于市场化原则逐步增加项目融资比例，适度调减对政策性融资的依赖程度。针对外部债务风险新形势，总结提升近年我国对外工程承包领域“投融建营一体化”探索，改进对外债权形成的约束和激励机制，推动优秀工程建造企业向微笑曲线两端（“投融资收益”与“运营维护利润”）拓展。另外，我国对“一带一路”共建国直接投资近年出现恢复性增长，未来有望在“一带一路”发展融资领域发挥更大作用，要在总结多年实践经验的基础上支持企业基于市场原则的长期直接投资。

四是总结经验，改进不足。相关国别案例研究显示，我国企业“走出去”实践取得巨大成就的同时，也由于经验不足与机制不完善尚存一些问题，如不同机构在个别国家自相竞争派生过度投资风险，对负债国项目推介的机会主义动机缺少有效识别防控机制，个别项目存在权钱交易问题，等等。这些个别现象对我国涉外经贸合作带来效率与声誉损失，也会对债务可持续性产生边际影响。结合治理债务风险，加强“政策沟通”，通过总结经验补齐短板，使“一带一路”合作提质增效行稳致远。要坚决反对并驳斥一度流行的“中国债务陷阱论”，同时对我国双边债务数据透明度问题也不必刻意回避，可采用“新事新办”思路逐步务实调整。

五是需加强跨部门指导协调并完善高质量统计工作。鉴于国际合作治理主权债务风险的复杂性、专业性与敏感性，相关工作涉及国内外交、财政、央行、援外、政策性银行、国企等多个部门，目前我国处理相关事务的经验积累仍比较有限，因而需在中央层面设立跨部门的统筹和协调机制，建议由足够级别的中央领导成员负责这一工作，以便使其具有必要的指导协调地位并充分发挥顶层设计功能。另外，对“一带一路”合作的系统经济统计，是动态观测评估合作推进过程并及时发现和应对苗头性问题的基础性工作，对决策层指导“一带一路”合作具有重要意义。有关统计工作需在已经取得多方面成就的基础上，进一步提高统计科学专业水平，以更好服务于决策层指导“一带一路”合作对高质量信息的需要，同时也更好地满足学界和社会观察研究“一带一路”合作推进情况的需求。

参考文献

卢锋，2023. 如何应对新一轮全球主权债务风险？ [R/OL]. (2023-04-21) [2024-07-14]. https://www.nsd.pku.edu.cn/pub/chnsd/sylm/gd/529567.htm.

卢锋，2015. “一带一路”比美国“新丝路”更有成效 [N]. 环球时报，2015-07-16（14）.

卢锋，李昕，李双双，等，2015. 为什么是中国？——“一带一路”的经济逻辑 [J]. 国际经济评论，（3）：9-34，4.

卢锋，潘松李江，2024. “一带一路”合作的“四轮驱动”推进机制 [J]. 国际经济合作，40（2）：1-12，91.

熊爱宗，2018. 什么影响了国际货币基金组织的预测误差——一个政治经济学分析 [J]. 世界经济与政治，（5）：108-130，158-159.

ARTETA C, KAMIN SB, RUCH F U, 2022. How Do Rising U.S. Interest Rates Affect Emerging and Developing Economies? It Depends[R]. Washington,

DC: World Bank, Policy Research Working Paper 10258.

CHENERY H B, STROUT A M, 1966. Foreign Assistance and Economic Development[J].The American Economic Review, 56(4): 679-733.

COULIBALY B S, ABEDIN W, 2023. Addressing the Looming Sovereign Debt Crisis in the Developing World: It Is Time to Consider a "Brady" Plan[R]. Washington, DC: Brookings Institution.

GUZMÁN M, STIGLITZ J E, 2024. The Practice of Sovereign Debt Sustainability Analysis[R].Friedrich Ebert Stiftung New York Office.

HAGAN S, SETSER B, 2024. Restructuring Sovereign Debt: The Need for a Coordinated Framework[R]. Washington, DC: Peterson Institute for International Economics, Policy Brief 24-4.

Lazard, 2025. The 2020—2025 Sovereign Debt Crisis: What Have We Learnt and What Lies Ahead?[R].(2025-01-29)[2025-05-15].https://www.lazard.com/research-insights/the-2020-2025-sovereign-debt-crisis-what-have-we-learnt-and-what-lies-ahead/.

LINDERT P H, MORTON P J, 1989. How Sovereign Debt Has Worked [M]//SACHS J D, Developing Country Debt and Economic Performance, Volume 1: The International Financial System. Chicago: University of Chicago Press: 39-106.

SUTER C, 1992. Debt Cycles in the World-Economy: Foreign Loans, Financial Crises, and Debt Settlement (1820—1990)[M]. London: Routledge.

第 12 章

南南国家债务风险下的中国应对——探索以气候为条件的债务处置框架[1]

[1] 本章作者为何晓贝、胡佳胤，感谢刘越铭的研究支持。

中国是目前全球发展中国家中最大的债权国。自2016年以来，涉及中资债权的风险事件显著增多，若不采取有序的债务减免措施，未来的债务损失将会日益加重，对中国在南南国家的持续投资产生不利影响。许多低收入国家和发展中国家同时面临着债务危机与气候（自然）危机的双重挑战，中国可以从这些国家入手，建立务实的、全面的、以气候（自然）为条件的债务减免框架。首先，这样一个框架有助于债务国恢复财政可持续性，符合包括中国在内的所有债权人的长期利益；其次，有助于帮助南南国家应对气候变化的冲击，在全球层面推进包容性的低碳转型，提高中国在全球气候治理体系中的领导作用；最后，中国可以通过金融机制和产品创新，逐步建立各种跨境或离岸人民币债券市场所需的基础设施，为人民币国际化打下基础。

中国的对外贷款：现状及风险

目前中国已成为发展中国家的最大债权国，其债权规模超过了世界银行、IMF及22个巴黎俱乐部成员的未偿债权总和。中国的对外贷款的特点是大部分为官方贷款，主要来自国家开发银行和中国进出口银行这两大开发性融资机构银行。2008年到2021年，两大银行共提供了近5万亿美元的海外信贷。[①]中国工商银行、中国银行等国有商业银行的贷款，以及国有企业提供的供应商信贷，也逐步在南南国家的融资方面发挥重要作用。债务人中政府的占比最高（近50%），其次为国有企业（近40%），而私人部门债务人仅占8%（Horn et al.，2021）。

---

① 数据来源：波士顿大学发展政策中心数据库。

中国对外贷款的违约风险

过去10多年中，全球发展中国家的公共债务显著增长。与2010年相比，除中国外的发展中国家2022年的公共债务增长了200%。新冠疫情加重了这一趋势。公共债务占GDP比重超过60%警戒线的发展中国家从疫情前的40个迅速上升到疫情后的60个。其中，最不发达国家对中国的债务占其GDP比重平均达到10.8%，“一带一路”国家对中国的债务占GDP比重也高达9.2%（Horn et al., 2021）。

随着许多发展中国家面临日益严重的债务压力，海外贷款的急剧增长使中国的官方贷款面临显著的金融风险。公开的信息显示，在2013年之前，涉及中国债权的违约和重组事件的规模和频率均较低，且违约事件的金额均低于100亿美元。然而，自2017年起，相关的违约和重组事件显著增加，涉及巴西、南非、赞比亚、阿根廷、斯里兰卡、加纳、俄罗斯等国，违约金额在200亿美元到700亿美元之间。然而，这些数据仅为已公开的信息；许多研究表明，由于缺乏透明度，实际上还有大量的违约事件未被披露（Horn et al., 2021）。

自2016年以来，发展中国家的债务问题逐渐成为国际社会关注的焦点。部分媒体将中国的海外贷款行为标签化为“恶意贷款”或指责其制造“债务陷阱”。例如穆迪曾发出警告，指出资源丰富的国家（如安哥拉、赞比亚和刚果共和国）或拥有战略重要基础设施的国家（如肯尼亚）在与中国的债权人进行谈判时，可能会面临失去关键资产控制权的风险。2018年斯里兰卡汉班托塔港事件后，这一说法更是甚嚣尘上。

许多发展中国家面临债务与气候双重危机

许多发展中国家不但面临债务问题，同时也深受气候变化的负面影响，属于“气候脆弱”国家。IMF 的研究表明，气候脆弱性与财政风险之间存在显著的相关性。那些更容易受到气候变化影响的国家，往往也面临着更高的财政危机风险。一方面，频繁的自然灾害，如洪水、干旱等，不但造成 GDP 损失，还加剧财政负担（例如自然灾害后的重建费用），同时会提升外部借贷成本。这些因素会加剧政府债务的脆弱性。另一方面，债务压力加大会压缩债务国可用于应对气候变化的财政空间。许多国家急需进行大规模的气候适应性投资，但由于财政紧张，往往难以实现这些投资，从而陷入气候危机与财政危机的双重困境。

事实上，许多国家已经深陷气候和债务双重危机之中，气候问题与债务相互强化，例如柬埔寨、巴基斯坦、缅甸、厄瓜多尔、安哥拉、埃塞俄比亚、乌干达和坦桑尼亚等国。中国是其中许多国家的重要债权国。例如，中国是埃塞俄比亚最大的双边债权人（占其双边债务的 50% 以上）。2020 年以来，埃塞俄比亚受到疫情、内战、全球粮食价格上升和反复干旱的多重影响，2023 年埃塞俄比亚 GDP 负增长，外债偿债率[①] 达到 22%，外汇储备仅能覆盖不足 1 个月的进口。2023 年 12 月埃塞俄比亚政府宣布暂停偿还双边债务，并正式申请 G20《共同框架》下的重组。

自新冠疫情暴发以来，国际社会对债权方减免债务的呼声急剧增加。如果没有大规模的债务减免，这些国家将面临巨大财政压力，甚至不得不依赖开发自然资源来偿还短期债务。只有进行实质性的债务减免，这些国家才能摆脱财政困境，将有限的财政资源用于建设气候适应性基础设施或低碳基础设施，打破气候危机与债务危机的恶性循环。

① 外债偿债率指外债还本付息额占出口的比重。

中国目前的应对方式和国际经验

中国作为发展中国家的最大单一债权国，面临着国际及国内的舆论压力，同时承担着显著的金融风险，这些风险甚至可能传导至中国的财政体系。

中国目前的债务处置方式和特点

中国官方并未公布最新的海外贷款重组数据。根据中国在 2011 年和 2014 年发布的《对外援助白皮书》，在 2000 年至 2012 年，中国共免除海外债务 39.9 亿美元，其中非洲占 30 亿美元。但自那时起，官方再未发布过关于债务减免的数据。中国应对债务违约的做法主要有以下两个特点（Acker et al.，2020；Horn et al.，2023）。

第一个特点是主要通过延长偿还期和免除利息（或降低利率）的方式进行债务重组，很少直接减免债务。具体而言，中国采取的债务重组方式主要包括：延长宽限期、大幅延长偿还期、降低或免除利息；或提供再融资贷款，即发放一笔期限更久、利率更低的贷款来帮助债务国偿还已有的贷款。其中，低收入国家往往更容易获得债务重组，而新兴市场国家则更可能获得再融资贷款。除了伊拉克和古巴等少数几个案例，中国很少削减债务本金，且被免除的债务仅限于已违约的到期无息援助贷款，几乎从不减免优惠贷款、优惠买方信贷及商业贷款。

第二个特点是中国倾向于通过双边谈判的方式进行重组，而非与巴黎俱乐部的国家或 IMF 等多边机构合作。原因可能比较复杂，其中一个原因是中国不接受发达国家和多边机构的一些债务治理理念。例如，发达国家和多边机构在债务重组过程中一般要求债务国采取一些改革措施，而中国更倾向于“无条件”的借贷行为。另外，中国也倾向于根据每个债务国的具体情况量身定制方案，更关注项目本身的可持续性，而非债务国整体的财政可持续性（Acker et al.，2020）。也正是由于中国甚少参与多边债务重组谈判，经常在国际上被指责为缺乏透明度。

债务处置的国际经验

中国在 2000 年以后才逐步成为发展中国家重要的债权国，其间不断积累对外贷款违约事件的处理经验。相较而言，发达国家及多边金融机构已经有数十年的对发展中国家贷款的历史经验，学界在主权债务违约领域已经形成大量研究。

针对历史经验的研究显示，在大部分债务国财政已经不可持续的情况下，债务减免（指债务面值的减计）是推动债务国重回经济增长、最小化债权国损失的重要方式。例如，卡门·莱因哈特和克里斯托夫·特雷贝斯于 2016 年分析了 1920—1939 年一战后发达经济体的官方（政府对政府）债务违约和 1978—2010 年新兴市场的债务危机（Reinhart et al.，2016）。在这两个时期，债务减免的规模都相当大，20 世纪 30 年代平均占债务国 GDP 的 21%，21 世纪初则平均占债务国 GDP 的 16%。分析结果显示，当债务国获得较大幅度的债务减免后，经济形势显著改善；而较温和的债务重组形式，如延长到期和降低利率，通常并未带来更高的经济增长或改善债务国的信用评级。

美国和欧洲等发达国家在历史上都曾面临对发展中国家贷款不可持续的情况。由于一国的债务通常分布于众多债权人手中，债权人之间若缺乏协调，易导致“挤兑式”讨债现象；若债权人合作建立债务处理机制，可以防止个别债权人通过秘密协议获取更优偿付条件（例如债务人从一个债权人获得的债务减免用于偿付另外一个债权人），从而维护债权人整体利益，也有助于加速推进债务谈判。基于这个原则，1956年巴黎俱乐部成立，旨在为濒临违约的国家提供有序主权债务处理机制。

巴黎俱乐部作为处理主权债务问题的重要平台，其债务重组方法的演变过程不仅反映了历史经验教训，也体现了国际社会对债务问题认识的逐步深化。在1956年至1987年，巴黎俱乐部仅提供“经典条款”，即通过延长还款期限来缓解债务压力。然而，随着国际社会对债务问题复杂性的认识加深，巴黎俱乐部的政策逐渐调整。1988年，巴黎俱乐部首次同意对最贫困国家提供33.3%的净现值债务减免，标志着开始采用债务减免的理念。此后，债务减免的比例和符合资格的国家范围不断扩大。1991年的“伦敦条款”将债务减免比例提高至50%；1996年的“那不勒斯条款”进一步将减免比例提升至67%，并启动了“重债穷国”计划，允许双边债务减免高达80%。2005年，“多边债务减免倡议”的推出，首次将减免范围扩展至多边债务。这一系列政策的演变不仅反映了国际社会对发展中国家债务负担的日益关注，也体现了全球在债务可持续性问题上逐步形成的共识。在此过程中，债务重组机制得以持续优化和完善。

中国实施债务减免面临的障碍和约束

随着中国在海外债务重组领域经验的逐步积累，中国积极参与国际债务治理机制的态度愈发明确。2020年，中国加入了G20的缓债倡议，标志着其首次参与多边债务减免努力。之后，中国又加入了G20的《共同框架》，表现出与G20密切合作的意愿。

然而，中国在参与债务减免事务时面临着复杂的制度性约束和社会压力（Acker et al.，2020；Grigorian et al.，2024；Makoff et al.，2025），主要体现在以下几个方面。

首先，中国参与“一带一路”倡议和海外债权重组的决策体系具有高度复杂性。例如，作为主要债权方的中国进出口银行和国家开发银行均为副部级独立机构，直接向国务院负责。财政部虽然负责多边金融机构的谈判事务，但并不介入双边债务谈判。当债权方涉及国有商业银行（如中国工商银行、中国银行等）时，由于这些机构分属不同的监管部门，部门间的协调难度进一步加大。因此，涉及债务重组等重大决策需要国务院乃至更高层级的统筹协调。

其次，政府官员对“国有资产流失”的担忧构成了重要制约因素，这种担忧在金融机构层面尤为突出。当金融机构自身面临较大的坏账压力时，决策者往往担心债务减免可能导致个人承担法律责任。

最后，国内舆论压力也是政府考量的重要因素。部分民众认为政府应当优先解决国内的贫困问题和经济增长挑战，而非大规模开展对外援助或实施债务减免。为回应社会关切，官方媒体多次阐释相关政策在维护国家利益、促进国际合作方面的战略价值，强调其必要性和合理性。然而，随着近年来经济增速放缓，国内对对外援助和债务减免政策的质疑声浪有所增强，这在一定程度上制约了政府的决策空间。

构建以气候（自然）为条件的债务处置框架

随着部分发展中国家债务违约风险不断攀升，中国的金融机构承担大量风险。中国在进一步推动与南南国家尤其是高债务国家的合作进程中，亟须构建一个更为务实可持续的债务处理框架。

鉴于此，本文建议以面临着气候（自然）与债务双重危机的债务国为切入点，构建一个全面且可持续的债务处置框架。该框架应涵盖债务减免和债转气候（自然）两个核心部分。首先，应当将债务减免纳入框架。如前所述，当债务国深陷财政危机时，债务减免可能是最小化债权人损失的一种方式；其次，以应对气候变化（保护自然）为目标之一，有助于中国与发达国家和多边机构等其他债权人形成合作，从而最大化债权人的整体利益。在此基础上构建的债务处理框架更有可能推动债务国回归经济复苏和财政可持续的轨道，并在长期有助于降低债务国因气候变化（或资源破坏）而受到的经济损失和财政压力，同时有助于提升中国在全球气候治理中的领导力，改善国际与国内舆论环境。

债转气候（自然）作为债务重组工具的意义

如前文所述，许多发展中国家面临债务与气候的双重危机。在这个背景下，一些与气候和自然相关的金融工具也在逐步得到重视，尤其是债转气候（自然）（ESCWA，2022；Picolotti et al.，2020；Steele et al.,2020；Volz et al.,2021；Chamon et al.,2022）。债转气候（自然）指的是这样一种模式：债权国为债务国减免债务，债务国则承诺将约定的金额投入专门用于应对气候变化的项目或自然保护项目。债转气候（自然）模式为债务国提供资金，可用于支持建设防洪设施、森林保护、生物多样性保护、可再生能源开发等项目。这些项目的实施有助于帮助债务国增强对气候变化的适应能力，保护生态系统，减少温室气体排放，促进可持续发展。债转气候（自然）被认为有助于解决债务与气候双重挑战的复杂局面。

专栏 1　债转气候（自然）可以实施的项目

通过债转气候（自然）项目，债务国可以实施如下几方面的气候适应改造和绿色低碳投资。一是可再生能源投资，以减少对化石燃料的依赖，降低温室气体排放，并增强能源安全。二是森林保护与植树造林，防止非法砍伐和森林退化，同时进行植树造林活动，以增加碳汇，对抗气候变化。三是改进农业实践，以增强农业系统对气候变化的适应能力。四是建设节水灌溉系统、改善供水设施，以及推广雨水收集和再利用技术，以应对水资源短缺问题。五是海岸带保护与生态修复，支持债务国加强海岸带保护，防止海平面上升和风暴潮等极端气候事件对沿海地区造成的破坏，同时进行生态修复工作，恢复受损的生态系统。六是气候智能型城市建设。通过债转项目，债务国可以致力于建设气候智能型城市，包括提高城市绿化覆盖率、改善城市排水系统、推广绿色建筑和低碳交通方式，以减少城市热岛效应和降低碳排放。七是气候监测与预警系统。债转气候项目可以支持债务国建立或升级气候监测与预警系统，提高对气候灾害的预测和应对能力，减少灾害损失。

国际上有许多债转气候（自然）项目案例，但传统上此类项目多以应对气候变化和自然保护为诉求，并非以提升气候脆弱国的财政稳健性为主要目标。但近年来许多研究显示，债务国应对气候变化的行为，包括增加气候适应性投资，对提升债务国的主权信用有显著作用。近年来许多研究就气候相关自然灾害（如干旱、极端温度、洪水、冰川湖溃决、山体滑坡、风暴和野火）对财政赤字的影响进行了估算。例如，有研究运用鲁汶大学国际灾害数据库（EM-DAT）中的数据，分析了 2000 年至 2022 年覆盖 212 个国家和地区的 7 518 起灾害的财政影响（Bolton et al.，2023）。研究结果显示，当气候相关事件造成的损失约为 GDP 的 1% 时，该事件会显著导致财政赤字增加，在新兴经济体和发展中国家的表现尤为明显。只要气候风险的经济成本得到有效控制，或国家的财政压力维持在健康水平，这种状况通常不会推动国家走向不可持续的债务困境。然而，对于那些已面临高债务水平又频繁遭受自然灾害的国家，气候变化必然会对债务风险与债务可持续性造成深远影响。

专栏 2 伯利兹债转自然案例

伯利兹是太平洋岛国，拥有世界上第二大的堡礁，其沿海地区是北半球最大的由堡礁组成的自然生态系统。2020 年疫情后，伯利兹经济大幅收缩，政府债务负担过高，在市场借入新债务的成本过高，迫切需要债务重组。2021 年 11 月，伯利兹政府与大自然保护协会（TNC）完成具有里程碑意义的 3.64 亿美元主权债务重组协议，开创了主权债务工具与自然保护协同的创新机制。该交易实现三重政策目标：第一，伯利兹获得 1.89 亿美元债务减免，相当于本金的 34%，占其 GDP 比重的 12%；第二，伯利兹政府承诺将从 TNC 获得的"蓝色贷款"的部分资金用于当地的海洋保护项目，持续 20 年；第三，伯利兹承诺在 2022 年至 2026 年这 5 年间将其生物多样性保护区域从海洋面积的 15.9% 增加到 30%。

简言之，从经济层面考虑，气候适应性投资（例如，通过保护经济免受自然灾害如飓风或野火的影响，或免受海平面上升的影响）有助于降低气候脆弱国家未来债务危机的风险。从这个角度而言，以气候变化作为债务重组的条件，符合所有债权人的利益。

从政治层面考虑，实施债转气候（自然）的可行性也高于单纯的债务减免。如前文所述，由于受到一些社会因素的制约，中国若要单纯实施债务减免或给气候脆弱国以赠款，在国内面临较大压力。债转气候（自然）的方式则有助于缓解一些局限性。一是实施债转气候（自然）有助于维护中国与债务国的长期合作关系。此类项目通常需要多年甚至 10 年以上才能达成气候（保护自然）目标，因此在这个过程中，中国可以与债务国保持紧密的合作关系。二是有助于提升中国在全球气候治理方面的领导力，尤其是在特朗普政府退出《巴黎协定》的背景下，全球亟须一个负责任的大国发挥更为积极主动的作用。这同时有助于提升中国的国际形象，减少外国媒体的恶意抹黑，也有助于在国内的宣传。三是以应对气候变化（保护自然）为目标，更容易与发达国家和多边机构等其他债权人形成合作，为全方面的债务重组建立基础。

可行方案：债转气候（自然）配合债务减免

历史上，债转气候（自然）项目的规模都比较小，单靠此类项目不能有效缓解债务国的压力。对于陷入债务危机的政府而言，债转气候（自然）需要搭配较大幅度的债务减免，才能实质性改善债务国的情况。以气候（自然）为条件的债务处置框架的可行性取决于框架的设计和执行。

选择适合以气候（自然）为条件进行债务重组的国家

首先，在挑选可能进行债务减免加债转气候（自然）的国家时，应综合考虑不同维度。一方面是要求目标国在气候适应性方面具备实际需求或自然资源的条件。安哥拉、柬埔寨、缅甸及所罗门群岛等国都是对中国的债务占比较高且在应对气候变化与生物多样性方面有很大潜力的国家。例如，安哥拉对中国的债务占其 GDP 比重达到 30%，而安哥拉境内约 91% 的完整生态区域尚未受到保护，债转自然的债务安排有助于安哥拉保护生态景观、降低森林砍伐率。而塞内加尔、苏丹及津巴布韦等国既是受气候变化影响很大的国家，也是高碳排放量国家，债转气候可以有效提高这些国家在可再生能源和气候适应性领域的投资。

另一方面则需关注债务国的政治稳定程度，因为债转气候（自然）的讨论与谈判通常耗时较长，历史经验显示，常需花费 2~3 年的时间进行有效沟通才可开始实际操作。在此期间，政治动荡的国家可能会频繁出现政权更迭，导致项目无法持续推进，甚至夭折。与此同时，债务国政府必须具备足够的能力与资源来实施相关投资，否则即便达成协议，也难以有效落地。

加强与其他债权人的合作

通常情况下债务国存在多个债权人，若部分债权人未参与减免或重组，真正进行重组的债权人的利益反而会受损。由于债权人之间的竞争关系和信息不对称，当债权人之间缺乏合作机制时，债务重组的概率下降（Ballard-Rosa et al.，2025）。因此，一个有效的债务处置方案必须是全面的多边债务重组，这意味着中国需要加强与其他债权人和多边金融机构的合作，进行多边谈判，确保债权人均按相同比例参与债务减免。

扩大债转气候（自然）的规模

目前已有的债转气候（自然）案例的规模都比较小，单个项目的规模在千万美元级别（2021年的伯利兹案例是例外），配套的减债幅度也很有限，对于缓解债务国的债务压力意义有限。其中一个原因是气候（自然）相关的单个投资项目的规模较小，而监督成本很高。因此，可以通过打包项目的方式来提高债转气候（自然）的规模。例如围绕债务国的适应性投资和减排目标来规划项目库，例如建设更具韧性的基础设施和农业系统、淘汰燃煤电厂、建设可再生能源发电厂等。另外，也可以将债务重组与特定类型的预算支出或推出支持气候转型的政策改革挂钩，即债务国的预算支出明确用于资助一系列与减缓或适应气候变化相关的投资项目，或出台能源部门改革和碳定价机制。这样的好处是债权国不需要投入过多资源用以识别、构建和监控单个项目，因此交易成本大大降低（Chamon et al.，2022；Steele et al.，2020；Bolton et al.，2023）。

长期方案：借鉴布雷迪债券模式

长期来看，中国可以考虑借鉴美国在 20 世纪 80 年代拉美债务危机时布雷迪债券的成功做法，以债务处置框架的创新为契机，发展以中国主权债务为抵押品的金融工具，逐步建立各种跨境或离岸人民币债券市场所需的基础设施，为人民币国际化打下基础。

专栏 3　布雷迪债券

布雷迪债券（Brady Bonds）是以美国前财政部长尼古拉斯·布雷迪（Nicholas Brady）的名字命名的一种债券，旨在解决发展中国家面临的债务危机，特别是拉美债务危机。20 世纪 80 年代初，全球经济衰退期间，许多发展中国家因借入大量外债而陷入严重的债务危机。为了应对这一危机，美国财政部长尼古拉斯·布雷迪提出了一项创新的债务重组计划，即布雷迪计划。该计划的核心是将部分发展中国家所欠的商业银行债务转换为由美国财政部提供部分担保的可转换债券。这些新发行的债券不仅具有更高的流通性，使得债权方更容易在市场上出售或转让，而且还通过降低利率和延长偿还期限等方式，提高了债务的可偿还性。通过债务减免和重组，将不良贷款转换为可交易的债券，降低了商业银行的风险敞口，同时增强了债务国的偿债能力。

布雷迪债券具有以下几个特点：一是由美国政府担保。布雷迪债券由美国财政部提供担保，具有较高的信用等级，降低了投资风险。二是具备可转换性。债券持有人可以按照发行时约定的价格将债券转换成公司的普通股票，增加了投资的灵活性。三是提供抵押担保。布雷迪债券的本金和（或）部分利息提供抵押担保，进一步增强了债券的安全性。四是依靠市场化手段化债。布雷迪计划通过市场化手段化解主权债务危机，鼓励债权银行参与

"自愿"债务削减计划，促进了债务国的市场自由化和经济改革。

布雷迪债券的一个重要启示是，其为发展中国家提供了以美元为标的的债务重组工具，促进了国际投资者对美元债券市场的关注和投资，增强了美元的国际地位。

具体而言，债务处置框架可以包括以下两个部分：一是大幅度的债务减免；二是将主要由国有金融机构持有的存量对外贷款转换为可在市场上交易并附带绿色条件的、以人民币计价的点心债。

该框架具备三方面优势。一是实施债务减免的同时将存量贷款转化为可交易债券，这一"从贷款到债券"的转换有助于提升银行资产的流动性，使债权人（如中国的开发性银行和商业银行）在国际金融市场上有效分散风险。二是债务国发行绿色再融资债券筹措资金，其支付条款与应对气候变化的政策和财政支出承诺挂钩，有助于借助发达国家绿色投资者对绿色债券的投资需求来降低债务国的融资成本。此外，2025 年中国财政部已开始在境外（英国伦敦）发行中国绿色主权债券，可以作为债务国发行的绿色债券的抵押品，进一步降低债务国的融资成本。三是丰富离岸人民币市场的产品供给，推动人民币计价产品在国际金融市场中的应用，有助于促进中国的金融市场与国际接轨，为人民币国际化打下基础。

小结

许多发展中国家面临债务与气候双重危机的挑战。作为发展中国家的最大双边债权国，中国承受着显著的债务违约风险，影响其海外投资的可持续性。

本章提出构建一个以气候（自然）为条件的债务处置框架，将债务减免与债转气候（自然）机制相结合。该框架旨在通过债务重组与气候投资的协同，帮助债务国恢复财政可持续性，同时助力全球气候治理进程。在短中期内，中国可实施债务减免并配合债转气候（自然）项目，使债务国能够将资金定向投入于气候适应性基础设施建设、森林保护等关键领域，从而提升其应对气候变化的能力。从长期来看，中国可借鉴布雷迪债券的成功经验，将债务国的存量贷款转化为以人民币计价的绿色债券，并以中国主权债务为抵押，推动离岸人民币市场的发展。这一创新框架不仅有助于缓解债务国的财政压力，降低其因气候变化带来的经济损失，符合中国作为债权人的长期利益，还能显著增强中国在全球气候治理领域的领导力，提升其在国际社会中的形象与影响力。

参考文献

ACKER K, BRAUTIGAM D, HUANG Y F, 2020. Debt Relief with Chinese Characteristics[R]. School of Advanced International Studies, Johns Hopkins University, China Africa Research Initiative Working Paper No.39.

BALLARD-ROSA C, MOSLEY L, ROSENDORFF P, 2025. Paris Club Sovereign Debt Restructuring and the Rise of China[R].Princeton Sovereign Finance Lab, Working Paper 25-1.

BOLTON P, BUCHHEIT L, GULATI M, et al., 2023. On Debt and Climate[J].Oxford Open Economics, 2(1): 1-6.

CHAMON M, KLOK E, THAKOOR V, 2022. Debt-for-Climate Swaps: Analysis, Design, and Implementation[R]. Washington DC: International Monetary Fund.

Economic and Social Commission for Western Asia, 2022. A Regional Framework for a Debt Swap Mechanism and Key Performance Indicators for Climate Action/Sdgs Progress In The Arab Region[R]. Beirut: ESCWA.

FRANZ L, HORN S, PARKS B,et al., 2024. The Financial Returns on

China's Belt and Road[R/OL].(2024-07-09)[2024-07-14].https://thedocs.worldbank.org/en/doc/a943c42e936fb4fdb85b3ecc8f196333-0050022024/original/Christoph-Trebesch-ABCDE-2024-PPT.pdf.

GRIGORIAN D A, 2024. Overcoming the Collective Action Problem in the Common Framework[R]. M-RCBG Associate, Working Paper Series No.246.

GRIGORIAN D A, TANG W, 2024. China and the Common Framework: Understanding the Motives Behind Debt Relief Provision to Low-Income Countries[R]. Center for Global Development, Working Paper No. 706.

HORN S, REINHART C M, TREBESCH C, 2021. China's Overseas Lending[J]. Journal of International Economics, 133: 103539.

HORN S, PARKS B C, REINHART C M, et al., 2023. Debt Distress on China's Belt and Road[J]. AEA Papers and Proceedings, 113: 131-134.

MAKOFF G, MARET T, WRIGHT L, 2025. Sovereign Debt Restructuring with China at the Table: Forward Progress But Lost Decade Risk Remains[R],M-RCBG Associate, Working Paper Series No. 248

PICOLOTTI R, ZAELKE D, SILVERMAN-ROATI K,et al., 2020. Debt-For-Climate Swaps[R]. Washington, DC: Institute for Governance and Sustainable Development.

REINHART C M, TREBESCH C, 2016. Sovereign Debt Relief and Its Aftermath[R]. Journal of the European Economic Association, 14(1): 215-251.

SIMMONS B A, RAY R, YANg H, et al., 2021. China Can Help Solve the Debt and Environmental Crises[J]. Science, 371(6528): 468-470.

STEELE P, PATEL S, 2020. Tackling the Triple Crisis: Using Debt Swaps to Address Debt, Climate and Nature Loss Post-COVID-19[R]. London:International Institute for Environment and Development.

VOLZ U, AKHTAR S, GALLAGHER K P,et al., 2021. Debt Relief for a Green and Inclusive Recovery: Securing Private-Sector Participation and Creating Policy Space for Sustainable Development[R]. Heinrich-Böll-Stiftung, SOAS University of London, and Boston University.